国家社会科学基金青年项目"《资本论》及其手稿中的文明观研究"(项目编号:23CZX007)阶段性研究成果,国家社会科学基金重大项目"唯物辩证法的重大基础理论与现实问题研究"(项目编号:16ZDA242)阶段性研究成果,中央高校基本科研业务费专项资金资助。

辩证法与唯物史观的内在统一

马克思辩证法的理论变革

彭双贞 著

中国社会科学出版社

图书在版编目(CIP)数据

辩证法与唯物史观的内在统一：马克思辩证法的理论变革／彭双贞著．—北京：中国社会科学出版社，2024.5
ISBN 978-7-5227-3379-1

Ⅰ.①辩⋯　Ⅱ.①彭⋯　Ⅲ.①唯物辩证法—研究　Ⅳ.①B024

中国国家版本馆CIP数据核字(2024)第065839号

出 版 人	赵剑英
责任编辑	李　立
责任校对	谢　静
责任印制	张雪娇
出　　版	中国社会科学出版社
社　　址	北京鼓楼西大街甲158号
邮　　编	100720
网　　址	http://www.csspw.cn
发 行 部	010-84083685
门 市 部	010-84029450
经　　销	新华书店及其他书店
印　　刷	北京君升印刷有限公司
装　　订	廊坊市广阳区广增装订厂
版　　次	2024年5月第1版
印　　次	2024年5月第1次印刷
开　　本	710×1000　1/16
印　　张	16.25
插　　页	2
字　　数	256千字
定　　价	98.00元

凡购买中国社会科学出版社图书，如有质量问题请与本社营销中心联系调换
电话：010-84083683
版权所有　侵权必究

导　言 …………………………………………………………… 1

绪　论　克服两种外在性的割裂理解
　　　　——辩证法理论研究的重大课题 ……………………… 5
　第一节　国外关于马克思辩证法理论变革的多重观点 ……… 8
　第二节　国内马克思辩证法理论变革研究的历史演进及动态 … 34
　第三节　述评：克服两种外在性的割裂理解 ………………… 44

第一章　寻求辩证法与历史观的内在统一：马克思辩证法理论变革的
　　　　哲学史根据 ………………………………………………… 46
　第一节　辩证法的历险 ………………………………………… 47
　第二节　黑格尔对辩证法的拯救：辩证法与历史观的统一 … 62
　第三节　历史观的变革：辩证法理论危机的内在要求 ……… 86

第二章　马克思辩证法与历史观的双重变革 …………………… 99
　第一节　唯物史观的创立与辩证法理论变革的内在统一 …… 100
　第二节　唯物史观与辩证法的理论互成与互释 ……………… 114
　第三节　唯物史观与辩证法统一的实践论基础 ……………… 129

第三章　现实的人及其历史发展的内涵逻辑：马克思辩证法理论变革的
　　　　理论内涵 …………………………………………………… 145
　第一节　理论性质的改变：从"精神活动性"到"社会生活性" …… 146

第二节　思想观点的革新：社会生活的联系观与人及其历史的
　　　　　　发展观 ……………………………………………………… 163
　　第三节　理论范式的变革：超越形而上学的辩证法理论范式 ………… 181

第四章　马克思辩证法理论变革的当代意义 ……………………… 190
　　第一节　马克思辩证法的理论变革与现代社会的发展智慧 ………… 191
　　第二节　马克思辩证法的理论变革与后形而上学的哲学维度 ……… 218

结　语 ………………………………………………………………………… 236

参考文献 …………………………………………………………………… 239

后　记 ………………………………………………………………………… 256

在马克思主义哲学史上，受到理论与现实的交织影响，长期存在着对马克思辩证法理论变革的两种外在性的割裂理解。一是在旧唯物主义的立场上理解马克思辩证法的理论变革。"推广论"将马克思辩证法与唯物史观的关系理解为机械的"应用关系"，把马克思辩证法的理论变革归因为"唯物论"。二是在具有浓厚黑格尔主义色彩的立场上理解马克思辩证法的理论变革。卢卡奇从"历史与阶级意识"解读马克思辩证法及其理论变革，基于黑格尔辩证法和"抽象的、唯心主义的实践概念"，虽然强调了马克思辩证法的社会历史性维度，但实则脱离辩证法的唯物论基础（唯物史观）予以了历史的、思辨式的解读，这种解释力图消除"唯物论"的影响。从致思路径看，这两种外在性理解都是脱离马克思的唯物史观理解其辩证法的理论变革。从理论内涵看，无论是"推广论"还是"黑格尔式"的解读都没能从唯物史观的出发点——社会历史的前提——去理解马克思辩证法的理论变革，造成了对马克思辩证法的各种退行性和片面性理解。二者作为两大理论源头长期影响着对马克思辩证法理论变革的研究，也影响着人们关于辩证法理论的一般印象。马克思辩证法理论变革的真实内涵被遮蔽和忽视了。由于这种遮蔽和忽视，在现代西方哲学语境中，辩证法作为形而上学的残留，其合法性和当代性遭到了挑战和质疑。在对前两种观点的反思中，国内外学者从体系、方法、对象、性质、主体等方面理解马克思辩证法的理论变革，揭示出唯物史观对于理解马克思辩证法理论变革的重要性，但缺乏进一步系统性和专门性的深入研究。因此，本书主张从辩证法与唯物史观的内在统一出发，"回到马克思辩证法的理论变革"。

辩证法在历史上经历了怎样的理论危机？马克思如何实现对以往辩证法

的理论变革并将辩证法从危机中拯救出来？辩证法的"合理形态"是什么？马克思辩证法与当代社会生活的重要结合点在哪里？围绕这一系列问题，本书从马克思的文本出发，以问题为导向，采用史论结合、推论与驳论结合的方式，在辩证法与唯物史观的内在统一中阐明马克思辩证法理论变革的哲学史根据、实现路径、理论内涵和当代意义。全文分为绪论和正论四章，基本内容和思路如下。

绪论部分将阐明马克思辩证法理论变革研究是辩证法研究和马克思主义哲学研究的重要理论问题，具有重要理论意义和现实意义。同时，通过进行国内外学术史梳理及动态简述，说明本书的针对点或"靶子"是马克思主义哲学史上长期存在的对马克思辩证法理论变革的两种外在性的割裂理解。

第一章，寻求辩证法与历史观的内在统一：马克思辩证法理论变革的哲学史根据。通过梳理辩证法的历史，一方面细致分析辩证法发展过程中的三次危机，揭示出以往辩证法理论在不断克服和深化理论危机中，从"非历史性"到"历史性"的转变；另一方面，通过对辩证法历史的梳理发现，旧唯物主义总是与辩证法处于疏远状态，辩证法长期处于唯心主义状态。由于非历史性的直观或客体的思维方式和机械性的抽象物质观，旧唯物主义从根本上吸收不了辩证法理论，至多在直观的意义上获得朴素的辩证法观念。历史观的变革构成了拯救辩证法理论危机的关键，是辩证法革新的必由之路。辩证法理论的发展，特别是黑格尔辩证法的出现，提示出一条辩证法理论发展的新道路——辩证法与历史观的统一，即"辩证法就是历史观"。

第二章，马克思辩证法与历史观的双重变革。这一章要论述的问题是马克思如何实现对辩证法的理论变革，将辩证法从理论危机中拯救出来。本章将从思想形成史、理论性质和理论基础三个方面进行阐释。从思想形成史的视角看，唯物史观的创立与辩证法的理论变革是内在统一的，是同一个过程的两个方面。一方面，唯物史观对社会历史优先性的揭示为辩证法提供了唯物主义基础，推动了唯物辩证法的生成；另一方面，辩证法为唯物史观提供了认识论基础。辩证法的"抽象力"作为政治经济学批判的方法推动了唯物史观自身演进的具体化和深化。从理论性质看，在理论互成与互释中，马克思辩证法与唯物史观的内在统一关系得以建立和阐明。一方面，马克思的辩证法具有社会历史性，是"社会历史的辩证法"。马克思辩证法的批判本性来源于人的社会历史活动。同时，人的社会历史活动构成马克思辩证法的内涵逻辑。正是从社会历史性的维度出发，马克思推动了辩证法从理论理性层面到实践理性层面的历史性转变。另一方面，唯物史观具有深刻的辩证法本性，是"辩证的社会历史观"。作为"历史科学"，唯物史观实现了对历史规律的辩证觉解，克服了历史决定论与非决定论的抽象二元对立及其局限性和片面性。通过对人的社会历史活动中的物质产生关系和物质生产条件要素的研究，唯物史观成为揭示人类社会发展的历史规律和发展趋势的科学。作为"为历史服务的哲学"，唯物史观实现了对历史主体的辩证觉解，克服了以往历史观的"无人身"性质。通过批判性地研究和揭示个人的历史性生存状态，唯物史观成为推动人类解放和人自由而全面发展的学说。从理论基础来看，实践的社会历史性与辩证性构成了辩证法与唯物史观性质一致性的基础；实践的具体的、历史的基本形式——劳动——构成了二者对象一致性的基础；实践所蕴含的人的现实发展构成了二者主题一致性的基础。正是以实践为根基，辩证法与唯物史观的统一才不是外在性的机械应用关系，而是内在统一关系。正是通过历史观领域的变革，马克思完成了对辩证法理论危机的拯救，并为辩证法提供了新的理论根基，从而完成了对传统辩证法理论的历史性革新。

第三章，现实的人及其历史发展的内涵逻辑：马克思辩证法理论变革的理论内涵。这一章要探讨的问题是通过辩证法唯物史观的内在统一，马克思所实现的辩证法理论变革的理论内涵是什么？本章将从理论性质、思想观点和理论范式三个方面进行论述。在唯物史观与辩证法的内在统一中，现实的人及其历史发展的内涵逻辑构成马克思辩证理论变革的理论内涵。这体现在辩证法的理论性质、思想观点和理论范式三个方面。第一，从理论性质上看，马克思辩证法实现了从"精神活动"到"社会生活"的变革。在辩证法客观性与唯物论基础方面，唯物史观为辩证法提供了"物质生活的关系"的唯物论基础，从而赋予了辩证法真实的客观性；在辩证法的主体性与批判性方面，唯物史观的创立揭示了辩证法批判性的根源在人的现实活动过程，实现了从意识主体性到实践主体性的转变，从而恢复了辩证法本有的主体性与否定性维度，建立起作为"社会历史前提批判"的辩证法。第二，马克思辩证法的理论变革还具体体现为对辩证法思想观点的革新。从"联系"上看，实现了从思辨的总体观到社会生活的联系观的变革；从"发展"上看，实现了从抽象时间的过程观到人及其历史的发展观的变革。第三，马克思辩证法的理论变革还特别深刻地体现为对辩证法理论范式的变革。唯物史观与辩证法的内在统一推动辩证法的内涵逻辑从"存在"到"人的现实生活过程"转变，建立了关于现实的人及其历史发展的内涵逻辑，从而实现了辩证法的生存论转向。在辩证法与形而上学的关系方面，唯物史观的创立消解了辩证法的形而上学阴影，祛除辩证法的"神秘形式"，建立起后形而上学意义上的辩证法。

第四章，马克思辩证法理论变革的当代意义。本章从现实和理论两个层面阐明马克思辩证法理论变革的当代意义。从马克思辩证法与当代社会生活和哲学发展趋势的重要结合点，阐明与唯物史观内在统一的辩证法的当代性。在现代社会发展的批判与筹划方面，马克思辩证法提供了现代化过程中的发展智慧。面对资本主义及其现代性的矛盾性后果和"知性形而上学"的特征，马克思辩证法指向了捍卫社会生活的丰富总体与自由个性，为现代化道路的探索与发展提供了"批判的武器"和发展智慧。在哲学变革方面，马克思辩证法的理论变革提供了"反哲学"的哲学智慧，在后形而上学的意义上建立起哲学的合理形态和合法性根据。马克思辩证法的理论变革推动了哲学摆脱"唯我独尊"的独断性质和同一性的逻辑，成为捍卫社会生活的丰富总体和自由个性的人类自觉意识。在后形而上学的意义上，面向现实生活的哲学自我理解方式被确立起来。据此，马克思辩证法理论变革的当代意义得以彰显。

绪　论　克服两种外在性的割裂理解
——辩证法理论研究的重大课题

在历史上，辩证法经历了"三次历险"。第一次历险是在古希腊辩证法"对话"与"诡辩"的语境中发生的，涉及的哲学家主要有赫拉克利特、普罗泰戈拉、高尔吉亚、苏格拉底、柏拉图、亚里士多德、普罗提诺等。不同于古希腊早期自然哲学中表象思维的客体性和肯定性，苏格拉底的辩证法是一种主体的对话过程，具有主体性和否定性的特质。在柏拉图那里，辩证法上升为追求普遍真理的方法。然而，在表象思维和形式思维的强力影响之下，辩证法的独特性被遮蔽了，其固有的否定性和主体性演变为消极性和主观性，被打上了诡辩的烙印。第二次历险是在"真理"与"幻相"语境中发生的。康德从先验逻辑出发，一方面论证了矛盾的客观必然性，进一步反思了以往辩证法理论的主观性质；但另一方面消解了辩证法的"真理"维度，辩证法的否定性演化为消极性，辩证法成为一种"幻相逻辑"。第三次历险是在黑格尔辩证法的"理性"与"现实"语境中发生的。黑格尔通过对辩证法的前"两次历险"的反思，揭示出以往辩证法理论根基的根源在于非历史性。黑格尔找到了以往辩证法理论危机的突破点——历史观。通过辩证法与历史观的内在统一，黑格尔实现了辩证法与形而上学的共谋。在形而上学的框架内推动了辩证法的进一步发展，在一定程度上突破了主观性与消极性的禁锢。黑格尔辩证法将"时间"与存在统一起来，将形而上学的本体论哲学发展到了顶点。然而，黑格尔辩证法仅仅是为历史找到了抽象的、逻辑的表达。辩证法成为现实合乎理性的保守方法，受到了当时一批德国哲学家的蔑视和批判。

一方面是辩证法的理论危机，另一方面是理解现实并改变世界的现实要求。面对着资本主义的"市民社会"，如何理解当时的社会现实，推动德国的解放与发展，乃至推动全人类的解放和发展是马克思面对的重要现实问题。面对资本主义社会的政治经济，运用"显微镜"的直观或实证方法将会陷入杂乱的"经济事实"之中，而通过"化学试剂"的还原论方法则会陷入资本主义意识形态的同一性逻辑之中。在马克思看来，必须创造一种全新的方法来揭开资本主义的虚假"面纱"，为切中现实、改变世界提供"批判的武器"，他将目光投向了辩证法。黑格尔辩证法为历史找到了一种抽象的表达，阐明了辩证法的一般运动形式，并潜在地包含批判的要素。但是，黑格尔的辩证法由于自身的缺陷必须被"改造"，将辩证法从形而上学的阴影中解放出来，使其成为切中现实、改变世界的方法。

由此可见，辩证法的理论危机和改变世界的现实性需要的双重因素构成了马克思对以往辩证法理论特别是黑格尔辩证法变革的必要性。马克思只有完成这一变革，才能为揭露和解构资本主义政治经济的资本逻辑、消解资本的独立性和个性、推动人的自由个性的生成提供理论方法。因此，对马克思辩证法理论变革的研究不仅是辩证法理论研究和马克思主义哲学基础理论研究的重要问题，而且对于理解资本主义及其现代性也具有十分重要的意义。马克思究竟在何种意义上实现对辩证法理论的变革？其哲学史根据、实现路径、理论内涵和当代意义到底是什么？

在马克思主义哲学史上，长期存在着对马克思辩证法理论变革的两种外在性的割裂理解。一是在旧唯物主义的立场上理解马克思的辩证法及其理论变革。"推广论"将马克思辩证法与历史观的关系理解为机械的"应用关系"，把马克思辩证法的理论变革归因为"唯物论"，这种理解导致对马克思辩证法"见物不见人"式的理解。马克思辩证法的理论变革被理解为费尔巴哈唯物论与黑格尔辩证法的结合。这种观点认为马克思是从一般的旧唯物主义立场出发，把黑格尔唯心辩证法颠倒过来，实现对辩证法理论的变革。将唯物辩证法在社会历史观领域进行推广和应用，就形成了唯物史观。对此，我们需要追问为什么以往的旧唯物主义吸收不了辩证法思想而马克思可以？为什么在历史上辩证法总是处于唯心主义状态？二是在具有浓厚黑格尔主义色彩的立场上理解马克思辩证法及其理论变革。卢卡奇从"历史与阶级意识"解读马克思的辩证法，基于黑格尔的辩证法和"抽象的、唯心主义的实践概念"，虽然强调了马克思辩证法的社会历史性维度，但实则脱离辩证法的唯物论基础（唯物史观）予以了历史的思辨式的解读，这种解释力图消除"唯物论"的影响，将马克思辩证法的理论变革思辨式地落脚在基于人的自我意识的社会历史。这两种阐释路径都是在唯物史观与辩证法的割裂中理解马克思辩证法的理论变革。二者长期影响着对马克思辩证法及其理论变革的理解，造成了对马克思辩证法的各种退行性和片面性理解。正是在这两种相互对立的外在性割裂理解的强力影响下，马克思辩证法的理论变革的真实内涵被遮蔽和忽视了。由于这种遮蔽和忽视，在现代西方哲学语境中，辩证法仍然作为形而上学晦涩难懂的语言被拒斥，其合法性和当代性遭到了挑战和质疑，正在经历"第四次历险"。"辩证法的各种历险是一些错误，它又必须借助于这些历险来跨越这些错误本身，因为辩证法原则是一种有多个中心和多个入口的思想，它需要有时间去一一探索它们。"①

在对前两种观点的反思中，国内外学者从体系、方法、对象、性质、主体等方面理解马克思辩证法的理论变革，揭示出唯物史观对于理解马克思辩证法理论变革的重要性，但缺乏进一步系统性和专门性的深入研究。例如，萨特从存在主义的立场指出，必须做出选择："要么把一切归结于同一性（这就是用机械唯物主义来取代辩证唯物主义），要么把辩证法变成一种强加于宇宙的天体规律，变成一种通过自身来产生历史过程（这就重新落到黑格尔的唯心主义之中）的形而上力量，要么人们通过劳动和行动把超越的能力归还给特殊的人。"② 萨特虽然提示了马克思辩证法的人的因素，但是仍然忽视了唯物史观对于理解马克思辩证法及其理论变革的重要性。马尔库塞则指出，"当历史内容进入辩证概念并从方法论上决定其发展和功能时，辩证思维就达到了把思维结构同实在结构联系在一起的具体性。于是逻辑的真理变成历史的真理"③。虽然马尔库塞提示了马克思辩证法的历史性维度，但也忽视了辩证法与唯物史观的内在统一关系。因此，在辩证法与唯物史观的内在统一中理解马克思辩证法的理论变革仍然是一个需要进行专门性和系统性探讨的问题。

---

① ［法］莫里斯·梅洛-庞蒂：《辩证法的历险》，杨大春、张尧均译，上海译文出版社2009年版，第239页。
② ［法］萨特：《辩证理性批判》，林骧华等译，安徽文艺出版社1998年版，第84页。
③ ［美］赫伯特·马尔库塞：《单向度的人》，刘继译，上海译文出版社2014年版，第128页。

总而言之，在辩证法与唯物史观的内在统一中理解马克思辩证法的理论变革具有十分重要的理论意义和现实意义。由于理论和现实的双重因素，近些年国内外学界提到的"回到马克思"就不仅仅是要"回到《资本论》""回到共产主义"，而且也要"回到马克思辩证法的理论变革"。这既是回应辩证法理论在当代受到的挑战和质疑，彰显辩证法的独特性、批判性、革命性和当代性，推动辩证法理论和马克思主义哲学发展的理论需要，更是"回到《资本论》""回到共产主义"等口号蕴含的理解社会现实、改变世界、推动人的自由而全面发展的现实需要。

正因如此，马克思辩证法的理论变革是理解马克思辩证法的理论独特性、批判性、革命性和当代性的重要切入点，既是马克思主义哲学研究的重要问题，又是哲学改变世界的重要问题。马克思辩证法的理论变革是国内外马克思主义哲学研究和辩证法理论研究十分关注的重要问题。对此，国内外学术界都形成了许多重要的、颇具影响力的观点。

第一节 国外关于马克思辩证法理论变革的多重观点

对马克思辩证法理论变革的研究是一个从无到有、从单一到复杂、受到理论与现实交替影响的发展过程。在现实层面来说，两方面的因素影响了对马克思辩证法及其理论变革的理解：一方面是国际共产主义运动的发展，另一方面是资本主义及其现代性的发展。从理论层面而言，也有两方面的源头有着持续而深远的影响：一方面是"官方正统马克思主义"观点以及"苏联教科书体系"的确立，另一方面是卢卡奇关于马克思辩证法的研究。两个源头相互对立、相互交织，对日后的马克思辩证法及其理论变革的研究产生了难以消弭的影响。因此，结合现实历史发展对马克思辩证法及其理论变革研究进行学术史梳理和动态简述是十分必要的。

1. 将马克思辩证法等同于黑格尔辩证法，忽视了马克思辩证法的理论变革。在马克思生前，就已经有许多学者没能理解马克思辩证法与其他方法的根本区别，也未清楚马克思辩证法与黑格尔辩证法的根本区别，忽视了马克思辩证法的理论变革。约·狄慈根、叶·瓦·德罗贝尔蒂认为，马克思是"形而上学地研究经济学"；尼·季别尔指出马克思的方法是"英国的演绎法";莫·布洛克认为是"分析的方法";尤·孚赫直接将马克思辩证法与黑格尔辩证法等同,视之为"黑格尔的诡辩";伊·伊·考夫曼"认为我的研究方法是严格的实在论的,而叙述方法不幸是德国辩证法的"[①]。对此,马克思指出"人们对《资本论》中应用的方法理解得很差"[②]。马克思一方面强调他是黑格尔的学生,但另一方面也指出"我的辩证方法,从根本上来说,不仅和黑格尔的辩证方法不同,而且和它截然相反"[③]。因此,如何理解马克思辩证法的理论变革就是一个至关重要的问题。辩证法作为研究资本主义政治经济的"抽象力",在何种意义上不同于传统的辩证法理论和其他的方法理论?在马克思还在世时,这就已经成了一个严重的理论问题。

严格来说,对于马克思辩证法的理论变革研究是从恩格斯开始的,恩格斯在唯物主义与唯心主义二元对立的基础上最早阐释了马克思辩证法与黑格尔辩证法的根本区别,在"自然辩证法"的意义上强化对马克思辩证法的理解,并对后世的"官方正统马克思主义"以及"苏联教科书体系"产生了最重要的影响。

马克思恩格斯去世后,两位"直接理论继承人"伯恩斯坦和考茨基都忽视了马克思辩证法的理论变革,在黑格尔辩证法和形而上学残留的意义上理解马克思的辩证法,否认马克思辩证法的合理性,主张以"进化"概念取代"辩证法"概念。

在伯恩斯坦看来,马克思去世之后,资本主义社会现实发生了改变,资本的所有权变得更加分散而不是更加集中,资本具有适应性,因而马克思对资本及资本主义的批判缺乏效力;伯恩斯坦在社会主义运动方面的主要观点是以社会改良取代社会变革,反对暴力革命。伯恩斯坦在理论与现实方面的观点,都基于他对马克思辩证法理论变革的忽视以及在马克思辩证法与唯物史观的割裂中理解马克思辩证法的理论变革。他在《渐进的社会主义》中指出,"从作为社会进化基础的经济出发的学说,如果在以暴力崇拜为极致的学说面前降服,那末无论何时我们都会碰到黑格尔的命题……马克思和恩格斯

---

① 《马克思恩格斯文集》第5卷,人民出版社2009年版,第20页。
② 《马克思恩格斯文集》第5卷,人民出版社2009年版,第19页。
③ 《马克思恩格斯文集》第5卷,人民出版社2009年版,第22页。

之所以完成了那个大事业，并非因为依靠了黑格尔辩证法的力量，毋宁说是不曾依靠它的力量"①。伯恩斯坦将马克思辩证法等同于黑格尔辩证法，看不到马克思辩证法的理论变革，从实证主义出发根本否弃马克思辩证法，同时将马克思的历史唯物主义改造成"庸俗进化论"和新康德主义的综合。

同伯恩斯坦一样，考茨基也将马克思辩证法等同为黑格尔辩证法，忽视了马克思辩证法的理论变革。在方法论层面，考茨基也强调进化论而非辩证法。根据戴维·麦克莱伦的记述，考茨基对康拉德·施密特在汉诺威党代表大会上的发言产生了共鸣（《汉诺威党代表大会的会议记录》）。"在鼓动工作中，我们宁愿用准确得多也丰富得多的'进化'概念取代'辩证法'。对工人们来说，'进化'概念是更明白易懂的。倍倍尔阐发了伟大达尔文的精神，我们离达尔文比离黑格尔更近。"② 受到庸俗进化论的影响，考茨基主张将社会发展观与自然进化观结合，强调生产力的决定性作用和发展的客观必然性。巧合的是，考茨基在早期也曾提出一种马恩经济和历史观点与新康德主义结合的观点。

由此可见，虽然在社会改革与革命的问题上，两位理论继承人意见相左，但是在对马克思哲学思想理解方面，伯恩斯坦和考茨基分享着共同的理论前提，即不能理解马克思辩证法的理论变革，将马克思辩证法等同于黑格尔辩证法，并脱离马克思辩证法理解唯物史观，殊途同归地导致了对马克思哲学思想的庸俗理解。这种割裂性理解造成了对马克思辩证法的黑格尔式理解和否定，同时也以进化论和新康德主义的综合修正并继而曲解了马克思的历史观，造成了马克思历史观价值维度与事实维度的分裂。日后关于马克思历史观价值维度与事实维度的争论，伯恩斯坦和考茨基是始作俑者。实际上，时至今日，仍然有许多学者将马克思辩证法与黑格尔辩证法相等同，并视之为形而上学的残留，在实证科学逻辑的意义上予以拒斥。

2. 从旧唯物主义出发对马克思辩证法变革的外在性的割裂阐释。作为"正统的马克思主义者"，梅林站在旧唯物主义的立场理解马克思哲学，将历

---

① ［德］伯恩斯坦：《社会主义的前提和社会民主党的任务》，舒贻上等译，读书·生活·新知三联书店1958年版，第37页。

② ［英］戴维·麦克莱兰：《马克思以后的马克思主义》，林春、徐贤珍等译，东方出版社1986年版，第46页

绪　论　克服两种外在性的割裂理解

史唯物主义视作自然科学的唯物主义的"补充",继而理解马克思辩证法及其理论变革。"首先必须稍稍谈一谈把历史唯物主义与自然科学唯物主义的尽可能远地隔离开来的企图,尤其是在它们之间制造一种对立的企图。历史唯物主义的产生就已经是与此不相容的了;用人们爱用的说法来说,它是对自然科学唯物主义的'补充',代表这种自然科学唯物主义的就是与黑格尔斩断一切关系之后的费尔巴哈。"① 这一观点表面上强调了马克思唯物主义的完备性和彻底性,但实际上造成了马克思历史观和自然观分裂,其结果是在费尔巴哈的意义上理解马克思唯物论,在黑格尔意义上理解马克思辩证法,并最终脱离辩证法理解唯物论,导致对马克思哲学思想的理解退回到康德哲学以前的旧唯物主义。

如果说,梅林将马克思的哲学思想划分为自然科学的唯物主义和历史唯物主义,忽视了马克思的辩证法思想;那么,普列汉诺夫则在旧唯物主义的立场上特别强调辩证法的作用。在普列汉诺夫看来,"只有相信费尔巴哈哲学的基本观点的正确性的人,才能把黑格尔的辩证法倒过来,'使双脚立起来'"②。按照此种理解,马克思是基于费尔巴哈的唯物主义立场实现了对唯心辩证法的"颠倒",从而创建了唯物辩证法,它在社会历史领域的应用就构成了历史唯物主义。普列汉诺夫和梅林一样是在旧唯物主义的立场上简单地和退化地理解马克思哲学。但与梅林不同,普列汉诺夫重视马克思辩证法对黑格尔辩证法的"颠倒",确定了马克思辩证法与历史观的"应用关系",推广论在他这里得到了初步阐述。在"推广论"中,辩证法在逻辑上是独立自存的,具有无根和抽象的特征。实际上,这是脱离唯物史观理解马克思辩证法的变革,基于辩证法的一般运动形式的"衡量",将马克思辩证法的理论变革中的"变量"理解为旧的、一般唯物主义原理的加入。在普列汉诺夫这里,从旧唯物主义立场出发理解马克思辩证法理论变革的路径得以确立。

与普列汉诺夫强调马克思辩证法与黑格尔辩证法的区别不同,列宁特别重视马克思辩证法与黑格尔辩证法的联系,"辩证法也就是(黑格尔和)马

---

① [德]弗朗茨·梅林:《保卫马克思主义》,吉洪译,人民出版社1982年版,第146页。
② 《普列汉诺夫哲学著作选集》第3卷,汝信等译,读书·生活·新知三联书店1962年版,第159页。

思主义的认识论……普列汉诺夫没有注意到,至于其他的马克思主义者就更不用说了"①。列宁从认识论出发强调马克思辩证法与黑格尔辩证法的联系,指出二者的本质都是"对立统一"。"不钻研和不理解黑格尔的全部逻辑学,就不能完全理解马克思的《资本论》,特别是它的第一章。"② 当然,列宁也在认识论的意义上明确了唯物认识论与唯心认识论的区别:从物到思想、感觉和从感觉、思想到物。马克思辩证法与黑格尔辩证法的根本区别就如同《资本论》第二版跋中揭示的一样,是观念和物质、唯物与唯心的"颠倒"。"**注意**:要颠倒过来:马克思把黑格尔辩证法的合理形式运用于政治经济学。"③ 列宁特别关注的是以辩证法作为马克思恩格斯确立的现代唯物主义与形而上学的旧唯物主义的区别,二者的区别在于是否应用辩证法,并将唯物辩证法应用到社会历史领域而成为彻底的唯物主义。因此,列宁强化了"推广论"的理解。在马克思辩证法变革方面,列宁还注意到费尔巴哈唯物论的局限性和不彻底性,强调"**辩证**唯物主义,而不是辩证**唯物主义**,特别坚持的是**历史**唯物主义,而不是历史**唯物主义**"④。与此同时,列宁接续了恩格斯对"自然辩证法"的理解,强调辩证法是自然科学的现代方法和唯一正确的方法,"现代物理学是在临产中。它正在生产辩证唯物主义"⑤。与古代朴素的辩证法观念不同,唯物辩证法正是建立在现代自然科学基础上的成果。

根据第二国际思想家的阐释,马克思辩证法的理论变革是费尔巴哈"唯物论"因素+黑格尔"辩证法"因素的结合,辩证法变革的实现应当归因于"唯物论"对黑格尔"唯心辩证法"的"颠倒"。这种阐释是站在旧唯物主义的立场上做出的,同时也是脱离唯物史观理解马克思辩证法的理论变革。在辩证唯物主义与历史唯物主义的"二分模式"及其"推广论"的意义上理解马克思辩证法理论变革的做法忽视了马克思辩证法与唯物史观的内在统一关系。

之后苏联出版的一系列教科书和著作,也都是从旧唯物主义的立场出发,

---

① 《列宁全集》第55卷,人民出版社2017年版,第308页。
② 《列宁全集》第55卷,人民出版社2017年版,第151页。
③ 《列宁全集》第55卷,人民出版社2017年版,第149页。
④ 《列宁全集》第18卷,人民出版社2017年版,第345页。
⑤ 《列宁全集》第18卷,人民出版社2017年版,第327页。

绪　论　克服两种外在性的割裂理解

在马克思辩证法与唯物史观的割裂中、在"二分模式"中理解马克思辩证法的理论变革。如1916年德波林出版的《辩证唯物主义纲要》、1921年布哈林出版的《历史唯物主义理论》。1929年芬格尔特、萨尔文特出版的《辩证唯物主义和历史唯物主义》开启了以辩证唯物主义和历史唯物主义阐述马克思主义哲学的先河，是马克思主义哲学"二分结构"的开篇之作。① 1932年、1934年米丁、拉祖莫夫斯基的《辩证唯物论与历史唯物论》（上、下册）不仅反映了联共（布）中央的意志和对马克思主义哲学的定位，而且形成了以列宁、恩格斯著作为主，以马克思著作为辅的文献格局，制定和巩固了"二分结构"，标志苏联马克思主义哲学体系的基本形成。② 在1938年由斯大林主持编写的《联共（布）党史简明教程》中，"推广论"得到官方系统的认证，成为"官方正统马克思主义"的观点。辩证唯物主义之所以叫辩证唯物主义，"是因为它对自然界现象的看法、它研究自然界现象的方法、它认识这些现象的方法是**辩证的**，而它对自然界现象的解释、它对自然界现象的了解、它的理论是**唯物主义的**。历史唯物主义就是把辩证唯物主义的原理推广去研究社会生活，把辩证唯物主义的原理去研究社会生活现象，应用于研究社会，应用于研究社会历史"③。1954—1955年亚历山大诺夫和康斯坦丁诺夫的《历史唯物主义》以及后来最具权威性的康斯坦丁诺夫的《马克思主义哲学原理》，"无论是20世纪50—80年代认识论派与本体论的论证，还是1965年、1977年两次唯物辩证法谈论，都没有从根本上动摇辩证唯物主义与历史唯物主义'二分结构'这一马克思主义哲学模式"④。

3. 从具有浓厚黑格尔主义色彩的立场出发对马克思辩证法变革的外在性的割裂理解。针对修正主义、官方正统马克思主义以及苏联模式的马克思主义对马克思辩证法的理解，西方马克思主义者予以了反思，主要集中于如下三个层面：第一，挖掘马克思思想中的黑格尔辩证法因素，用以批判马克思主义哲学研究中的"客体主义"和实证主义倾向，强调马克思辩证法思想独

---

① 参见杨耕《马克思主义哲学体系研究》（上），四川人民出版社2019年版，第32页。
② 参见杨耕《马克思主义哲学体系研究》（上），四川人民出版社2019年版，第35—36页。
③ 联共（布）中央特设委员会编著：《联共（布）党史简明教程》，人民出版社1975年版，第116页。
④ 杨耕：《马克思主义哲学体系研究》（上），四川人民出版社2019年版，第36—37页。

特的社会历史属性；第二，在强调批判性和革命性中理解马克思辩证法及其理论变革，基于资本主义及其现代性进行深入的解剖和批判；第三，借用辩证法开启了着重对资本主义及其现代性的文化、社会心理和意识形态进行批判的理论路线。

(1) 早期西方马克思主义者：马克思辩证法理论变革的黑格尔式理解。卢卡奇从理论与实践相统一的立场出发，充分挖掘马克思哲学中的黑格尔辩证法因素，并在历史和阶级意识的意义上理解马克思辩证法的独特性和理论变革，提出马克思辩证法对于坚持和发展马克思主义哲学的重要意义，强调马克思辩证法与黑格尔辩证法的共同之处在于"总体的观点"。针对伯恩斯坦和考茨基的实证主义和客体主义倾向，卢卡奇从主体出发理解马克思辩证法的理论变革，提出了无产阶级主体—客体辩证运动的社会历史总体性的辩证法。首先，卢卡奇基于对阶级意识的考察指出，无产阶级既是资本主义社会向前发展和进行社会革命的主观条件，也是客观条件，既是认识的主体，也是认识的客体。因此，无产阶级是辩证运动的主体—客体，是历史辩证过程的原因、结果、反映和动力。从前资本主义时期等级社会的阶级意识再到资产阶级社会意识，最后发展到无产阶级意识，主体与客体、理论与实践达到了统一。因此，"把辩证的方法当作历史的方法则需要靠那样一个阶级来完成，这个阶级有能力从自己的生活基础出发，在自己身上找到同一的主体—客体，行为的主体，创世的'我们'。这个阶级就是无产阶级"[①]。无产阶级作为社会历史的主体，其自我认识同时也是对社会本质的客观认识。其次，卢卡奇基于资本主义社会的知性科学和分类逻辑提出总体性的辩证法，"马克思的辩证方法，旨在把社会作为总体来认识……对马克思主义来说，归根结底就没有什么独立的法学、政治经济学、历史科学等等，而只有一门唯一的、统一的——历史的和辩证的——关于社会（作为总体）发展的科学"[②]，"黑格尔使思维和存在——辩证地——统一起来，把它们的统一理解为过程的统一和总体。这也构成历史唯物主义的历史哲学本质……辩证方法不管讨论什

[①] [匈] 卢卡奇：《历史与阶级意识》，杜章智、任立等译，商务印书馆1999年版，第236页。
[②] [匈] 卢卡奇：《历史与阶级意识》，杜章智、任立等译，商务印书馆1999年版，第80页。

么主题，始终是围绕着同一个问题转，即认识历史过程的总体"①。再次，卢卡奇从资本主义社会的物化逻辑出发指出，历史唯物主义是资产阶级社会的自我意识，是无产阶级"批判的武器"，而非对社会经济发展必然性规律的认识。资产阶级社会在改造自然的同时，也将社会纳入了一种"自然必然性规律"之中，这种规律就是经济决定一切，体现为人的物化。最后，在历史观和辩证法的关系问题上，卢卡奇指出马克思辩证法和历史观都是对社会历史发展的总体的认识。一方面，"摒弃或者抹杀辩证法，历史就变得无法了解"②；另一方面，辩证法就在历史本身的运动过程之中。

柯尔施从马克思主义与哲学、哲学与科学的关系出发，认为"在马克思和恩格斯那里本质上是辩证的唯物史观，最后在他们的追随者那里变成了某种非辩证的东西。对一种倾向来说，它已经变成了一种专门化了的理论考察的启发式原则。对另一种倾向来说，马克思的唯物辩证法的流动的方法论冻结成了一些关于不同社会领域里的现象的因果联系的理论公式"③。辩证法不是任何人在任何问题上都能运用的客观方法，而是无产阶级革命运动的表现，是这一运动不可分割的部分，是一种理论和实践相结合的社会革命理论。

葛兰西从实践哲学的立场，指出马克思哲学是一种实践哲学，而实践哲学以以往的文化（文艺复兴与宗教改革、法国大革命和德国哲学等）为前提，是"大众文化与高级文化中的辩证法"④。在此意义上，葛兰西将马克思辩证法及其理论变革的研究集中于资本主义文化和意识形态的批判。

由此可见，第一，以卢卡奇为代表的早期西方马克思主义者反对"官方正统马克思主义"对马克思辩证法和历史观研究的客体主义倾向，立足于黑格尔的辩证法，从主体出发研究社会历史发展，批判资本主义的物化逻辑和实证主义的意识形态幻相；第二，反对将社会历史过程理解为一个自然必然过程，反对社会革命的自发性，强调无产阶级意识和主体实践；第三，早期西方马克思主义者尤其是卢卡奇真正提出了马克思辩证法与历

---

① ［匈］卢卡奇：《历史与阶级意识》，杜章智、任立等译，商务印书馆1999年版，第88页。
② ［匈］卢卡奇：《历史与阶级意识》，杜章智、任立等译，商务印书馆1999年版，第62页。
③ ［德］卡尔·柯尔施：《马克思主义和哲学》，王南湜、荣新海译，重庆出版社1989年版，第27页。
④ ［意］葛兰西：《葛兰西文选》，中共中央马克思恩格斯列宁斯大林著作编译局国际共运史研究所编译，人民出版社1992年版，第472页。

史观的关系问题,并将二者视为一种社会历史的总体理论,而非依从"二分模式"。总而言之,总体、历史和阶级意识构成理解马克思辩证法及其理论变革的关键。然而,这一阐释模式,仍然脱离唯物史观与辩证法的内在统一联系,基于"抽象的、唯心主义的实践概念"和阶级意识,从黑格尔出发理解马克思辩证法的独特性与理论变革,消除"官方正统马克思主义"的旧唯物论的影响,并阐释其社会历史维度。这种理解与前一理解针锋相对,对后世产生了重要影响。

(2) 法兰克福学派:在社会批判的意义上理解马克思辩证法的理论变革。法兰克福学派的批判理论延续了卢卡奇等人的问题意识:批判资本主义社会现实和实证主义的意识形态,在反法西斯主义和反思苏联社会主义弊端的过程中,进一步在异化和人道主义的问题域中探讨马克思的辩证法及其理论变革。

沿着卢卡奇等人的思想,霍克海默和阿多诺不再直接关注马克思辩证法与唯物史观的关系,而是在社会批判理论的意义上阐释马克思辩证法思想及其独特性,从辩证的历史观视角批判资本主义社会历史的现实和实证主义的意识形态。霍克海默和阿多诺的《启蒙辩证法》在对启蒙的反思中,指出迄今为止的人类社会历史是自我持存、自我瓦解、自相反对的历史。尤其在启蒙的资本主义时代,社会愈进步,人类愈野蛮,人类最终将走向深渊。因此,启蒙辩证法是人类文明在资本和理性的启蒙中走向野蛮和自我瓦解的悲剧过程,而非黑格尔意义上的自我否定与自我超越以达到"更高综合"的过程。霍克海默和阿多诺基于资本主义和现代性的自相反对的悖论,所提出的辩证法就是自我持存和自我瓦解的辩证法。阿多诺更是基于资本的同一性逻辑和形而上学的同一性逻辑指出,辩证法是关于非同一性的意识。阿多诺从意识形态入手,最终诉诸实践美学和艺术,解构资本和形而上学的同一性逻辑,反对实证主义的工具理性对人的具身性的压制。

马尔库塞和弗洛姆则结合弗洛伊德的思想,从精神分析的视角接续着卢卡奇《历史与阶级意识》所开创的社会批判道路,在人道主义和异化的问题上深化了对马克思辩证法及其理论变革的理解。在《历史唯物主义的基础》一文中,马尔库塞认为,马克思通过追溯和反思黑格尔辩证法的"基础""内容",而非改造其"方法"并应用到新领域,为其革命理论和历史唯物主义构建了基础。①"人的异化"构成黑格尔与马克思的联结点。人的"对象化"本质是马克思革命实践与理论的基础。黑格尔要把握逻辑的和纯粹合乎理性的东西。然而,"当历史内容进入辩证概念并从方法论上决定其发展和功能时,辩证思维就达到了把思维结构同实在结构联系在一起的具体性。于是逻辑的真理变成历史的真理"②。从人的社会历史本质出发,马尔库塞将马克思的劳动异化理论与爱欲的社会性压抑结合起来,认为现代社会的"病灶"在于资本主义通过"生产效率动员令"、社会统计和工具理性的政治统治对人的爱欲本质进行压抑继而捕获劳动服从资本增殖。在马尔库塞看来,现代社会是一个压抑性社会,各种集权主义压制了个体本性,娱乐化、消费化和碎片化的资本主义经济社会形态使人成为单向度的人。因此,基于马克思的劳动解放论,马尔库塞提出爱欲解放,使爱欲进入劳动理论,使人摆脱异化劳动的痛苦。基于这种基本认识,马尔库塞指出,"辩证过程作为历史过程牵涉到自觉意识:认识和把握解放的可能性。因此它牵涉自由。自觉意识在多大程度上受到既定社会的紧迫需要和利益的制约,它就在多大程度上是'不自由的';既定社会在多大程度上是不合理的,自觉意识就在多大程度上只是在反对既定社会的斗争中向更高的历史合理性自由开放"③。阶级意识构成资本主义的"决定性否定"和否定性实践的必要条件。"自由和解放的'恶性循环';在此处,它又作为决定性否定的辩证法而重新出现。对(思想和行动的)既定条件的超越要以在这些条件之内的超越为前提。这种否定的自由——摆脱既定事实的压制力量、意识形态力量的自由——是历史辩证法的先验成分;它是在历史决定性中的选择和决定成分,也是反历史决定性的选择和决定要素。"④

在《马克思的人的概念》一书中,弗洛姆揭示了经济决定论对马克思主义的误解与禁锢。马克思同"资产阶级的"唯物主义,即"那种排除历史过程的、抽象的自然科学的唯物主义",进行了斗争。马克思用"彻底的自然主

---

① 参见复旦大学哲学系现代西方哲学研究室编译《西方学者论〈1844年经济学哲学手稿〉》,复旦大学出版社1983年版,第94页。
② [美]赫伯特·马尔库塞:《单向度的人》,刘继译,上海译文出版社2014年版,第128页。
③ [美]赫伯特·马尔库塞:《单向度的人》,刘继译,上海译文出版社2014年版,第187页。
④ [美]赫伯特·马尔库塞:《单向度的人》,刘继译,上海译文出版社2014年版,第188页。

义或人本主义"代替那种机械的、"资产阶级"的唯物主义。事实上，"马克思从未用过'历史唯物主义'或者'辩证唯物主义'这个字眼；他确实说过他自己的'辩证方法'与黑格尔辩证方法不同，说过他的辩证方法的'唯物主义基础'。他说过的'唯物主义基础'只不过是指人类生存的基本条件"①。为了避免经济的和唯物主义的误解和混乱，可以将马克思的历史观称之为"人类学的历史观"，"它把对历史的理解建立在人是'自己历史的创造者和行动者'这个事实的基础上"②。在弗洛姆看来，马克思对资本主义的分析正是基于人类学的视角，不仅包括对人的生产方式的分析，而且还可以容纳社会心理的批判性分析。弗洛姆从社会心理学出发指出现代社会的困境在于，现代社会的个体为了消解孤独感和无能为力感而在资本主义社会的压抑中放弃个性，逃避自由。虽然，作为原始纽带，人的宗亲关系给人提供了安全和稳定，但是阻碍了人的全面发展，使其成为部落和原始共同体的部分，而非个体。个人在没有摆脱束缚其进入外部世界的"脐带"之前是不自由的。现代社会的个体化过程就是摆脱原始纽带的过程，促进了人的自我力量的增长。然而，"贯穿于现代文化始终的自由的模棱两可的含义：一方面人摆脱外在权威，日益独立；另一方面人日益觉得孤独，觉得自己微不足道、无能为力"③。"因此，个体化进程日益带来两个可能的结果，臣服与自发活动问题……日益加剧的个体化和个人自由辩证过程的总规律。"④ 正是由于这种深层的辩证性，现代资产阶级社会的个体为了克服个体化带来的不安、孤独和无能为力感，放弃了自己个性的冲动，要把自己完全消融在外部世界。对此，弗洛姆提出的创造性方案是，"人积极地与他人发生联系，以及人自发地活动——爱与劳动，借此而不是借始发纽带把作为自由独立个体的人重新与世界联系起来"⑤。弗洛姆提出"人道主义伦理学"促进"健全的社会"的生成，提出以人的重生存的存在方式取代重占有的异化的生存方式。

---

① 复旦大学哲学系现代西方哲学研究室编译：《西方学者论〈1844年经济学哲学手稿〉》，复旦大学出版社1983年版，第27页。
② 复旦大学哲学系现代西方哲学研究室编译：《西方学者论〈1844年经济学哲学手稿〉》，复旦大学出版社1983年版，第30页。
③ ［美］弗洛姆：《逃避自由》，刘林海译，国际文化出版公司2007年版，第29页。
④ ［美］弗洛姆：《逃避自由》，刘林海译，国际文化出版公司2007年版，第24页。
⑤ ［美］弗洛姆：《逃避自由》，刘林海译，国际文化出版公司2007年版，第28页。

无论是社会批判理论还是社会心理批判都延续了以卢卡奇为代表的早期西方马克思主义的问题意识。卢卡奇将马克思辩证法与历史观的关系问题真正提了出来，反对客体主义，将自然必然性理解为资产阶级社会的物化和自然化，开辟了从主体意识和社会历史总体出发批判资本主义及其现代性的道路，并在此语境中阐释马克思辩证法及其理论变革。此后的法兰克福学派哈贝马斯、施密特等人沿着这一道路，继续发挥了马克思辩证法的批判和革命指向，在批判性和革命性的意义上直接或间接地揭示出对马克思辩证法理论变革的理解，从意识形态、社会文化、社会符号、社会心理和社会交往等各个方面对资本主义及其现代性进行了批判。

4. **苏联和东欧马克思主义者的进一步反思，提示出马克思辩证法理论变革的实践要素和人的要素。** 东欧马克思主义者不仅反对和批判苏联高度集权的社会主义模式，而且对苏联模式的马克思主义哲学思想进行了深刻的反思。在此过程中，东欧马克思主义立足于马克思的人道主义和实践的哲学立场以及对异化问题的关注，着重阐发了马克思辩证法的批判和革命本性，揭示了马克思辩证法理论变革的社会历史性特征。在一定程度上反思了修正主义、官方正统马克思主义和苏联模式的马克思主义对马克思辩证法及其理论变革的外在性的割裂理解及其问题。

（1）**苏联马克思主义者的自我反思。** 20 世纪 80 年代前后，苏联学者对苏联马克思主义哲学教科书体系中的"二分模式"进行了反思。1971 年由罗森塔尔主编，特鲁布尼克夫、巴奇舍夫等人编写出版的《马克思主义辩证法史》从学术史的角度指出，"唯物主义历史观的制定和对辩证法的唯物主义改造是如何相互制约、不可分割地互相联系在一起、交织在一起"[1]。历史为唯物主义构成唯物主义辩证法的基础，唯物主义辩证法是研究历史的方法。"如果说，没有唯物主义辩证法，就没有、也不可能有历史唯物主义，那末，没有历史唯物主义，也就不可能有唯物主义辩证法的存在。"[2]

1982 年，苏联《哲学问题》第 12 期发表的编辑部文章，在苏联历史上首次提出，"要从根本上反思辩证唯物主义与历史唯物主义体系，认为这一体

---

[1] ［苏］罗森塔尔主编：《马克思主义辩证法史》，人民出版社 1982 年版，第 75 页。
[2] ［苏］罗森塔尔主编：《马克思主义辩证法史》，人民出版社 1982 年版，第 75 页。

系的根本缺陷就在于，分开阐述辩证唯物主义与历史唯物主义，把二者解释为两个独立的哲学学科"①。在此之后，1985年，"格列察内、卡拉瓦耶夫、谢尔热托夫的《论辩证唯物主义与历史唯物主义的本质同一》一文，认为辩证唯物主义与历史唯物主义不是马克思主义哲学结构上的两个组成部分，而是马克思主义哲学的两个特征；唯物主义的辩证性质只有在历史唯物主义的形式中才成为可能，历史唯物主义是唯物辩证法的集中体现，而实践则是把辩证唯物主义与历史唯物主义整体化为统一的完整学说的哲学范畴"②。1989年弗罗诺夫主编出版的《哲学导论》指出，实践是马克思主义哲学的核心观点，"马克思的主要的和基本的哲学思想在于……实践是初始的和第一性的"③。对此，国内学者杨耕教授评价，"《哲学导论》彻底打破了辩证唯物主义与历史唯物主义的'二分结构'，建构了以人类解放为主题的马克思主义哲学教学体系"，"标志着苏联辩证唯物主义与历史唯物主义体系的终结"④。苏联学者对"二分模式"的"体系"层面的反思，为理解马克思辩证法的理论变革提供了启示。

（2）**南斯拉夫"实践派"**。从实践出发，南斯拉夫"实践派"的学者们特别关注人道主义和异化的问题。马克思的辩证法是一种"实践的辩证法"，具有深刻的社会历史性。"根据这种观点，辩证法既不是一种绝对、抽象的精神结构，也不是自然界的一种一般结构，而是人类历史的实践及其本质方面的一种总体结构——批判思维。与正统观念不同，这种批判思维允许为其进一步的自我发展、为用这种方法构想或创造一个对象留下了余地，这同时也意味着使这种方法更加丰富、更加具体。"⑤

弗兰尼茨基不仅反对第二国际中的庸俗进化论和新康德主义对马克思辩证法和历史观的歪曲理解，而且对苏联模式的马克思主义哲学进行了反思。在弗兰尼茨基看来，"伯恩斯坦同新康德主义者一样，为了想证明社会主义是一种伦理公设……他对唯物主义和辩证法下了不正确的定义，认为辩证法是马克思的

---

① 杨耕：《马克思主义哲学体系研究》（上），四川人民出版社2019年版，第115页。
② 杨耕：《马克思主义哲学体系研究》（上），四川人民出版社2019年版，第115页。
③ ［苏］弗罗诺夫主编：《哲学导论》（上），贾泽林等译，北京师范大学出版社2011年版，第183页。
④ 杨耕：《马克思主义哲学体系研究》（上），四川人民出版社2019年版，第118—119页。
⑤ ［前南］米哈伊洛·马尔科维奇、加约·彼得洛维奇编《实践——南斯拉夫哲学和社会科学方法论文集》，郑一明、曲跃厚译，黑龙江大学出版社2010年版，导言第21页。

错误的根源"①。伯恩斯坦将马克思辩证法等同于黑格尔辩证法并将其视为"贩卖性因素",认为马克思和恩格斯的伟大成就是不顾黑格尔辩证法才做出的。继而,伯恩斯坦主张所谓科学分析的方法,割裂了自然观与历史观的联系,将自然观视为一种物质决定论,将决定性等同于必然性和宿命论。"伯恩斯坦的这种解释没有看到决定性并不等同于绝对的必然性和宿命论。他利用这种解释,除了批判辩证法之外,还企图抛弃马克思的历史观根本因素以及有关当代历史发展的结论"②。弗兰尼茨基认为,"直到今天,辩证法仍然是对事物(包括思维)的现实过程的最深刻的领会和认识,是任何先天的先验的方法或任何分析的方法所不能取代或替补的(所谓分析法只不过是任何一种方法的必要因素)"③。马克思历史观被简单化和片面化的原因之一就在于"某些地方被人们主要做了机械的理解,而不是辩证的理解,关于这些,我已经提醒过,许多人由于缺乏一定的哲学前提,常常把它们忽略了。总体的观点,把历史问题看作整体,而不是根据这种或那种'因素'来进行考察——这不仅是当时对马克思主义的解释的基本缺点,而且是直到今天对马克思主义的理解的基本缺点"④。受到卢卡奇的影响,在弗兰尼茨基看来,伯恩斯坦错误理解马克思辩证法与历史观的原因是忽视了作为哲学前提的"总体的观点"。从本质上来看,马克思的历史观与辩证法都是一种总体的观点,即"把历史问题看作整体",而总体的观点又植根于实践的观点。"人是实践存在物的观点是其他一切观点的基础。"⑤

马尔科维奇也从人道主义和异化问题出发指出,"那种没有将辩证和人道主义哲学整合在其目的中,整合在其所有假定、标准和研究方法中的科

---

① [前南]弗兰尼茨基:《马克思主义史》第1卷,胡文建等译,黑龙江大学出版社2015年版,第304页。

② [前南]弗兰尼茨基:《马克思主义史》第1卷,胡文建等译,黑龙江大学出版社2015年版,第304页。

③ [前南]弗兰尼茨基:《马克思主义史》第1卷,胡文建等译,黑龙江大学出版社2015年版,第305页。

④ [前南]弗兰尼茨基:《马克思主义史》第1卷,胡文建等译,黑龙江大学出版社2015年版,第245页。

⑤ [前南]弗兰尼茨基:《马克思主义史》第1卷,胡文建等译,黑龙江大学出版社2015年版,第122页。

学……和哲学的关联是双重外在的"①。它仅把马克思主义原理视为"给定的、抽象的、简化的、庸俗的东西","一种僵化学说的教条"②。然而,大多数关于辩证法的教科书的缺陷在于:首先,它们很少关注发展、进步、对立、质、量、必然性、决定性等范畴的分析、正确解释或定义;其次,把辩证原则非批判地、教条地理解为独立于人及人类经验的绝对规律;最后,是其建立和应用辩证法的极为有限的方式。③ 辩证法在马克思的那些追随者中,被"归结为一系列一般'规律',并接着开始把所有被认为不合理的东西简单地纳入这些规律之下使之合理化。然而,事实是,马克思把辩证法看做并用做一种彻底的批判思维的方法和革命的创造历史的方法"④。马尔科维奇将其概括为"实践的辩证法"。

马克思哲学思想本质上是一种批判思想、一种辩证理性。在马尔科维奇看来,辩证法的独特之处在于:第一,总体性;第二,强调现象之能动的、历时的、历史的维度;第三,对变化的机制的辩证说明都倾向于表明自主、自觉、自决的根本意义;第四,是一种批判的思维方法。"马克思的理论和方法在辩证理性之总体化和具体化的过程中是一个决定性的进一步的步骤:它不仅包括了一般的变化,而且包括了变化之特殊的人的历史的形式:实践(praxis)。马克思的辩证法不仅提出了个人的合理性问题,而且提出了作为一个整体的社会的合理性问题;不仅提出了一种给定的封闭制度中的合理性问题,而且提出了作为一个整体的这一制度的真正局限的问题;不仅提出了作为思维的实践的合理性问题,而且提出了作为物质活动、作为时空中的现实生活模式的实践的合理性问题。在历史中辩证理性只是在它为历史创造了一种合理现实的意义上才存在。"⑤ 受卢卡奇的影响,马尔科维奇也认为,"总

---

① [前南] 米哈依洛·马尔科维奇:《当代的马克思》,曲跃厚译,黑龙江大学出版社2011年版,第6页。
② [前南] 米哈依洛·马尔科维奇:《当代的马克思》,曲跃厚译,黑龙江大学出版社2011年版,第6页。
③ 参见 [前南] 米哈伊洛·马尔科维奇、加约·彼得洛维奇编《实践——南斯拉夫哲学和社会科学方法论文集》,郑一明、曲跃厚译,黑龙江大学出版社2010年版,第2—3页。
④ [前南] 米哈依洛·马尔科维奇:《当代的马克思》,曲跃厚译,黑龙江大学出版社2011年版,第19页。
⑤ [前南] 米哈依洛·马尔科维奇:《当代的马克思》,曲跃厚译,黑龙江大学出版社2011年版,第5—6页。

体性的范畴在马克思的方法论中起着这样一种压倒性的作用，但这不是一种纯粹的综合研究方法"①。因此，与黑格尔神秘形式的辩证法不同，"马克思辩证法的本质创新在于它的实践—批判取向。在黑格尔那里，人被归结为自我意识；但在马克思那里，人则被当做了一种实践的存在，即一种能根据人的规划实际地改变世界的自由的、创造的、感性的活动。由人创造的、历史的现实，将成为所有有意义的研究和所有理论的主题。在黑格尔那里，历史只出现在过去当中；而在马克思那里，历史则是人的环境和人自身之持续不断的产物"②。

马尔科维奇、彼德洛维奇等人指出，"在实质上，辩证法区别于其他类型的批判思维的地方，就在于……人在历史中的自我实现"③。马克思的辩证法具有深刻的社会历史本性，是对社会历史活动的总体的批判性考察。"辩证法所关注的不是事物如何存在，而是事物如何能通过人被产生、扬弃并进一步得到发展。辩证法不是纯粹的知识即一种'方法论'，而是对知识和现实的批判"④。

（3）**波兰的马克思主义**。科拉科夫斯基将马克思哲学思想视作一种哲学人类学，认为其理论来源是德国辩证法思想。通过对黑格尔辩证法思想的考察，科拉科夫斯基不仅揭示了马克思辩证法的社会历史性、革命性以及马克思历史观的辩证本性，而且揭示了马克思辩证法与历史观的未来性维度。

在科拉科夫斯基看来，黑格尔辩证法是从观念和理性出发去构造人类历史。因此，辩证法就是思维的运动的历史过程。黑格尔辩证法的主题及其应用与辩证法本身是不可分的。与此同时，黑格尔辩证法实现理性与现实的和解，其中关于世界本质与自我意识的对立是一种"理性的迷惑"，这导致了黑格尔辩证法中的模棱两可。一方面，黑格尔辩证法以绝对的思维运动把握存在的思想内涵，会导致"逻辑正义论"，即现存的就是合理的；另一方面，黑

---

① ［前南］米哈依洛·马尔科维奇：《当代的马克思》，曲跃厚译，黑龙江大学出版社2011年版，第8页。
② ［前南］米哈依洛·马尔科维奇：《当代的马克思》，曲跃厚译，黑龙江大学出版社2011年版，第24页。
③ ［前南］马尔科维奇、彼德洛维奇编：《南斯拉夫"实践派"的历史和理论》，郑一明、曲跃厚译，重庆出版社1996年版，第32页。
④ ［前南］米哈依洛·马尔科维奇：《当代的马克思》，曲跃厚译，黑龙江大学出版社2011年版，第28页。

格尔辩证法自我意识运动的主体维度，则会导致理性对现实的主观判定。"因此，黑格尔主义的最终教诲不是理性与非理性之间的对立，而是作为先验理性对于世界的沉思。"① 对于黑格尔来说，哲学总是姗姗来迟的，只能解释过去，而不能判断未来。

科拉科夫斯基特别考察了马克思《资本论》中的辩证方法，他指出，"正如对于黑格尔那样，对于马克思来说，辩证法不是相互之间独立的，并且与所有它们的论题相独立的规律的总汇……对于黑格尔来说，辩证法却是逐渐把存在理解为自身创造物的过程的观念的外化历史；而对于马克思来说，辩证法则是一个物质生活条件的历史，在这种生活中，精神和制度的种种形式在它们一定回归到同它们的基础相一致之前被赋予了明显的自主形式。作为认识世界的方法的辩证法对于世界本身实际的辩证法来说是派生的，因为，关于社会现实辩证运动的理论则意识到它自身依赖于使之产生的历史过程"②。"马克思的辩证法是对导致意识和社会存在相统一的历史发展的描述。"③ 在马克思看来，黑格尔的否定辩证法的伟大成就包含在人通过异化与超越异化的交替过程而创造自身的思想之中。④ 马克思辩证法的否定性和批判性体现为人通过历史现实活动异化与异化扬弃的过程。

（4）**捷克的马克思主义**。科西克从马克思辩证法的批判和革命本质出发提出了"具体的辩证法"，认为马克思辩证法是具体总体的社会历史过程，指向摧毁社会历史的伪具体。科西克的分析是从"物自体"概念开始的。在科西克看来，马克思的"辩证法探求'物自体'。但'物自体'不是平常之物……它是人在历史中发现的世界总体和存在于世界总体中的人"⑤。因此，辩证法不同于实证主义的思维方式，不是将对象世界固定为直观的东西，而

---

① ［波兰］莱泽克·科拉科夫斯基：《马克思主义的主要流派》第 1 卷，唐少杰等译，黑龙江大学出版社 2015 年版，第 81—82 页。

② ［波兰］莱泽克·科拉科夫斯基：《马克思主义的主要流派》第 1 卷，唐少杰等译，黑龙江大学出版社 2015 年版，第 327—328 页。

③ ［波兰］莱泽克·科拉科夫斯基：《马克思主义的主要流派》第 1 卷，唐少杰等译，黑龙江大学出版社 2015 年版，第 327—328 页。

④ 参见［波兰］莱泽克·科拉科夫斯基《马克思主义的主要流派》第 1 卷，唐少杰等译，黑龙江大学出版社 2015 年版，第 136 页。

⑤ ［捷克］卡莱尔·科西克：《具体的辩证法：关于人与世界关系问题的研究》，刘玉贤译，黑龙江大学出版社 2015 年版，第 191 页。

是将其纳入人的社会历史实践活动之中。"辩证法不是在现成的形式上接受它们,而是对它们加以研究,在研究中,客观世界和观念世界的各种物化形式消失了,丧失了其确定的和自然的特性,也丧失了其虚假的原初性,呈现为派生的与中介的现象,以及人类社会实践的沉着物和人造物。"①

科西克提出的"回到本源"、探究物自体,从本质上看,旨在寻求马克思辩证法的生存论基础,并揭示马克思辩证法具体的总体原则对碎片化的现代资本主义社会和知性科学的深层批判。马克思辩证法的批判和革命本质体现在其具体的总体原则。一方面,马克思辩证法是对资本的逻辑和资本主义社会异化问题的批判,专业化、碎片化的资本主义生产和生活方式创造了伪具体和虚假意识形态的面纱,导致了人的存在的异化、片面化。伪具体的世界是真实的和谎言的世界,即人的拜物教化的实践世界。另一方面,伪具体世界包括"纷呈于真正本质过程表面的外部现象世界""操控与获取的世界""日常理念的世界""固定客体的世界"。② 作为具体的总体辩证法的批判向度还体现为对实证主义、唯心主义的批判。立足于社会实践,科西克反对官方正统马克思主义对马克思辩证法的非历史性的"客体主义"理解。从实践的立场出发,"为洞悉现实,辩证的—批判性思维消解了实物世界与理念世界的拜物教化的人造物,摧毁了伪具体。当然这只是辩证法作为改造现实的革命性方法的一个方面。为批判地解释世界,解释本身必须根植于革命实践"③。

综上所述,东欧马克思主义并没有集中和直接论述马克思辩证法与历史观的内在联系,而是通过着重论述马克思辩证法的社会历史本性,对修正主义、官方正统马克思主义和苏联模式的马克思主义对马克思辩证法的割裂性理解及其后果进行反思。东欧马克思主义吸收了卢卡奇对马克思辩证法总体性和社会历史性的阐发,以实践为哲学立场,以人道主义和异化问题为问题

---

① [捷克]卡莱尔·科西克:《具体的辩证法:关于人与世界关系问题的研究》,刘玉贤译,黑龙江大学出版社2015年版,第9页。
② 参见[捷克]卡莱尔·科西克《具体的辩证法:关于人与世界关系问题的研究》,刘玉贤译,黑龙江大学出版社2015年版,第3页。
③ [捷克]卡莱尔·科西克:《具体的辩证法:关于人与世界关系问题的研究》,刘玉贤译,黑龙江大学出版社2015年版,第10页。

导向，在反对客体主义倾向阐述辩证法批判和革命本质的同时，间接揭示了马克思辩证法与历史观的内在统一关系。自然与历史统一于人的实践活动，辩证法是对人的实践活动的内涵逻辑。

5. 国外其他各种马克思主义的观点。卢卡奇从历史性维度开启了马克思辩证法理论变革问题的研究，并对以往的"旧唯物论式"的阐释进行了深入的反思，提出了总体性的、历史性的辩证法。西方马克思主义者和大多数东欧马克思主义者都延续了这一思想路径，就马克思辩证法的批判性、社会历史性及其理论变革进行了解读，对苏联模式的马克思主义哲学进行了反思。但是，当代的一些马克思主义学者并没有消化卢卡奇的问题意识，仍然是在马克思辩证法与唯物史观的割裂中理解马克思的辩证法的理论变革，导致各种理解上的偏差。同时，对马克思辩证法理论变革的"旧唯物论式"和"黑格尔式"的解读作为两大思想源头仍然影响着对辩证法的理解。在当代各种马克思主义思潮中，产生了一些有代表性的观点。

（1）**存在主义的马克思主义**。以萨特为代表的存在主义的马克思主义则从存在主义的立场反对苏联模式的或"官方正统的马克思主义"思想中的辩证法思想。在《辩证理性批判》中，萨特提出用存在主义的"人学"补充马克思主义的唯物辩证法，否认恩格斯的"自然辩证法"，主张将马克思主义的唯物辩证法建立在人的存在活动的基础上，彰显马克思辩证法的人文批判维度。

在萨特看来，20 世纪的马克思主义者存在一种实证主义倾向，一种普遍的"贫血"，"实践的贫血"，把"人"从马克思主义的知识中排除出去。马克思的辩证法被理解为一种缺乏实践维度的自然规律性认识，"辩证理性被幽闭在教条主义之中"。在萨特看来，对生存的理解才是马克思主义人类学的人的基础，也是马克思辩证法思想的基础。因此，必须做出选择："要么把一切归结于同一性（这就是用机械唯物主义来取代辩证唯物主义），要么把辩证法变成一种强加于宇宙的天体规律，变成一种通过自身来产生历史过程（这就重新落到黑格尔的唯心主义之中）的形而上力量，要么人们通过劳动和行动把超越的能力归还给特殊的人。"[①] 唯独后者才能使人在实践中建立整体化运

---

① ［法］萨特：《辩证理性批判》，林骧华等译，安徽文艺出版社 1998 年版，第 84 页。

动。"辩证法应该在人类同自然、同'初始条件'的关系中,在人际关系中来寻找。"① 马克思的独创性在于,"揭示出历史在发展中,存在不能降变为认知"②。因此,针对"官方正统马克思主义"的教条式的唯物辩证法,萨特指出必须用人的存在的人学辩证法予以修正。

萨特之所以通过"辩证理性批判"来修正马克思主义的辩证法,其理论实质仍然是在马克思的辩证法与历史观的割裂性理解中理解马克思的辩证法和历史观,看不到马克思辩证法本身就是关于现实的人及其历史发展的内涵逻辑。因此,萨特也无法正确理解马克思的唯物史观。"历史唯物主义的最高悖论在于,它在同一个时间里是历史的唯一真理,又是真理的一种彻底的非决定论。历史唯物主义的完整化思想确立了一切,却排除了它自身的存在……受到了它一向反对的历史相对主义的污染。"③ 由于萨特割裂了马克思辩证法与历史观的内在联系,陷入了对马克思辩证法与历史观的歪曲和误解,没能真正摆脱苏联模式的马克思主义和教条主义的影响。

(2) **结构主义的马克思主义**。阿尔都塞用结构主义的方法,揭示了马克思辩证法与黑格尔的辩证法的根本区别,特别是马克思主义的矛盾观与黑格尔矛盾观点的区别。马克思辩证法的特点是把矛盾看作"具体的、内在的、有结构的复杂整体",而黑格尔的辩证法则把矛盾看作"抽象的、外在的、单一整体"。黑格尔辩证法的矛盾是通达全体统一的环节,而马克思辩证法的矛盾是如同主次矛盾一样的复杂的多元结构。马克思辩证法的特殊性和批判性体现为一种"多元决定论"。

阿尔都塞通过阐述马克思辩证法思想中的"颠倒"问题,揭示了马克思辩证法与以黑格尔为代表的传统哲学中的辩证法理论的本质区别。在阿尔都塞看来,用"颠倒"的比喻来描述马克思辩证法同黑格尔辩证法的区别是不恰当的。"关于辩证法颠倒过来这个不确切的比喻,它所提出的问题并不是要用相同的方法去研究不同对象的性质(黑格尔的对象是观念世界,马克思的对象是真实世界),而是从辩证法本身去研究辩证法的性质,即辩证法的特殊

---

① [法] 萨特:《辩证理性批判》,林骧华等译,安徽文艺出版社1998年版,第84页。
② [法] 萨特:《辩证理性批判》,林骧华等译,安徽文艺出版社1998年版,第155页。
③ [法] 萨特:《辩证理性批判》,林骧华等译,安徽文艺出版社1998年版,第151页。

结构。"① 阿尔都塞吸收了毛泽东《矛盾论》的思想,将辩证法的特殊结构称为"多元决定"。矛盾在其内部受各种矛盾的影响,矛盾本质上是多元的。阿尔都塞以结构主义的方法阐释马克思的辩证法,虽然肯定了马克思辩证法的总体性观点,但是忽视了其历史性维度。

(3) **分析的马克思主义**。20世纪70年代以后,英美出现了分析的马克思主义,其主要代表人物有G. A. 柯亨、埃尔斯特、艾伦·伍德等。他们企图用分析方法来阐释马克思的哲学思想。在此过程中,分析的马克思主义者们将辩证法视作模糊的语言和形而上学的诡辩予以拒斥,强调逻辑上的精确性和科学性原则。安德鲁·莱文在《什么是今天的马克思主义者?》一文中指出,"重建、捍卫和修正历史唯物主义,是分析马克思主义的核心任务"②。除此以外,分析的马克思主义还特别注重对马克思思想道德维度的研究。然而,无论是对历史理论的辩护,还是道德维度的研究,其致思路径都是以分析的方法取代辩证法。

G. A. 柯亨《卡尔·马克思的历史理论:一种辩护》、威廉姆·肖《马克思的历史理论》等著作,都是通过语言分析的方法,澄清马克思历史理论中的范畴和命题的意义,清晰地表述马克思的历史理论,并为之辩护。埃尔斯特在《理解马克思》一书中,则对马克思的辩证法进行了批判和否定。在他看来,辩证法是一种语言的习惯用法而已,具有模糊性,不能成为科学的方法。"当马克思明确地指向了辩证法的时候,通常用的是这些一般的甚至是枯燥的语词,这很难看出它对更详尽的分析有什么意蕴。"③ 艾伦·伍德、卢克斯等人则基于分析的方法,对马克思思想中的道德维度予以了探究。艾伦·伍德依据对马克思关于道德的相关论述文本的分析,得出了"马克思反对正义"的结论,卢克斯则通过对法权道德和解放道德的区分,阐述了马克思哲学思想的道德维度。

对此,肖恩·塞耶斯的评价可谓一语中的,"伍德、柯亨等人所采用的分析方法,轻易就把这些观念排除了。他们对黑格尔主义和辩证思维完全敌对的态度。在他们看来,不同的生产方式是完全孤立和自主的系统,彼此之间

---

① [法] 阿尔都塞:《保卫马克思》,顾良译,商务印书馆1984年版,第71页。
② [加] 罗伯特·韦尔、尼·凯尔森:《分析马克思主义新论》,鲁克俭等译,中国人民大学出版社2002年版,第36页。
③ [美] 埃尔斯特:《理解马克思》,何怀远等译,中国人民大学出版社2008年版,第31页。

只有区别而无联系。这种观点不仅是非历史的,而且无疑是反历史的"①。

(4) **新辩证法学派**。分析的马克思主义在强调逻辑的精确性和科学性的基础上,理解马克思的历史观和哲学观,将马克思辩证法视为黑格尔的残留和形而上学的晦涩难懂的语言予以拒斥。对此,以亚瑟、托尼·史密斯、奥尔曼、阿尔布瑞顿等人为代表的新辩证法学派(又称新黑格尔主义的马克思主义、系统辩证法学派)进行了激烈的批判。以充分阐释黑格尔和马克思的关系为切入点,新辩证法学派坚称黑格尔的逻辑学是理解马克思辩证法和政治经济学批判的关键,提出马克思的辩证法是一种共时性的系统辩证法。辩证法研究的文本重心由《精神现象学》和《1844年经济学哲学手稿》转向《逻辑学》和《资本论》及其手稿,特别是《1857—1858年经济学手稿》。通过对《资本论》辩证法的研究,他们指认了马克思辩证法在其哲学思想中的核心地位,及其作为对资本主义及其现代性进行批判的"武器"。显然,新辩证法学派不仅激烈地批判分析马克思主义的反辩证法倾向,而且对苏联模式的辩证法研究的"自然本体论范式"进行了拒斥,在方法论的意义上揭示马克思辩证法的当代性。但是,实际上,新辩证法学派仍然与分析的马克思主义共享了同样的前提:在马克思辩证法与历史观的割裂中理解马克思的辩证法或历史观乃至马克思哲学。

马克思主义经典作家马克思、恩格斯和列宁等人对黑格尔《逻辑学》的强调,构成了新辩证法学派研究的出发点。新辩证法学派的重要文本论据是,马克思在《政治经济学批判大纲》中对于其方法的论断,"把经济范畴按它们在历史上起决定作用的先后次序来排列是不行的,错误的。它们的次序倒是由它们在现代资产阶级社会中的相互关系决定的,这种关系同表现出来的它们的自然次序或者符合历史发展的次序恰好相反"②。从黑格尔的《逻辑学》以及马克思的《资本论》和《政治经济学批判大纲》出发,新辩证法学派指出黑格尔和马克思辩证法的体系性和总体性,提出共时性的、去历史主义的系统辩证法。

---

① [加]罗伯特·韦尔、尼·凯尔森:《分析马克思主义新论》,鲁克俭等译,中国人民大学出版社2002年版,第79页。

② 《马克思恩格斯文集》第8卷,人民出版社2009年版,第32页。

受卢卡奇影响，在克里斯多夫·阿瑟看来，从黑格尔和马克思辩证法的思想渊源来看，与马克思《资本论》的方法一脉相承的东西是一种系统辩证法，即一种"坚持观念的开放性和流动性、内在系统联系和总体"①的方法。

阿尔布里坦指出，实证主义的经济学仅限于量化研究，而马克思的经济学优势正是继承了黑格尔那里的辩证法。定量研究将现实生活简单化、数量化和模型化，不能揭示资本主义及其现代性的物质根源以及物和物的关系掩盖的人和人的关系。马克思的系统辩证法则在资本主义社会的总体关系中，对资本主义社会经济进行了深入的剖析。"辩证法被认为是，价值克服一个又一个使用价值障碍，直至价值无视使用价值的客观存在而实现自我增殖。"②在此意义上，托尼·史密斯的系统辩证法强调总体的观念，反对历史与逻辑的一致性，认为马克思辩证法为理解全球资本主义的整体逻辑提供了方法论工具。

基于新辩证法学派的基本理论进路，奥尔曼提出马克思的辩证法是一种"内在关系"的辩证法，其核心是内在关系和抽象。奥尔曼指出，"辩证法并不是可以用来解释一切的正—反—合的顽固组合；它没有提供一个使我们能够证明或预言一切的公式；它也不是历史的动力……相反，辩证法是一种关注世界上所发生的一切变化和相互作用的思维方式"③。在奥尔曼看来，辩证法是关于事物的"过程观"和"关系观"，后者是本质重要的。资本主义只有作为系统和总体才能被理解，人和自然也只有在社会关系中才能被理解。因此，内在关系构成马克思辩证法思想的核心，这也是马克思之于黑格尔一脉相承的东西。资本主义的任何商品的生产或者其他行为只有在总的关系中，其真实面貌才能被揭示，否则只能陷入资本主义消费社会、娱乐至死等碎片化的意识形态中。因此，"研究的顺序应该是先系统后历史，以至于历史从来就不是一两个孤立因素的发展"④。马克思辩证方法的特点就在于

---

① Christopher Arthur, *The New Dialectic and Marx's Capital*, Leiden: Brill, 2004, p. 5.
② ［加］罗伯特·阿尔布里坦：《经济转型：马克思还是对的》，李国亮等译，新华出版社2013年版，第127页。
③ ［美］伯特尔·奥尔曼：《辩证法的舞蹈——马克思方法的步骤》，田世锭、何霜梅译，高等教育出版社，2006年版，第5页。
④ ［美］伯特尔·奥尔曼：《辩证法的舞蹈——马克思方法的步骤》，田世锭、何霜梅译，高等教育出版社，2006年版，第8页。

"他在其中找到辩证法并用它来研究资本主义的系统方法"①。除此之外，抽象方法是马克思辩证法的另一个核心。从抽象到具体，抽象十分关键。"马克思的，被作为一个集合的抽象的最独特之处就是它们集中在资本主义时代的变化和互相作用（或系统）上，并将这两者纳入了它们在其中得以发生的独特形式。"②

由此可见，新辩证法学派认为黑格尔辩证法与马克思辩证法一脉相承的东西是体系性和总体性，而非历史性。马克思的系统辩证法构成批判资本主义及其现代性的方法论工具。

（5）**马克思学的观点**。一些致力于"马克思学"研究的学者，从文本出发对马克思的辩证法与历史观的关系进行了思考。吕贝尔从马克思和恩格斯的关系出发，认为恩格斯是苏联模式的马克思主义哲学思想的始作俑者。实证科学思维方式的恩格斯自然辩证法与批判性的马克思的历史辩证法具有根本区别。戴维·麦克莱兰认为，斯大林编写的《联共（布）党史简明教程》中的辩证法思想是参考恩格斯晚期作品的产物，并且由于政治意图，仅强调了质量互变和对立统一规律，没有谈及否定之否定规律，"辩证唯物主义与历史唯物主义被刻板地分割开来"③。彼得·奥斯本则指出，"在马克思去世之后，恩格斯以及后来的苏联的马克思主义者都宣称马克思提出的是传统哲学唯物主义的新版本，他们称之为'辩证唯物主义'，它将传统的形而上学的唯物主义同黑格尔的辩证逻辑结合在一起"④。在奥斯本看来，苏联风格的马克思主义者接受的教育都是辩证唯物主义的教条，遮蔽了马克思辩证唯物主义的批判性和改变世界的问题意识，唯物辩证法不是物质的无意识运动，而是"有意识的人类活动——实践"。唯物辩证法的批判本质在于实践，问题在于改变世界。在《辩证法的逻辑——辩证法的体系构成法》《物象化论构图》中，日本学者广松涉反对苏联教科书的"二分模式"和"推广论"关于马克

---

① ［美］伯特尔·奥尔曼：《辩证法的舞蹈——马克思方法的步骤》，田世锭、何霜梅译，高等教育出版社，2006年版，第15页。
② ［美］伯特尔·奥尔曼：《辩证法的舞蹈——马克思方法的步骤》，田世锭、何霜梅译，高等教育出版社，2006年版，第77页。
③ ［英］戴维·麦克莱兰：《马克思以后的马克思主义》，林春、徐贤珍等译，东方出版社1986年版，第168页。
④ ［英］彼得·奥斯本：《问题在于改变世界》，王小娥、谢昉译，中信出版社2016年版，第30页。

思辨证法的理论变革的理解，主张在"实践关系存在论"中理解马克思辩证法与唯物史观。

6. 现代西方哲学由于不理解马克思辩证法的理论变革对辩证法理论质疑和挑战。现代西方一些哲学家由于对马克思辩证法理论变革忽视，停留于对苏联模式的马克思主义哲学的刻印象或黑格尔式的解读，对马克思辩证法进行了歪曲化的解读。在此基础上，辩证法的合法性被质疑和挑战。

在现代西方哲学中，科学主义以思维的确定性和精确性要求反对形而上学以及传统辩证法思辨和抽象的思维方式；人本主义以人的多元生活的价值诉求反对形而上学和传统辩证法理论同一性的价值逻辑；而无论是科学主义还是人本主义都反对形而上学的"终极实在观"。现代哲学旗帜鲜明地提出了"语言"和"生活"的主题，并掀起了一场声势浩大的反形而上学运动。在反形而上学的运动中，由于哲学史上形而上学与辩证法长期的内在纠缠关系[①]，辩证法被视为"形而上学的魔语"，遭到了许多哲学家的批判，其合法性被质疑。在当代，虽然辩证法仍是一个对哲学研究来说绕不过去的概念，但却遭到了许多哲学家的疏远和排斥，已不复黑格尔时代那样的卓著声名。辩证法被视为"逻辑戏法"或"一个方便的框子"（赖欣巴哈语）、"一种搬弄命辞的把戏、琐细的论理和广博周详的论证的徒具外表的各种形式的玩弄"（杜威语）、"一条逃避事情和实情（Sachverhalt）的道路"（海德格尔语）、"形而上学的胡扯"（狄德罗语）、"诡诈力量"或"一种无意义的危险"（莫里斯·梅洛-庞蒂语）、"一个黔驴技穷的人手中的权宜之计"（尼采语）等。在日常的研究过程中，也能经常听到"辩证法有什么好研究的""辩证法就是'变戏法'"诸如此类的"吐槽"。

英美分析哲学尤其是以卡尔纳普为代表的逻辑实证主义者，在拒斥形而上学语境中，从逻辑上对辩证法发起了攻击。卡尔纳普认为，辩证法的逻辑命题无法承载或赋予真值，违背了科学的"可证实原则"，"完全处在知识领域之外，"只是像"笑、抒情诗和音乐一样具有表达作用"[②]，而不具有表述

[①] 参见贺来《辩证法与形而上学：一个需要重新审视的哲学"对子"》，《吉林大学社会科学学报》2009年第5期。

[②] ［美］M.怀特编著：《分析的时代》，杜任之译，商务印书馆1981年版，第233页。

绪　论　克服两种外在性的割裂理解

确切知识的作用。表述与表达一字之差，却相隔千里。表述承载或赋予真值，而表达是抒发情感。通过逻辑上的考察，辩证法的"真理性"和"科学性"遭到了解构。

在现代科学哲学家看来，辩证法仅仅是一种"形而上学的诡辩"。"如果接受'矛盾'，就要放弃任何一种科学活动，这就意味着科学的彻底瓦解。"①"辩证法模糊而灵活，足以解释说明这种出乎预料的情况……不管事情怎么发展都合乎辩证法的图式，辩证法家永远不必担心未来经验的反驳。"② 在反对形而上学的思潮中，辩证法作为非精确性的逻辑语言首当其冲。"A 既是又不是 A"的辩证法为形而上学的抽象的思辨性质提供了方法论原则。"辩证规律具有一种可以随意揉捏的意义；它是一个方便的框子，某些历史发展可以在过程走完之后被装进去，但要进行历史预测那它就不够精确、不够普遍了。"③ 正是由于缺乏确定性和一致性，"哲学成为一种搬弄命辞的把戏、琐细的论理和广博周详的论证的徒具外表的各种形式的玩弄"④。

与科学主义哲学家从科学的逻辑标准解构辩证法不同，关注人的价值、尊严和意义的人本主义哲学家们则把矛头指向了辩证法"否定之否定"原则所蕴含的形而上学的同一性价值逻辑。同一性是形而上学内在的价值逻辑，这是一种"以一驭万"的价值诉求。在哲学史上，辩证法曾是寻求世界最高统一性的绝佳方法。黑格尔以其深邃的辩证智慧构建了概念的辩证运动体系，从"纯存在"到"绝对精神"，将环节的必然性与全体的自由性统一起来，最终将万事万物都综合统一到一个意识里。因此，形而上学的同一性构成辩证法的价值维度。概念的辩证运动克服了各定在和诸环节的差异，最终走向了最高的统一性。海德格尔指出，"哲学知道一条出路。人们让矛盾存在，甚至使其尖锐化，并且试图把自相矛盾的、从而分崩离析的东西共同编排在一个无所不包的统一体中。人们把这种方法叫做辩证法……一条逃避事情和实情（Sachverhalt）的道路"⑤。传统形而上学的错误就是"存在之遗忘"，关注

---

① ［英］卡尔·波普尔：《猜想与反驳》，纪树立等译，上海译文出版社 1986 年版，第 453 页。
② ［英］卡尔·波普尔：《猜想与反驳》，纪树立等译，上海译文出版社 1986 年版，第 475 页。
③ ［德］H. 赖欣巴哈：《科学哲学的兴起》，伯尼译，商务印书馆 2009 年版，第 63 页。
④ ［美］杜威：《哲学的改造》，许崇清译，商务印书馆 2009 年版，第 13 页。
⑤ ［德］海德格尔：《面向思的事情》，陈小文、孙周兴译，商务印书馆 1999 年版，第 4 页。

世界最高的统一性,而忽视了人的生存境况。

"哲学妄自以为论证超越的、绝对的或更深奥的、实在的存在和启示这个究极的、至上的、实在的性质和特色为己任。"①

第二节　国内马克思辩证法理论变革研究的历史演进及动态

自马克思主义传入中国以来,马克思辩证法和历史观一直是国内马克思主义哲学基础理论研究的主体。对马克思辩证法和历史观思想的研究过程,也在一定程度上内在地渗透着对二者关系和马克思辩证法理论变革的研究。国内关于马克思辩证法与历史观关系之于马克思辩证法理论变革的研究可以分为三个阶段:第一个阶段是1917年至1949年中华人民共和国成立前,关于马克思辩证法与历史观思想的传播、引介和同中国革命相结合的论战性阶段;第二个阶段是1949—1978年,关于马克思辩证法理论变革研究的教科书体系确立阶段;第三个阶段是改革开放后至今,关于马克思辩证法理论变革研究的哲学观念变革阶段。

1. 中华人民共和国成立前(1917—1949年),关于马克思历史观与辩证法思想的传播、引介和同中国革命相结合的论战性阶段。马克思主义哲学的"二分模式"和"推广论"初步形成,在马克思辩证法与唯物史观的割裂中忽视或片面理解马克思辩证法的理论变革。早期国内关于马克思辩证法与历史观的研究主要集中于翻译马克思著作和引介马克思思想的基本原理,同时体现出同中国革命现实相结合的现实性、论战性、通俗化和简单化的特点。马克思主义理论在中国早期的传播者主要关注马克思思想的革命性和现实性,在文本方面提及较多的是《资本论》《共产党宣言》,首先进入早期传播者视野的是马克思的经济学思想、唯物史观和社会主义思想。

从主要观点看,形成了如下几种代表性的观点。

(1)李大钊、杨匏安等人对马克思历史观与辩证法的割裂性理解。第二国际的马克思主义思想家的影响以及中国革命的需要,使他们十分注重马克

---

① [美]杜威:《哲学的改造》,许崇清译,商务印书馆2009年版,第14页。

思的历史观、经济学和社会主义思想的引介和传播，脱离辩证法谈历史观得出了"经济决定论"和"社会进化论"的结论。重要的参考文献为李大钊《我的马克思主义观》、《马克思的历史哲学与理恺尔的历史哲学》、《唯物史观在现代史学上的价值》（《李大钊文集》，人民出版社 1984 年版）；杨匏安《社会主义》、《马克思主义（一称科学的社会主义）》（《杨匏安文集》，广东人民出版社 1986 年版）。

（2）**瞿秋白的"唯物哲学之历史观"和"唯物主义的互辩律哲学"思想**。1924 年出版的《社会哲学概论》在中国第一次系统地介绍了马克思主义哲学体系。不仅阐释了马克思辩证法的基本规律，而且对马克思的历史观进行了介绍。马克思"唯物主义的互辩律哲学"即辩证法"是一切社会科学的方法论"；"唯物哲学之历史观"是研究人类社会现象和社会形式变迁的规律的科学。在瞿秋白看来，马克思的辩证法和历史观是两个相互独立的部分。[①]

（3）**李达在"二分模式"基础上的"推广论"和"实践唯物论"**。李达的《社会学大纲》在中国第一次以教科书的形式，系统地阐释了马克思主义哲学体系的辩证唯物论与历史唯物论。李达是最早对马克思辩证法与历史观及其关系进行系统阐述的中国哲学家。李达不仅总结早期马克思主义传播者的思想，而且对以伯恩斯坦为代表的"第二国际"进行了批驳。《现代社会学》一书系统地阐释了唯物史观的基本原理，生产力决定生产关系、经济基础决定上层建筑的思想。在强调历史的唯物论的同时，他也指出生产关系和上层建筑的反作用，体现出马克思辩证法的因素。与此同时，他还用唯物史观对中国社会进行分析，解答中国革命的现实问题。李达指出，"所谓辩证唯物论与历史唯物论的关联，这句话的本来的意义，就是彻底把辩证唯物论应用并扩张于历史领域。只有彻底地把辩证唯物论扩张于人类社会或历史的领域，才能使辩证唯物论更趋于深化和发展"[②]。除此以外，他还从实践与认识的关系出发，阐明了辩证唯物主义是一种"实践的唯物论"。《社会学大纲》成为"中国人自己写的第一本马列主义的哲学教科书"，中华人民共和国成立后，他还写作了《唯物辩证法大纲》，深化了对马克思辩证法思想的理解。到

[①] 参见瞿秋白《社会哲学概论》，载《瞿秋白文集》，人民出版社 1988 年版，第 339、354 页。
[②] 《李达文集》第 2 卷，人民出版社 1981 年版，第 283 页。

李达这里，"推广论"被确立起来。唯物辩证法被归结为一般的唯物主义同辩证法的结合。这实际上是在脱离唯物史观理解马克思辩证法及其理论变革。

2. 改革开放以前（1949—1978年），关于马克思历史观与辩证法思想研究的教科书体系确立阶段。该阶段的主要特征是受"传统苏联教科书体系"（以斯大林主持编写的《联共（布）党史简明教程》哲学部分为核心）的影响，形成了对马克思哲学的系统性理解。其基本观点是：马克思主义哲学是由辩证唯物主义和历史唯物主义构成的。马克思辩证法与历史观的关系是方法论上的"应用关系"。马克思吸收了德国古典哲学的思想，通过对黑格尔唯心辩证法与费尔巴哈机械唯物论的批判，实现了唯物论与辩证法的结合，创立了唯物辩证法。同时，将唯物辩证法运用到社会历史领域就形成了唯物史观。实际上，这种观点在李达的《社会学大纲》里已经初见端倪。

围绕辩证唯物论和历史唯物论的具体思想，国内学者也展开了激烈的争论。这一争论大致可以分为两个时期。

（1）1949—1956年，关于唯物辩证法的争论主要集中于对辩证唯物主义体系、规律、范畴、认识论和真理问题的研究。例如辩证法与唯物论的关系问题，原理、规律与范畴的关系问题，"否定之否定"是不是辩证唯物主义的基本规律的问题，真理问题，等等；关于历史唯物论的争论主要集中于社会主义过渡时期各种社会矛盾的问题、社会发展的动力问题、国家问题等的讨论。

（2）1957—1978年，关于唯物辩证法的争论主要集中于"主观能动性和客观规律性"问题、"思维与存在的同一性"问题、"一分为二"与"合二为一"问题以及对辩证法三大规律的研究等；"这个时期的历史唯物主义研究，从总的方面来看，未能保持和发展解放初期就已经出现的那种生动活泼的局面，研究的内容与探讨的领域过于狭窄"[①]。主要集中于对国内主要矛盾和阶级斗争问题，人民公社中生产力和生产关系问题，不断革命论与革命发展阶段论的研究，社会主义、共产主义及其相互关系问题等。"这个时期，出版了一批影响较大的历史唯物主义著作，这些著作大都是以历史唯物主义教科书

---

① 刘梦义、陶德荣：《中国当代哲学史稿》，四川人民出版社1987年版，第323页。

的体系写成的","不是研究性的"①。

总体而言,第一个时期对于辩证唯物论和历史唯物论的讨论相对更具有学术性和研究性;而第二个时期受政治经济曲折探索的影响,学术讨论空间较为狭窄,受"苏联教科书体系"的影响,形成了马克思主义哲学的"教科书体系"范式。1960年,受中央指派,艾思奇主编了《辩证唯物主义 历史唯物主义》,并于1961年出版,不仅成为"新中国第一本马克思主义者哲学教科书",而且成为该时期马克思主义哲学研究的重要文本。在该书中,受到苏联教科书体系影响,马克思主义哲学被分为辩证唯物主义和历史唯物主义,确立起马克思辩证法与历史观的"应用关系"。"马克思和恩格斯把辩证唯物主义推广到对人类社会的认识,从而把唯心主义从社会历史领域中驱逐出去,建立了完备的、彻底的唯物主义哲学。"② 因此,历史唯物主义是马克思主义哲学不可缺少的一部分,历史唯物主义和辩证唯物主义是"不可分割的内在统一的整体"。实际上,辩证唯物主义与历史唯物主义的统一体现在方法论上的"应用关系"和辩证唯物论的哲学基本问题解答在社会历史观的基本问题上的延伸。在此之后,一些高校自行编写的内部教材也都基本确立起这一观点。例如,"历史唯物主义与辩证唯物主义有着内在的有机的联系。正是由于把辩证唯物主义的观点推广去研究社会历史,才产生了历史唯物主义;由于历史唯物主义的建立,才使辩证唯物主义成为最彻底的唯物主义理论。历史唯物主义与辩证唯物主义是统一的。二者割裂任何一方,另一方也不能存在"③;"马克思、恩格斯把辩证唯物论的原理推广去研究社会生活、研究人类社会的历史,创立了历史唯物论"④。

在整个这一时期,主要探讨的问题是辩证的唯物论和历史的唯物论的具体内容以及对中国社会现实的观察和思考,国内学界受"苏联教科书体系"的影响,脱离唯物史观理解马克思辩证法及其理论变革,形成了"推广论"的阐释路径。

---

① 刘梦义、陶德荣:《中国当代哲学史稿》,四川人民出版社1987年版,第324页。
② 艾思奇主编:《辩证唯物主义 历史唯物主义》,人民出版社1961年版,第21页。
③ 东北师范大学、东北人民大学合编:《历史唯物主义纲要》,东北人民大学教材出版科1956年版,第1页
④ 吉林大学哲学系编:《辩证唯物论 历史唯物论》(下册),吉林大学印刷厂1973年版,第333页。

3. 改革开放以后（近四十年来），随着国内马克思主义哲学界对传统哲学观念的变革，对马克思辩证法理论变革的研究在几个方面得到了体现。

从研究路径看，形成了如下几种。（1）在教科书编写、反思"苏联模式的马克思主义哲学"和哲学观念变革中，特别是形成"实践观点"中，探讨马克思辩证法及其理论变革。（2）"人化自然"论，在研究对象的一致性上探讨辩证法与历史观的统一性，并以此反思"推广论"。（3）在唯物论与辩证法的内在统一关系研究、唯物主义完备性和整体性研究中探讨马克思辩证法的理论变革。（4）在马克思主义哲学的科学性研究中探讨辩证法的理论变革。（5）在马克思辩证法研究范式的转换中探讨辩证法的理论变革。（6）在马克思哲学观革命解析中探讨辩证法的理论变革。（7）在人学思潮中解析辩证法的理论变革。（8）在《资本论》的辩证法研究中揭示辩证法的理论变革。（9）在历史唯物主义的大讨论中理解马克思辩证法的理论变革。（10）在马克思辩证法批判和革命本质研究中揭示马克思辩证法的理论变革等。

从主要观点来看，学者们集中对"推广论"和"二分模式"进行了深入反思，形成了如下几种观点，通过在马克思主义哲学"体系"层面的反思，提示了唯物史观对于马克思辩证法理论变革研究的重要性和基础性地位。

（1）"人化自然"论。传统"教科书体系"认为，辩证唯物主义的认识对象是自然界，而历史唯物主义的研究对象是人类社会。辩证唯物主义是马克思的自然观，而历史唯物主义是马克思的历史观。然而，在"人化自然"论的观点看来，马克思的自然界和人类社会统一于"人化了的自然"。因此，不论是辩证法还是历史观，研究的都是同一个对象即"人化了的自然"。在此基础上，二者是统一的。以此为出发点，马克思辩证法是"人化自然的辩证法"[①]。

（2）推广论。马克思完成了对以黑格尔为代表的唯心主义和以费尔巴哈为代表的旧唯物主义的扬弃，实现了辩证法和唯物论的结合，创立了辩证唯物主义或唯物辩证法，将辩证唯物主义的原理推广运用至社会历史领域，就形成了历史唯物主义。因此，在逻辑上，马克思辩证法在先，历史观在后。

（3）基础还原论。辩证法和唯物论不是凭空结合，马克思是在社会历史

[①] 俞吾金：《重新理解马克思：对马克思哲学的基础理论和当代意义的反思》，北京师范大学出版社2005年版，第331页。

领域实现了二者的结合，因此历史唯物主义构成辩证法和唯物论结合的基础。这一观点，与推广论正好相反。

（4）**实践观点**。实践观点是马克思主义哲学的核心和基础，因此无论是辩证唯物主义还是历史唯物主义都是一个完整的有机体，统一于马克思的实践观点或实践的唯物主义。

（5）**科学的哲学观**。根据科学的观点，人类社会是自然界的特殊形态，因此关于自然界的辩证唯物主义是关于人类社会的历史唯物主义的母体，历史唯物主义的"历史观"从属于辩证唯物主义的"世界观"。

（6）**唯物主义完备性观点**。以往的一切旧唯物主义都是半截子的唯物主义，在自然领域是唯物主义者，在历史观领域成了唯心主义者。因此，辩证唯物主义和历史唯物主义是统一的，是马克思的唯物主义完备性和彻底性的体现。

（7）**学术史视角中的相互形成论**。在马克思历史唯物主义和辩证唯物主义的形成和发展过程中，历史唯物主义推动了辩证唯物主义的形成，辩证唯物主义构成了历史唯物主义发展的方法论基础。二者是一而二、二而一的。

这一阶段的观点大都是在教科书编写与"教科书体系改革"中探讨马克思辩证法的理论变革中产生的。随着改革开放序幕的拉开，解放思想、实事求是的思想路线再次确立起来。哲学教学和科研活动活跃起来，原先艾思奇编写的《辩证唯物主义 历史唯物主义》作为唯一的官方教科书难以满足教学和科研的需要，各地开始编写自己的教科书。"从20世纪80年代初到20世纪80年代中叶，为配合高等教育体制改革对马克思主义哲学教科书广泛需求的要求，诸多学者热情地加入到研究和撰写教科书的队伍中去，但其研究逻辑却被牢牢地限制在艾思奇所设立的教科书范式之中。"① 在马克思辩证法与历史观的关系方面，这一时期编写的教科书承袭了"苏联教科书体系"的观点。马克思辩证法与历史观的关系仍然是不证自明、毋庸置疑的"应用关系"。李秀林等人主编的《辩证唯物主义和历史唯物主义原理》仅在历史唯物主义部分开头一段指出，"历史唯物主义是关于社会发展规律的科学，是唯物

---

① 曹典顺：《中国马克思主义哲学教科书范式的历史与现状》，《当代中国马克思主义哲学研究》2013年第00期。

辩证的科学的历史观",是马克思主义哲学的重要组成部分,为了完整地把握马克思主义的科学世界观,更好地理解辩证唯物主义,必须学习历史唯物主义。① 同一时期,吉林省《马克思主义哲学原理》编写组编写的《马克思主义哲学原理》指出,"历史唯物主义是马克思主义哲学不可分割的组成部分,它是辩证唯物主义在社会历史领域的推广和运用。没有历史唯物主义,辩证唯物主义便不彻底,不完备,也不能产生。二者是由一块钢铁铸成的"②。韩树英主编的《马克思主义哲学纲要》也指出,"马克思主义哲学是彻底的、完备的唯物主义哲学。它不但坚持辩证法与唯物主义的统一,克服了旧唯物主义的形而上学的局限性,而且把唯物主义和辩证法应用于社会历史领域,克服了以往一切哲学在历史观上的唯心主义,创立了历史唯物主义"③。陶德麟等人主编的湖北省的教材《辩证唯物主义与历史唯物主义》则比较简单笼统地指出,"辩证唯物主义和历史唯物主义是不可分割的有机整体,没有历史唯物主义,就没有完备的唯物主义哲学"④。对于马克思辩证法与历史观的"应用关系",一些地方编写的教材开始予以反思,提出了一种"相互形成论"的观点。全国十九所高校编写的《马克思主义哲学原理》指出,"历史唯物主义与辩证唯物主义是相互影响,相互促进,同时形成的。马克思和恩格斯在建立马克思主义哲学思想体系时,他们十分注意的不是重复旧唯物主义的唯心主义的历史观,也不是先建立了辩证唯物主义,然后把它的基本原理运用到社会历史领域,创立了历史唯物主义,而是一开始就认真地对整个旧唯物主义进行革命的改造,克服旧唯物主义的不彻底性,把唯物主义的原理同时运用于自然领域和社会历史领域,使唯物主义成为完备的世界观"⑤。

在20世纪80年代初期的教科书编写热中,对于马克思辩证法与历史观

---

① 参见李秀林等主编《辩证唯物主义和历史唯物主义原理》,中国人民大学出版社1982年版,第233页。
② 吉林省《马克思主义哲学原理》编写组:《马克思主义哲学原理》,吉林人民出版社1979年版,第366页。
③ 韩树英主编:《马克思主义哲学纲要》,人民出版社1983年版,第273页。
④ 湖北省《辩证唯物主义与历史唯物主义》编写组:《辩证唯物主义与历史唯物主义》,湖北人民出版社1980年版,第234页。
⑤ 全国十九所高等院校《马克思主义哲学原理》编写组:《马克思主义哲学原理》,福建人民出版社1981年版,第5页。

关系的研究体现为三个特征。第一，主流的观点仍然是马克思辩证法与历史观关系是内在统一的，是一种"应用关系"。值得注意的是，大多数教科书进一步在唯物主义完备性的意义上提出二者的内在统一，同时也有个别教科书指出历史唯物主义对于辩证唯物主义形成的促进作用。第二，对于马克思辩证法与历史观的关系缺乏深入研究，在教科书中马克思辩证法与历史观关系的论述往往仅占几个自然段，寥寥数语，二者关系仍然处于不证自明、毋庸置疑、无须反思的状态。第三，对于"应用关系"，一些教科书则开始了反思，例如在学术史的意义提出了"相互促进、相互形成"的内在统一关系。

20世纪80年代以后，学术界逐渐意识到以艾思奇所编教科书为蓝本的"教科书体系"的理论困难，以教科书编撰热潮为基础，开启了"教科书体系改革"的阶段，意图通过对"教科书体系"的改革来推动哲学观念变革，解放思想，促进马克思主义哲学研究的全面发展。在"教科书体系改革"阶段中，吉林大学的高清海先生起到了引领作用。1980年冬，教育部在昆明召开的哲学原理书稿讨论会上，有关领导决定由高清海先生主持编写一部在内容和体系上有所改革和创新的马克思主义哲学原理教科书。因此，20世纪80年代末至90年代初，高清海在反思传统教科书体系的基础上，主持编写了一部《马克思主义哲学基础》的教科书，并在其后的著作中提出了"实践观点的思维方式"，有力地推动了国内哲学观念变革。在教科书体系改革的过程中，马克思主义哲学研究打开了生动活泼的局面，学人们不再局限于"教科书范式"的马克思主义哲学研究，而是在反思"教科书体系"的同时，推动哲学观念变革。至此，马克思主义哲学教科书逐渐弱化了学术研究功能，主要承担教育功能。各种著书立说，极大程度地推进了马克思哲学研究的繁荣。在马克思主义哲学"体系"层面，马克思辩证法与唯物史观关系得到了进一步的反思。这种反思的深入进一步提示了唯物史观对理解马克思辩证法理论变革的重要性。

高清海指出，"马克思主义哲学是完备彻底的唯物主义，它把辩证法和唯物主义内在地、有机地统一起来，并贯彻到社会历史领域，使哲学获得了科学的形态。而在旧体系中，在内容的结构上既把唯物主义同辩证法拆开了，又把辩证唯物主义与历史唯物主义拆开了。……不能不损伤它们之间的内在统一联系"①。根据高清海先生的思想，这种内在统一联系应根植于"实践观点的思维方式"②。

萧前从"实践的唯物主义"出发提出，"马克思主义哲学的生命力也在于实践"。"通过实践唯物主义原则把辩证唯物主义与历史唯物主义有机地结合起来。有相当长一段时间，把历史唯物主义看作是辩证唯物主义在社会历史领域的推广。这不符合马克思主义哲学本身发展的历史。马克思首先是在历史观方面做出唯物主义的突破，然后才完成对辩证法的唯物主义的改造。近年来绝大多数同志都放弃了这种不确切的观点。但把辩证唯物主义和历史唯物主义区分为先后两部分叙述的体系，多少还有这种观点的痕迹。没有科学的实践观点不可能有辩证唯物主义，而科学的实践观首先就是历史唯物主义的观点。"③

在哲学观念变革中，基于"实践的唯物主义"，孙伯鍨从学术史的角度指出，"马克思主义的方法——唯物辩证法，并不是在空地上建立起来的，也不是在纯哲学研究的基础上产生出来的"④。"历史唯物主义是在批判地改造了黑格尔辩证法和费尔巴哈唯物主义的基础上发现的崭新的历史科学理论。"⑤

陈先达从马克思哲学实践的观点指出，"马克思主义哲学是一块整纲，正在于无论是考察自然、社会还是人类思维，始终坚持实践观点、坚持唯物主义和辩证法相结合的观点，反对一切唯心主义和形而上学哲学。把辩证唯物主义和历史唯物主义说成是两大块，完全是从形式上看问题而没有把握住马克思主义哲学的本质。如果不从本质上看问题，就会摇摆不定，或者否认历史唯物主义是哲学，因为它只涉及社会历史领域，不具有普遍性；或者否认辩证唯物主义是哲学，只承认历史唯物主义是哲学，认为哲学只研究人和属人世界，人和属人世界是社会领域，而辩证唯物主义中关于世界的物质性、世界统一性问题都是属人世界之外的问题，是假问题、是旧哲学问题"⑥。

---

① 高清海主编：《马克思主义哲学基础》，北京师范大学出版社2012年版，序言第2页。
② 高清海主编：《哲学与主体自我意识》，北京师范大学出版社2017年版，序言第5页。
③ 萧前：《实践观点是辩证唯物主义首要的和基本的观点》，《青海社会科学》1990年第4期。
④ 孙伯鍨：《探索者道路的探索》，南京大学出版社2002年版，第8页。
⑤ 孙伯鍨：《探索者道路的探索》，南京大学出版社2002年版，第288页。
⑥ 陈先达：《毫不动摇地坚持辩证唯物主义和历史唯物主义》，《思想理论教育导刊》1999年第9期。

孙正聿从哲学"世界观"而非"历史观"变革的视角，对"推广论"进行了反思，并对其前提进行了清理。"如果历史唯物主义仅仅是一种'历史观'，如果历史唯物主义的创立仅仅是一场'历史观'变革，那么，就应当而且必须有一种超越于唯物主义'历史观'的'世界观'……其结果，就是把马克思的'世界观'界说为区别于历史唯物主义的'辩证唯物主义'，把马克思的哲学革命解释为创建'辩证唯物主义'，而把历史唯物主义解释为"辩证唯物主义"在历史领域的'推广和应用'。"①

从科学的哲学观出发，黄楠森认为，宇宙可分为自然界、人类社会和精神世界。其中，精神世界存在于人类社会，人类社会存在于自然界。根据这一划分，他指出，"这个哲学的总称是辩证唯物主义，其各个组成部分可以分别称为辩证唯物主义世界观、辩证唯物主义历史观（历史唯物主义）、辩证唯物主义意识论等等。由于世界观是核心，辩证唯物主义又可用于称呼辩证唯物主义世界观。旧的名称'辩论唯物主义与历史唯物主义'仍可保留，因为历史观部分与现实的联系最为密切，具有最直接的现实意义，在名称中表示出来并不为过"②。

俞吾金在《论两种不同的历史唯物主义概念》中指出，历史唯物主义与马克思哲学的关系问题是一个极为重要的理论问题。"推广论"和"基础还原论"的共同点是，"把哲学的世界整体图景抽象地分割为自然、社会、思维三大块，辩证唯物主义对应的是'自然'部分，历史唯物主义对应的则是'社会'部分，这就把马克思哲学的总体性破坏了……实际上，马克思哲学就是'广义的历史唯物主义概念'，这一概念对应于广义的社会或社会生活（即在人的生存实践活动中展现出来的整体世界），借助这一概念，马克思哲学的总体性和本真精神得到了恢复"③。

陈晏清基于实践观点指出，"实践论的唯物主义把物质实践活动视为现实的客观存在，视为人类历史的基础和全部人类知识的基础，它也就必然是一种辩证的和历史的唯物主义"④。

---

① 孙正聿：《历史的唯物主义与马克思主义的新世界观》，《哲学研究》2007年第3期。
② 黄楠森：《论辩证唯物主义体系的不变性与可变性》，《学术研究》2001第9期。
③ 俞吾金：《论两种不同的历史唯物主义概念》，《中国社会科学》1995年第6期。
④ 陈晏清：《关于实践观点在马克思哲学体系中地位的再思考》，《教学与研究》1997年第2期。

杨耕认为，"在马克思主义哲学体系中，不存在一个独立的、作为理论基础的辩证唯物主义，也不存在一个独立的、仅仅具有应用性质的历史唯物主义。辩证唯物主义就是历史唯物主义，历史唯物主义也就是辩证唯物主义。在哲学史上马克思第一次把实践提升为哲学的根本原则，转化为哲学的思维方式，科学地解答了人与世界的关系问题和人类解放何以可能的问题，从而实现了唯物主义和辩证法、唯物主义自然观和历史观的统一，创立一种实践、辩证、历史的唯物主义"①。

王南湜从历史唯物主义的对象和方法的联系指出，"只有在马克思建立起了这样一种历史的辩证法的条件下，唯物主义地把握历史才有可能。而只要这种辩证法不曾存在或不被承认，历史始终就是唯心主义的地盘"②。

吴晓明则从学术史的角度指出，受梅林、普列汉诺夫等人对马克思哲学唯物主义退行性理解的影响，一些学者仍然在近代哲学主客二元对立的基本建制和旧唯物主义的意义上理解马克思哲学，将历史唯物主义看作科学自然唯物主义的"补充"，遮蔽了马克思哲学革命的真实意义。③

贺来在《历史唯物主义的辩证本性》中指出，历史唯物主义与辩证法具有深层的一致性，这体现为：辩证法所实现的重大变革，构成了历史唯物主义的理论前提；历史唯物主义的"社会历史"概念以一种创造性的方式，为超越人与自然、主体与客体、自由与必然、形式与内容等一系列矛盾关系提供了深层基础，从而把"社会历史"理解为具有丰富辩证内涵的存在；历史唯物主义的辩证本性与历史唯物主义的批判性的关联。④

第三节 述评：克服两种外在性的割裂理解

通过国内外研究综述可知，在马克思主义哲学史上，受到理论与现实的

---

① 杨耕：《论辩证唯物主义、历史唯物主义、实践唯物主义的内涵——基于概念史的考察与审视》，《南京大学学报（哲学·人文科学·社会科学）》2016年第2期。
② 王南湜：《历史唯物主义何以可能——历史唯物主义之"历史"双重意义的统一性》，《学习与探索》2009年第5期。
③ 参见吴晓明《形而上学的没落》，人民出版社2006年版，第3页。
④ 参见贺来《历史唯物主义的辩证本性》，《中国社会科学》2012年第3期。

交织影响，长期存在着对马克思辩证法理论变革的两种外在性的割裂理解。一是在旧唯物主义的立场上理解马克思的辩证法及其理论变革。"推广论"将马克思辩证法与历史观的关系理解为机械的"应用关系"，把马克思辩证法的理论变革归因为"唯物论"，导致对马克思辩证法"见物不见人"式的理解。二是在具有浓厚黑格尔主义色彩的立场上理解马克思辩证法及其理论变革。卢卡奇从"历史与阶级意识"解读马克思的辩证法，基于黑格尔的辩证法和"抽象的、唯心主义的实践概念"，虽然强调了马克思辩证法的社会历史性维度，但实则脱离辩证法的唯物论基础（唯物史观）予以了历史的思辨式的解读，这种解释力图消除"唯物论"的影响，将马克思辩证法的理论变革思辨式地落脚在基于人的自我意识的社会历史之中。这两种阐释路径都是在唯物史观与辩证法的割裂中理解马克思辩证法的理论变革。二者长期影响着对马克思辩证法及其理论变革的理解，造成了对马克思辩证法的退行性和歪曲化理解。正是在这两种相互对立的外在性割裂理解的强力影响下，马克思辩证法的理论变革的真实内涵被遮蔽了。

在对的前两种观点反思中，国内外学者从体系、方法、对象、性质、主体等方面理解马克思辩证法的理论变革，揭示出唯物史观对于理解马克思辩证法理论变革的重要性，但缺乏进一步系统性和专门性的深入研究。因此，本书主张从唯物史观与辩证法的内在统一出发，"回到马克思辩证法的理论变革"。立足于马克思的文本，采取史论结合的方式，在唯物史观与辩证法内在统一中阐明马克思辩证法理论变革的哲学史根据、实现路径、理论内涵和当代意义，从而揭示马克思对以往辩证法理论变革的必然性和必要性，在诸多误解中澄清马克思辩证法的独特性、批判性、革命性和当代性，阐明马克思辩证法思想与当代社会生活的重要结合点，推动马克思主义哲学基础理论研究的纵深发展。

第一章　寻求辩证法与历史观的内在统一：马克思辩证法理论变革的哲学史根据

在外在性割裂理解的持续影响下，当代具有"合理形态"的辩证法理论被遮蔽了。在马克思辩证法那里早已被祛除的形而上学阴影也因为这些理解的影响而继续笼罩在辩证法的上空。这使得当前辩证法正经历"第四次历险"。对此，莫里斯·梅洛-庞蒂指出，"辩证法的各种历险是一些错误，它又必须借助于这些历险来跨越这些错误本身，因为辩证法原则是一种有多个中心和多个入口的思想，它需要有时间去——探索它们"[①]。辩证法被视为"逻辑戏法"或"一个方便的框子"（赖欣巴哈语）、"一种搬弄命辞的把戏、琐细的论理和广博周详的论证的徒具外表的各种形式的玩弄"（杜威语）、"一条逃避事情和实情（Sachverhalt）的道路"（海德格尔语）、"形而上学的胡扯"（狄德罗语）、"诡诈力量"或"一种无意义的危险"（莫里斯·梅洛-庞蒂语）、"一个黔驴技穷的人手中的权宜之计"（尼采语）等。在日常的研究过程中，也能经常听到"辩证法有什么好研究的""辩证法就是'变戏法'"诸如此类的"吐槽"。在这些现代西方哲学家的反辩证法倾向和日常"吐槽"的背后，蕴含的是辩证法的合法性问题、当代意义问题和本质理解问题。在这里，问题的关键在于：在辩证法与唯物史观的内在统一中回到马克思辩证法的理论变革，真正揭示当代具有"合理形态"的辩证法。

在马克思以前，辩证法经历了"三次历险"，即"对话与诡辩""真理与幻相""理性与现实"。前两次历险使得辩证法所本有的主体性和否定性维度走向了主观性和消极性，造成了辩证法的理论危机。黑格尔通过赋予辩证法

[①] ［法］莫里斯·梅洛-庞蒂：《辩证法的历险》，杨大春、张尧均译，上海译文出版社2009年版，第239页。

第一章　寻求辩证法与历史观的内在统一：马克思辩证法理论变革的哲学史根据

以历史维度，实现了辩证法与历史观的统一，在形而上学框架内完成了对辩证法理论危机的拯救。然而，由于其辩证法关于意识绝对性的设定，在克服以往辩证法的"主观性"和"消极性"弊端的同时，也使辩证法与形而上学同一起来，辩证法被神秘化了，成了形而上学的"魇语"。辩证法又一次陷入了理论危机，遭到了当时德国一批哲学家的歪曲、抛弃和蔑视。黑格尔所达到的辩证法的顶峰及其理论困境都源于其将历史观引入辩证法。因此，要对黑格尔辩证法及其理论困境进行诊断就需要对其历史观进行审视。在费尔巴哈的批判成果基础上，马克思意识到，历史观变革构成拯救辩证法的理论危机并实现理论变革的内在要求。对辩证法的变革只有通过历史观领域的变革才能实现和完成。与此同时，通过对辩证法历史的梳理，可以发现，旧唯物主义总是与辩证法处于疏远状态，辩证法长期处于唯心主义状态。由于非历史性的直观或客体的思维方式和机械性的抽象物质观，旧唯物主义从根本上吸收不了辩证法理论，至多能在直观的意义上获得朴素的辩证法观念。因此，从旧唯物主义的立场出发，无法完成对辩证法理论危机的拯救。其真正的突破点和实现路径就在于黑格尔开辟的新道路，即"辩证法就是历史观"。辩证法的"三次历险"与发展，尤其是黑格尔辩证法的出现，推动了辩证法历史性原则的生成，使得寻求辩证法与历史观的内在统一成为马克思辩证法理论变革的哲学史根据。唯物史观与辩证法的内在统一是辩证法理论自身发展的必由之路。

第一节　辩证法的历险

在辩证法的历史上，黑格尔实现了辩证法与历史观的统一，创建了影响深远的辩证法理论，构建了辩证法与形而上学同一的哲学体系。黑格尔辩证法作为形而上学框架内传统辩证法理论的顶峰，是马克思辩证法理论变革的直接理论前提。因此，要理解马克思辩证法的理论变革就必须对黑格尔的辩证法予以考察。在黑格尔以前，辩证法拥有怎样的理论形态？黑格尔赋予了辩证法什么样新的内涵？辩证法在诞生和发展过程中，有着何种一般的规定性特质？在辩证法理论的历史发展过程中面临的核心理论难题是什么？从历时态看，黑格尔以前的辩证法经历了两次历险。辩证法的这两次理论危机构成了黑格尔辩证法思想创立的理论前提。克服以往辩证法的主观性和消极性，建立辩证法的客观性构成黑格尔辩证法的问题意识。

一 辩证法的特质与发展

对于辩证法的词源学考察，学界已经有了深入的研究。从概念首创方面看，"'辩证法'这一概念在双重意义上都是柏拉图的创造：一方面，柏拉图第一个在哲学上正式使用'辩证法'这一概念，以表示发现真理的至上方法；另一方面，'辩证法'作为一个特定的术语——hē dialektikē，在形式上也是柏拉图的创造"①。从专业的哲学辞典看，辩证法是"涉及矛盾的争论性交流或与此类交流相关的技术或方法。这个词的起源是希腊语 dialegein，'争论'或'交谈'；在亚里士多德和其他人那里，这通常有'论证结论'、'通过论证建立'的含义。到柏拉图的时代，如果不是更早的话，它已经获得了一种技术意义：一种通过问答进行论证的形式"②。从文化与社会的一般概念和词汇认知角度来看，辩证法"古法文 dialectique、拉丁文 dialectia、希腊文 dialektike 三者之主要意涵为讨论与辩论的艺术。后引申为'通过讨论以探索真理'"③。由此可见，辩证法的原意就是对话、讨论（dialegō）。尽管如此，在辩证法的发展过程中，不同时期和不同学派对其涵义都有着不同的理解。在大多数辞典和词条中，辩证法的词条都非常长，不仅需要通过词源学的考察来说明其原意，往往还需要对其在历史上的各种理论形态进行引述，涉及辩证法的历史，例如芝诺、赫拉克利特、智者学派、苏格拉底、柏拉图、亚里士多德、普罗提诺、康德、黑格尔……

显然，在考察辩证法的历史之前，要对辩证法进行概念界定是困难的。因为辩证法本身就不是一种寻求确定性的理论思维。因而，只能通过梳理辩证法的历史，一方面，阐述在各个发展阶段和各种理论形态中辩证法所具有的一般特质；另一方面，追溯辩证法理论形态的历险与历次变革，以此来厘清马克思辩证法的理论变革的哲学史根据，从而清晰无误地呈现出马克思在历史上实现对辩证法的理论变革的问题意识。

---

① 方朝晖：《"辩证法"一词考》，《哲学研究》2002 年第 1 期。
② Robert Audi, *The Cambridge Dictionary of Philosophy*, Cambridge University Press, 1999, p. 232.
③ [英]雷蒙·威廉斯：《关键词：文化与社会的词汇》，刘建基译，生活·读书·新知三联书店 2016 年版，第 178 页。

第一章　寻求辩证法与历史观的内在统一：马克思辩证法理论变革的哲学史根据

概观辩证法诞生和发展的历史，辩证法具有规定性意义上的两种特质：主体性与否定性。辩证法的原意是"对话"（dialektik-tikos），这始于苏格拉底的"诘难法"或"助产术"。人们往往在引证辩证法原意时仅关注到了"对话"辩证法的形式、内涵和引申义，忽视了作为"对话"的辩证法得以可能的理论前提，以及辩证法之所以为辩证法的规定性特质。实际上，辩证法原初形态的诞生便与主体性和否定性的观念有着密不可分的联系，后者构成原意辩证法的理论前提和本质规定。

在古希腊早期自然哲学中，表象思维占据着主导地位。哲学家们将直观的世界断言为存在本身。究其根源，主体性观念的缺乏构成这一时期表象思维盛行的理论前提。在古希腊早期自然哲学中，人作为自然物质世界的一个环节与自然是直接同一的。这一存在论预设落实在理论思维层面就表现为人以表象思维认知人/世界。人通过认识人以外的自然来确认人自身，这是一种"物种"的思维方式，其特点是肯定性和直观性。与早期自然哲学不同，苏格拉底提出了一种新的认识方法，即"对话"——原初意义上的辩证法。人们通过"对话"和"诘难"的方式获得关于认知对象的普遍定义。在这里，作为"对话"的辩证法与表象思维的根本区别不是对象的不同（一个断言客观存在，一个追求普遍真理）。二者的根本区别在于存在论预设或本体论承诺中所蕴含的主体性观念。在苏格拉底那里，"认识你自己"和"审视生活"构成哲学的主题。这意味着，哲学不是认知外在的自然，将人把握为自然中的一个环节，而是人的自我认识和生活反思。正是由于苏格拉底在存在论预设中所蕴含的这一主体性观念，作为"对话"的辩证法才得以诞生。换言之，人的自我认识和生活反思的哲学主题和主体性观念构成辩证法成立的理论前提。缺乏主体性观念的自然本体预设直接产生的是表象思维，而将哲学的目光从外在自然转向人时，自我认识和生活反思的需要使得"对话"得以可能。人们通过在"对话"中不断自我否定来达到对普遍真理的认知。因为，"如果不通过人们在相互的提问和回答中不断地合作，真理就不可能获得，因此，真理不像一种经验的对象，它必须被理解为是一种与之不同的社会活动的产物"[1]。虽然，苏格拉底通过"对话"要确证的是普遍真理，但"对话"的过程——原初意

---

[1] ［德］恩斯特·卡西尔：《人论》，甘阳译，上海译文出版社2004年版，第8页。

义上的辩证法——是以对话者"认识你自己"的主体观念为基础的。与此同时，也正是由于这种主体性观念的形成，"对话"的辩证法才成为人类认知活动所必需的。

　　由此可见，在"对话"辩证法诞生的过程中，辩证法获得了两种规定性意义的特质。第一，主体性。"对话"的过程是一个内嵌于主体活动的运动。按照黑格尔的观点是从思维主体的历史运动过程去理解；按照马克思的观点是"当做实践去理解"，"从主体方面去理解"①。从对象上看，辩证法的认识对象不是现存物，而是"存在"，其特征是无限性、发展性和否定性。黑格尔称之为"无规定性的规定性""纯粹的无规定性"②；马克思称之为"人的现实生活过程"③。从方法上看，辩证法不是从客体出发肯定现存物，而是在主体的"自否定"中理解现实，在对现存事物肯定理解的同时包含否定的理解，揭示人与自我、自然、社会的矛盾关系及其发展。因此，主体性构成辩证法的特殊规定性。辩证法是一种"类思维"或"类意识"，即以人的方式理解人。人是类存在物，意味着"动物只是按照它所属的那个种的尺度和需要来构造，而人却懂得按照任何一个种的尺度来进行生产，并且懂得处处都把固有的尺度运用于对象；因此，人也按照美的规律来构造"④。以人的方式理解人及其世界，就是在人的存在方式——主体的实践活动——中来理解人及其世界。因此，主体性维度构成辩证法的特殊规定性，是辩证法区别于其他理论思维的特殊规定性。第二，否定性。对话的过程是提出反驳和不断自我否定的过程。虽然，在辩证法的发展过程中，辩证法经历多种形态，但是否定性构成辩证法的根本规定性，这是被公认的。无论是苏格拉底的对话，还是智者学派的诡辩，抑或是亚里士多德"专务批评"、黑格尔的"规定了的否定"，再到马克思"批判和革命"的辩证法（辩证法的特质之后的论述中将会详细展开）。正是在主体性与否定性的维度中，"对话"的辩证法形态朝向了真理性认识，而非停留于经验知识和常识意见。按照柏拉图的说法，辩证法成为通达普遍真理和理念的方法。

---

①　《马克思恩格斯文集》第1卷，人民出版社2009年版，第499页。
②　[德]黑格尔：《逻辑学》上卷，杨一之译，商务印书馆2019年版，第69页。
③　《马克思恩格斯文集》第1卷，人民出版社2009年版，第525页。
④　《马克思恩格斯文集》第1卷，人民出版社2009年版，第163页。

第一章　寻求辩证法与历史观的内在统一：马克思辩证法理论变革的哲学史根据

然而，当辩证法的否定性走向了消极性和怀疑论，主体性走向了主观性，辩证法就陷入理论危机。从历时态看，黑格尔以前的辩证法理论大体上经历了"两次历险"。每一次的历险都导致了辩证法的理论危机，同时也推动了辩证法理论的向前发展。第一次历险是在"诡辩"与"对话"的语境中进行，第二次是在"真理"与"幻相"的语境中展开。两次历险都深化了辩证法的内在危机：辩证法在主观性和消极性方面的发展达到了极点，陷入了不可知论和合法性的困境。如何摆脱主观性与消极性，建立关于客观真理逻辑的辩证法构成了辩证法理论自身发展过程中的理论难题。

二　第一次历险：对话与诡辩

根据第欧根尼·拉尔修的记载，亚里士多德曾说过，"芝诺是辩证法的创立者"①。在《工具论》一书中，亚里士多德认为，辩证法家是"善于提出命题和反驳的人"②。辩证法是一种不同于诡辩术的、具有一定价值的论证方法。亚里士多德对芝诺的评价和辩证法的看法主要基于其所创立的形式逻辑。通过形式推理，以时空的不能无穷分割等理由，亚里士多德反驳了"芝诺悖论"。不难看出，从遵从同一律的形式逻辑出发，亚里士多德将芝诺视作辩证法创立者的依据是外在的和模糊的。与之不同，作为辩证法大师和德国古典哲学中的"亚里士多德"，黑格尔的论述则十分清晰。黑格尔曾称赞道，"芝诺的出色之点是辩证法，在他那里，爱利亚学派的纯思维成为概念自身的运动，成为科学的纯灵魂，——他是辩证法的创立者"③。芝诺的辩证法是"真正的客观的辩证法"④。

作为芝诺的老师和爱利亚学派的代表，巴门尼德最早区分了存在与存在者，以永恒不变的"存在"作为哲学认识的对象和真理之路的路标，消解了古希腊早期自然哲学的经验的直接有效性，将哲学的目光从外在的自然转向

---

① ［古希腊］第欧根尼·拉尔修：《名哲言行录》，马永翔等译，吉林人民出版社2003年版，第572页。
② ［古希腊］亚里士多德：《工具论》上册，余纪元等译，中国人民大学出版社2003年版，第548页。
③ ［德］黑格尔：《哲学史讲演录》第1卷，贺麟、王太庆等译，商务印书馆1959年版，第301页。
④ ［德］黑格尔：《哲学史讲演录》第1卷，贺麟、王太庆等译，商务印书馆1959年版，第308页。

了普遍性的"存在"。存在者背后是一个永恒不变的本体。按照黑格尔的说法，这就是纯思维的领域。在巴门尼德看来，"能思维者与能存在者是同一的"。存在者存在。存在是可以思维者，而存在者本身是不可被思维的。作为"能思维者"的存在是一和不变的，而存在者是有限的，并且是被存在（能思维者）的必然性所统摄的。然而，将有限事物置身于外的存在如何切中存在者的有限规定而将自身开展为无限永恒？

芝诺沿着"存在"的道路继续前进。对存在者的规定（运动与静止、大与小、一与多）问题进行了反思，进一步解构了常识和意见的经验直接有效性，将认识引向"存在"。芝诺提出了二分法、"阿基里斯"、飞矢不动和"游行队伍"四个悖论来表明：第一，事物的运动在感觉上是不可反驳的，但是却无法用概念和思维予以把握；第二，矛盾是客观存在的，例如，大和小、一和多、动和静等，"存在者如果没有大小就不存在了……存在者不会有一个部分不与其他部分不连着。如果事物是多数，它们必定既大又小，小到根本没有大小，大到无限"①；第三，芝诺在一定意义上，看到了爱利亚学派的"同一问题"。按照黑格尔的看法，在初步的意义上，芝诺的辩证法思想已经蕴含了"规定了的否定"的原理。"我们在芝诺那里看见了较高的意识，即一个被规定被否定，而这个否定本身又是一个规定，于是在那个绝对的否定里，不是一个规定而必然是两个对立的规定被否定。"② 但是，在芝诺那里，这种规定的否定和对立面的扬弃仍然具有外在的形式。一个规定的扬弃是通过别的规定和主观区别。"并不是它自己扬弃它自己，这就是说，并非它有一个矛盾在它里边。"③ 这是"客观的辩证法"的进一步规定，然而芝诺的"客观辩证法"没有走这一步，这是他的消极的方面。因而，在黑格尔看来，芝诺的辩证法仍然代表着古代辩证法的一种困境，具有外在的、主观的形式。

赫拉克利特的辩证法则以直观的形式进一步确立了黑格尔所说的辩证法的客观性。"这个世界，对于一切存在物都是一样的，它不是任何神所创造

---

① 北京大学哲学系外国哲学史教研室编译：《西方原著选读》上卷，商务印书馆2016年版，第36页。
② [德] 黑格尔：《哲学史讲演录》第1卷，贺麟、王太庆等译，商务印书馆1959年版，第307页。
③ [德] 黑格尔：《哲学史讲演录》第1卷，贺麟、王太庆等译，商务印书馆1959年版，第308页。

第一章　寻求辩证法与历史观的内在统一：马克思辩证法理论变革的哲学史根据

的，也不是任何人所创造的；它过去、现在、永远是一团永恒燃烧的活火，在一定分寸上燃烧，在一定分寸上熄灭"，"相反的东西结合在一起，不同的音调造成最美的和谐，一切都是通过斗争而产生的"①。第一，世界的本原是自身客观运动着的，既非人也非神外在地创造的；第二，对立面存在于同一事物内部，并时刻发生矛盾，事物是矛盾斗争运动的结果。正是在此意义上，列宁称赞赫拉克利特是"辩证法的奠基人之一"。在黑格尔看来，赫拉克利特"是第一次说出无限的性质的人，亦即把自然了解为自身无限的，即把自然的本质了解为过程的人"，但他仅仅是就现象和经验观察而言，尚未"将理念（过程）本质、理念（过程）的单纯性当作概念、当作普遍性来认识"②。

作为辩证法的"创立者"，芝诺以主观性和外在的形式确立了"真正的客观辩证法"；作为辩证法的"奠基者"，赫拉克利特则以直观的形式确立了辩证法的"客观性"。然而，这都是从现代辩证法思想的立场出发对辩证法开端的梳理。辩证法的起源和兴起源自古希腊哲学的"对话"（dialektik-tikos）。智者学派对于辩证法的产生具有深远的影响。在这种影响之下，辩证法被视作一种修辞学或辩论的艺术。辩证法成为一种"变戏法"或"诡辩术"，即通过提出相反命题来实现对自己观点的证明。对此，列宁指出，"概念的全面的、普遍的灵活性，达到了对立面同一的灵活性，——这就是实质所在。……主观地运用这种灵活性＝折中主义与诡辩"③。一方面，由于对相对性的片面展开，智者对诡辩术的应用造成了对于真理客观性的消解；另一方面，凭借个人意志和诡辩颠倒黑白是非，这种诡辩对社会秩序造成了严重的危害。黑格尔称之为"诡辩式的辩证法"。因此，辩证法从诞生之初就开始了"历险"。这一历险是在"对话"与"诡辩"的语境中进行的。其实质问题是辩证法究竟是主观性的外在论证方法，还是客观的真理性逻辑？

如果说赫拉克利特以直观的形式确立了"客观性"形式的辩证法，智者学派以诡辩的形式极端片面地构建了"主观性"形式的辩证法，那么苏格拉

---

① 北京大学哲学系外国哲学史教研室编译：《西方原著选读》上卷，商务印书馆2016年版，第21—23页。
② ［德］黑格尔：《哲学史讲演录》第1卷，贺麟、王太庆等译，商务印书馆1959年版，第344页。
③ 《列宁全集》第55卷，人民出版社2017年版，第91页。

底则确立了既具有主体性观念的存在论维度,又追求关于认知对象的普遍定义,以"对话"为形式通往认知对象的普遍定义的辩证法,即作为原意上的辩证法。至此,古代辩证法的两个方面的内涵得以展开,即作为生存论的主体性观念与作为认识论的真理追求。苏格拉底并没有留下文字,我们只能从色诺芬和柏拉图的记述中,窥见其辩证法思想的精髓。

在苏格拉底"对话"辩证法的基础上,柏拉图用实体取代了隐含在"对话"中的主体性观念,从而进一步深化了对苏格拉底的辩证法的理解及其哲学主题,并对智者学派"诡辩式的辩证法"予以了批评。一方面,柏拉图继承和贯彻了苏格拉底追求普遍真理的本体预设,提出"实在"和"理念";另一方面,逐步消解了"对话者"的主体观念,代之以看见理念世界的光亮又返回洞穴的哲学家的"独白"。因此,在柏拉图那里,辩证法具有相较"对话"而言的三层新内涵。第一,柏拉图的辩证法是"通过推理而不管感官的知觉,达到每一事物的本质,并且一直坚持靠思想本身理解善者"的辩证的过程。① 也就是说,辩证法的过程由"对话"变成了"推理",变成了"逻各斯本身凭借辩证的力量"到达普遍真理的过程。如果说"对话"的辩证法内嵌于主体的活动过程,那么现在辩证法已经脱离了主体活动过程,变成了客观思想的运动。而主体通过辩证法认知普遍真理就变成了对思想过程的复现或"回忆"。第二,由于具有普遍性的"理念"或"实在"的本体论承诺,辩证法的内涵进一步得到了扩展,即辩证法"研究它们(知识)相互间的联系以及它们和事物本质的联系。这是获得永久知识的唯一途径"。能在联系中看事物是一个"辩证法者的试金石"②。由于在柏拉图那里,"从一个理念到另一个理念,并且最后归结到理念",而理念又是事物背后的普遍联系或同类事物背后的共相,所以普遍联系的原理成为辩证法的重要内涵。第三,从理论旨趣看,虽然苏格拉底的"对话"辩证法也是要追求普遍真理,但是自我认识和反思生活的主题仍内嵌于"对话"过程。然而,在柏拉图那里,由于蕴含于"对话"过程的主体性观念的取消,"绝对原理"或"第一原理"成了辩证法的唯一理论旨归。辩证法成为"化多为一"的思想过程。同时,辩

---

① 参见[古希腊]柏拉图《理想国》,郭斌和、张竹明译,商务印书馆1986年版,第301页。
② [古希腊]柏拉图:《理想国》,郭斌和、张竹明译,商务印书馆1986年版,第309、302页。

第一章　寻求辩证法与历史观的内在统一：马克思辩证法理论变革的哲学史根据

证法成了最高级的学科，必须"像石头一样，被放在我们教育体制的最上头……我们的学习课程到辩证法也就完成了"①。正是基于上述对辩证法的思考，柏拉图否定了将感性事物认作本质的观点，驳斥了智者学派凭借自己主观意图从每一观念反驳任意观念的主观任意性的诡辩术。智者"的技艺是属人的而非属神的制造，在语言中玩弄魔术的部分，属于影像制造中的幻象术，也就是自以为是的术方当中伪装的、制造悖论的部分"②。智者的诡辩术不是对于理念世界的"天真的模仿"，而是彻彻底底缺乏智慧的欺骗术。

由此可见，在对智者学派的"诡辩式辩证法"的反思中，苏格拉底和柏拉图揭示了辩证法是关于真理的逻辑。与智者学派的"诡辩式辩证法"的相对主义相比，苏格拉底和亚里士多德一方面更强调辩证法对于生活主题和伦理学中善的探讨，赋予了辩证法以生活特质，同时另一方面也主张辩证法是通往普遍真理的方法。对此，黑格尔予以了充分的肯定，认为其推动了哲学发展为科学。但是，黑格尔也认为他们是以对普遍性理念的信念作为前提的，而非运动的结果。苏格拉底停留于善、正义等抽象概念，而没有发展这些概念；而柏拉图所强调的规定性和普遍性的矛盾仍然是外在的，理念世界与可感世界是二分的。因此，柏拉图谈到正义、善、真时，"没有揭示出它们的起源；它们还不是（发展的）结果，而只是直接接受过来的前提……因此许多对话仅仅包含了一些消极的辩证法"③。

由此可见，在辩证法诞生之日，辩证法就在"诡辩"与"对话"的语境之中经历了第一次历险。辩证法拥有了多方面的含义：第一，关于自然界客观发展矛盾运动的思想，即"自发辩证法"；第二，关于讨论和辩论的对话艺术；第三，通往普遍真理的方法。从性质特征来看，古希腊辩证法形态已经表现出否定性（矛盾性）和主体性的特征。从理论困境来看，辩证法的第一次历险是关于辩证法的主观性形式与客观性形式的冲突。按照黑格尔的看法，无论是在芝诺、赫拉克利特、智者学派，还是在苏格拉底、柏拉图那里，辩证法仍然具有消极的性质。辩证法只具有初步的形式，还不具有思想内容通

---

① ［古希腊］柏拉图：《理想国》，郭斌和、张竹明译，商务印书馆1986年版，第302页。
② ［古希腊］柏拉图：《柏拉图全集》第7卷，王晓朝译，人民出版社2017年，第247页。
③ ［德］黑格尔：《哲学史讲演录》第2卷，贺麟、王太庆等译，商务印书馆1960年版，第217页。

过"规定了的否定"展开自身的历史性维度。

三 第二次历险：真理与幻相

在苏格拉底、柏拉图的影响下，亚里士多德进一步深化了古希腊追求德性与真理的主题。面对智者学派的诡辩特质所导致的真理的不确定性，亚里士多德系统地建构了一套寻求确定性的形式逻辑和实体学说。以此为基础，进一步区分了辩证法与诡辩术，并发展了古希腊的辩证法思想。首先，在《工具论》中，亚里士多德建立了一套形式逻辑，其形式是大前提、小前提和结论的三段论；逻辑律是同一律、排中律和矛盾律。亚里士多德通过对系词"是"的形式逻辑分析，确立了以"实是"为研究对象的新哲学，进一步深化了巴门尼德关于"存在"思想的推导。作为系词的"是"不仅可以区分实体与属性，而且能够提示第一实体。因此，哲学的对象只能是"实是"。

其次，在实体学说和形式逻辑的基础上，亚里士多德对辩证法与诡辩术的联系与区分进行了深入的考察。在亚里士多德看来"实是"是哲学、辩证法和诡辩术共有的论题，辩证家与诡辩派穿着和哲学家相同的服装。区别在于，哲学的对象是"实是"（实体）本身，而应当"将事物之不以'自身为是'而以'其属性之所是为是者'归之于辩证法与诡辩术"[①]。哲学、辩证法与诡辩术有着密切的联系，尤其是辩证法与诡辩术拥有共同的研究对象。但是，它们也存在着本质的区别。哲学与辩证法的区别是"才调"的不同，而哲学与诡辩术的区别在于"学术生活的目的"。对于诡辩术，智慧只是表面上的，而辩证法家"则将一切事物囊括于他们的辩证法中"。"哲学在切求真知识，辩证法专务批评；至于诡辩术，尽管貌似哲学，终非哲学。"[②] 由此可见，亚里士多德的论述包含着对智者学派诡辩术的批评，诡辩术披着哲学的外衣却只是智者们基于学术生活的主观目的的论辩方式，基于一种"诡辩式的反驳"，"即使它们提出了一个矛盾命题，人们也不清楚他是否无知，因为人们试图用这样一些论证使有知识的人落入陷阱"[③]。表面看上去具有智慧，实则

---

① ［古希腊］亚里士多德：《形而上学》，吴寿彭译，商务印书馆1959年版，第240页。
② ［古希腊］亚里士多德：《形而上学》，吴寿彭译，商务印书馆1959年版，第68页。
③ ［古希腊］亚里士多德：《工具论》（下），余纪元等译，中国人民大学出版社2003年版，第568页。

第一章　寻求辩证法与历史观的内在统一：马克思辩证法理论变革的哲学史根据

充满着偏见和意见。而关于辩证法，亚里士多德则认为其是哲学的重要论证方法，"专务批判"，有利于"提出问题和排列问题"。因此，辩证法是"善于提出命题和反驳"的论证方式。"善于提出命题和反驳的人是辩证法家。形成命题就是使众多成为单一（因为论证所导致的结论必定是在单一的整体中），而反驳则是使单一成为众多。因为反驳者或是区分或是推翻，承认一个而否认另一个假定的命题。"[①]

最后，在亚里士多德那里，辩证法是一种"提出命题和反驳"的论证方式。同时，其实体学说中蕴含着丰富的"一"和"多"的辩证法思想内容。相比柏拉图的理念论，亚里士多德在本体预设方面更加系统化了，设定了实体是第一哲学的灵魂。在其哲学思想中，完全撤除了苏格拉底"对话"中隐含的主体性观念。在"是其所是"和"这一个"的一多关系中，展现出丰富的辩证法思想内涵。在柏拉图辩证法思想中，一统摄多。而在亚里士多德这里，一和多具有了原始的对立统一关系。在亚氏的实体学说中，第一实体有时候是"这一个"，有时候是"是其所是"。特殊的、个别的事物和一般、普遍的形式的结合使得事物从潜在变为现实。亚里士多德辩证法的思想内涵在实体的特殊性与普遍性的矛盾关系问题中得以展开；在其作为"形成命题和提出反驳"的辩证法中，"形成命题就是使众多成为单一，而反驳则是使单一成为众多"。一和多的相互转化构成其逻辑论证方法的重要环节。

一方面，亚里士多德在芝诺、苏格拉底、柏拉图等人的基础上，对智者学派的诡辩术进行了深入的批判；但另一方面，亚里士多德并没有像他的老师柏拉图一样，将辩证法视作通往真理的唯一方法，而是后退了一步，将其作为形式逻辑系统的一部分、一种补充的论证方式，即通过"专务批评"来"形成命题和提出反驳"。寻求确定性和同一性的形式逻辑构成亚里士多德对智者学派诡辩术的回应，以及对辩证法不确定性的拒斥。在这里可以看出，在古希腊辩证法的历险中，蕴含着两方面的要素纠缠，主观的论证形式和客观的真理逻辑。正是基于亚里士多德对辩证法的理解，在斯多葛学派看来，

[①] ［古希腊］亚里士多德：《工具论》（下），余纪元等译，中国人民大学出版社2003年版，第541页。

与修辞学的"不停地独白"不同，辩证法是逻辑的一部分，"是关于何者为真，何者为假以及何者既不真也不假的知识"①。辩证法成了形式逻辑的一部分。

在之后的经院哲学中，经院哲学家们继承和发展了古希腊辩证法的形式推理方法，结合神学的内容，发展出"经院辩证法"。在亚里士多德那里仅仅具有论证推理形式方法意义的辩证法，被赋予了神学的内容，通过"形式类比"来论证神学信仰，具有了神秘主义的色彩。总体而言，经院哲学中的辩证法仍然是一种辩论和推理的方法，内在于形式逻辑之中②。从一个侧面可以看出，智者学派诡辩术对于辩证法的冲击是巨大的。亚里士多德对于辩证法的解读影响也是深远的，在柏拉图那里将辩证法作为认识真理唯一方法的理想获得了折中的意义。

然而，通过苏格拉底、柏拉图和亚里士多德等人的批判与建构，辩证法毕竟与诡辩论相去甚远，并获得一定的真理方法的意义。这一点在晚期希腊哲学，新柏拉图主义者普罗提诺关于辩证法的论述中得到了充分的体现。诡辩"在展示给它的谬误之中，它察觉到有违其真理准则的冲突"，而辩证法则"知道真理"，知道"什么是被肯定的，什么是被否定的，这否定是针对之前的肯定断言还是别的什么东西，命题关系是同一的还是相异的"③。辩证法研究的不是具体感觉事物，而是在"智觉世界"把握最高的真理。"它是现存最高贵的方法和学科，它非得和本真存在，那存于彼此至高者打交道：作为观想智慧（或真知），它探讨存在（Being）；作为智觉行为，它探讨那超越存在（Being）者"④。在智觉世界或理念世界之中，辩证法"建立源发诸第一义的万物之中蕴含的统一"，"然后，把统一拆解成众多特殊事物之后，它又回归它出发的那一点"⑤。以多样性的统一真理为目标，从肯定的"一"出发，再到有限的、具有否定意义的"万物"，最后回归作为"一"的"本真存在"。在至高智慧的意义上，辩证法的研究不仅是绝对之真，即形而上学的

---

① ［美］马尔库塞：《马尔库塞文集》第6卷，高海青等译，人民出版社2019年版，第165页。
② 参见［英］吉尔比《经院辩证法》，王路译，上海三联书店2000年版，第4页。
③ ［古罗马］普罗提诺：《九章集》（上），应明、崔峰译，上海三联书店2017年版，第36页。
④ ［古罗马］普罗提诺：《九章集》（上），应明、崔峰译，上海三联书店2017年版，第35页。
⑤ ［古罗马］普罗提诺：《九章集》（上），应明、崔峰译，上海三联书店2017年版，第35页。

第一章 寻求辩证法与历史观的内在统一：马克思辩证法理论变革的哲学史根据

真理方法，而且是道德哲学"产出道德状态赖以发展的修行"，即至上之善。辩证法在普罗提诺这里已经十分接近黑格尔的"规定了的否定"的辩证法。

德国古典哲学推动了辩证法理论的系统化发展，开启了辩证法的第二次历险。康德作为德国古典哲学的奠基者使辩证法陷入了第二次历险。如果说前一次历险是由辩证法的"主观性"形式而引发的"诡辩"与"对话"语境的历险，那么这一次历险则是在真理与幻相的语境中进行的。康德从先天的认识形式出发，确立了辩证法的客观性（矛盾的必然性），同时也就将辩证法推向了不可知论，成为"先验的幻相"。自古希腊开始就有的辩证法的消极性发展到了极端。

康德通过纯粹理性批判，指出了"纯粹理性有一种自然的和不可避免的辩证论"①。知识的普遍必然性来自先天的认识形式和知性范畴。知识不是主观符合客观，而是客观符合主观。必然性是一种主观原理，而非客观原理。这是康德的"哥白尼革命"。发端于亚里士多德形式逻辑的归纳推理和理性演绎，要么是无法将经验知识上升为具有普遍必然性知识的综合判断，要么是陷入独断且无法增加新的知识的分析判断。对此，康德提出了"先天综合判断"的命题。感性直观提供新的材料，知性范畴则以范畴把握感性材料赋予其普遍必然性。二者结合所产生的判断就既具有普遍必然性，又具有新的内容。因此，康德为人的认识提供了一条先验的原理："思维无内容是空的，直观无概念是盲的。"②感性直观和先验范畴缺一不可。知识的客观有效性植根于先天的认识形式（知性范畴）与感性直观材料的结合。但是，人还具有理性。理性总是试图将知性的知识综合统一为一个更高的统一性。康德称之为一种"古老的愿望"，"我们总有一天可以不去寻求民法的无穷无尽的杂多的条款，而去寻求它们的原则"③。我们的理性在对知性范畴做超出经验性范围的运用时，超越了现象界认识物自体，将"主观的原理"当作"客观的原理"，产生了幻相。"其原因就在于，在我们的理性中，包含着理性运用的一

---

① ［德］康德：《纯粹理性批判》，邓晓芒译，人民出版社2015年版，第261页。
② ［德］康德：《纯粹理性批判》，邓晓芒译，人民出版社2015年版，第52页。
③ ［德］康德：《纯粹理性批判》，邓晓芒译，人民出版社2015年版，第263页。

些基本规则和准则,它们完全具有客观原理的外表,并导致我们的概念为了知性做某种联结的主观必要性,看作了对自在之物本身进行规定的客观必然性。"① 康德还特意对笛卡尔的"我思故我在"的命题进行了批判,"若没有任何一个经验性的表象来充当思维的材料,这个'我思'的行动就毕竟不会发生"②。人们的认识仅限于现象界,物自体则属于不可知的范围。虽然,康德否认了理性认识的可靠性,但却证明了思维中"幻相"和"二律背反"的客观必然性。

康德的哲学虽然是一种先验逻辑,但是通过对理性推理的"三段论"分析进行的。其所遵循的方法仍然是形式逻辑的推论。确定性的形式逻辑不能理解"矛盾"发生的积极意义。因而,康德在揭示思维的"幻相"和"矛盾"的不可避免、不可停止之时,也将认识的界限划定于此。"先验辩证论将满足于揭示超验判断的幻相,同时防止我们被它所欺骗。"③ 在此意义上,辩证法成一种批判和划界的方法。这里,似乎又回到了亚里士多德的关于辩证法是"专务批判"、提出问题和反驳的论证方法的定义。只不过在康德这里,辩证法的消极意义的否定性获得了客观必然性。从形式逻辑和先验逻辑出发,古希腊辩证法所具有的消极意义在这里达到了极点。在形而上学的框架之下,辩证法在真理方法和认识论层面陷入了前所未有的危机。这是辩证法历史上的第二次历险。

从康德的问题意识出发,费希特继承了康德"哥白尼革命"的成果。知识应当是从认识主体出发说明客体。但是,费希特也意识到康德认识论的缺陷:第一,虽然知识来自现象界,但仍然悬设了物自体以刺激感官获得直观材料;第二,先天知性范畴何以必然是这些,可能存在无法穷举的问题。针对康德的问题,费希特指出应当通过严密的逻辑推理为全部知识奠定基础,而其首要目标是像笛卡尔一样确立一个第一出发点——"自我"。在费希特那里,"自我"并不是一个实体,而是纯粹的意识活动。"自我有自己所作的设定,是自我的纯粹活动——自我设定自己本身,而且凭着这个由自己所作的

---

① [德] 康德:《纯粹理性批判》,邓晓芒译,人民出版社2015年版,第260页。
② [德] 康德:《纯粹理性批判》,邓晓芒译,人民出版社2015年版,第303页。
③ [德] 康德:《纯粹理性批判》,邓晓芒译,人民出版社2015年版,第261页。

第一章 寻求辩证法与历史观的内在统一:马克思辩证法理论变革的哲学史根据

单纯设定,它是。"① 从"自我"出发,费希特得出了知识学的三条基本原理:自我设定自我(A＝A)、自我设定非我(非 A≠A)、自我设定一个可分割的非我与一个可分割的自我相对立。首先,自我在进行一切活动以前,已经表明"有我",也就是设定"自我";其次,非 A 不等于 A,表明的是差异性,而这否定性的前提恰恰是 A,从内容上看,非 A 是以 A 为前提;最后,由于自我设定自我和非我,因而绝对自我意识之中必然包含矛盾。因此,第三原理就是设定在绝对自我意识中自我和非我的有限性。换言之,有限的自我和非我统一于绝对的自我意识之中。在这里,我们看到了常说的费希特"正题""反题""合题"的三一式的辩证运动。需要注意的是,辩证法在费希特这里,不仅具有了正反合的形式,而且进一步深化了意识内在性的维度。然而,一方面,费希特的辩证法仍然不能解决康德的"二元论"问题,切中不了客体,其辩证法还不具有思想的客观性;另一方面,费希特仍然是从形式逻辑推理来构型辩证法的基本形式,仅是从形式方法上揭示辩证法的否定性(否定)形式。辩证法仍然是消极的。

从理论上看,费希特仍然是在主观性和消极方面发展辩证法理论。谢林则力图将主观的辩证法推广到外部世界。当他这么做的时候,他提出了"绝对唯心论体系"。所谓"绝对"就是凌驾于主观与客观基础之上的,"本身既不能是主体,也不能是客体,更不能同时是这两者,而只能是绝对的同一性"②。主体意识超出自身对客体的矛盾,并不是意识内在性的矛盾和认识的消极界限。毋宁说,绝对统一性本身内在的矛盾。而对于"绝对"本身,谢林转向了神秘的"天启"。

至此,我们看到,辩证法的第二次历险是对辩证法的真理性维度的冲击,代之的是"幻相"与"天启"。在近代哲学就是认识论的意义上,辩证法陷入了前所未有的危机。辩证法究竟是人类的错觉,还是构成真理认识的逻辑方法?面对这一理论问题,作为辩证法大师的黑格尔予以了充分的思考,在考察以往辩证法理论形态的基础上,对辩证法的理论危机进行了拯救。

---

① [德] 费希特:《全部知识学的基础》,王玖兴译,商务印书馆 1986 年版,第 11 页。
② [德] 谢林:《先验唯心论体系》,梁志学、石泉译,商务印书馆 1983 年版,第 250 页。

第二节　黑格尔对辩证法的拯救：辩证法与历史观的统一

一　黑格尔对康德辩证法的反思

从芝诺伊始，经过赫拉克利特、智者学派、苏格拉底、柏拉图、亚里士多德、普罗提诺、康德、费希特、谢林，辩证法理论在不断发展的同时，也使自己在原有的解释框架和视角之下发展了自己最极端的可能性——"怀疑主义"或"批判哲学"。根据黑格尔的论述，可以将黑格尔以前的辩证法概括为形式方法的辩证法，即人们是在知性思维（包括表象思维和形式推理）中理解和发展辩证法。形式方法的辩证法总是具有主观性、消极性的特征。

知性是"作出规定并坚持规定"[①]。知性与"规定"是联系在一起的。规定意味着有限性，相反，无限者本身不能被规定。在知性思维中，知性已经限定了自身的对象，即定在或存在者。在此意义上，通常所做的感性和知性的区分都可以被视作知性。所以在康德哲学中可以看到两种意义上的知性：狭义的知性（先验知性论）和广义的知性（认识论）。广义的知性，包括直观和形式推理两个部分，前者以感觉经验和现象为材料，将对象把握为表象，后者以概念和范畴思维为对象，认识对象的进一步规定性。因此，黑格尔以前的辩证法思想是在三种意义上展开的：第一，作为朴素直观的辩证法观念（赫拉克利特）；第二，作为形式推理的辩证法理论（亚里士多德）；第三，作为二者结合意义上的先验辩证论（康德）。

对于辩证法的历史及其历险，黑格尔予以了详细的梳理与反思，而其中康德的"怀疑主义"或"批判哲学"是黑格尔在阐述辩证法思想时所批判得最多的，因为它使得辩证法陷入了理论危机，使哲学作为形而上学变得不可能。黑格尔曾在柏林大学的开讲辞中指出，这个时代走到了"理性的绝望"，"所谓的批判哲学曾经把这种对永恒和神圣对象的无知当成了良知，因为它确信曾证明了我们对永恒神圣、真理什么也不知道。这种臆想的知识甚至也自

[①] [德]黑格尔：《逻辑学》上卷，杨一之译，商务印书馆2019年版，第4页。

第一章 寻求辩证法与历史观的内在统一：马克思辩证法理论变革的哲学史根据

诩为哲学。为知识肤浅、性格浮薄的人最受欢迎，最易接受的也莫过于这种学说了"①。黑格尔的批评措辞是严重的和尖锐的，这表明了康德哲学及其辩证法思想是黑格尔首要的批判对象。康德造成的辩证法危机构成黑格尔辩证法所直接面对的理论前提。

一方面，黑格尔对康德辩证法思想予以了肯定。在黑格尔看来，康德恢复了辩证法的权威，芝诺和赫拉克利特辩证法思想中所蕴含的"客观性"在康德辩证法中获得发展。黑格尔曾称赞芝诺是辩证法的创立者，并称其辩证法为"真的客观性的辩证法"，而赫拉克利特进一步发展了这种客观性。

黑格尔如何理解"客观性"这一概念？在黑格尔看来，"客观性是指思想所把握的事物自身"②。基于这种理解，黑格尔区分了三种"客观性"，并将其自己的理解称之为思想"真正的客观性"。"客观性一词实具有三个意义。第一是外在事物的意义，以示有区别于只是主观的、意谓的或梦想的东西。第二是康德所确认的意义，指普遍性与必然性，以示有别于属于我们感觉的偶然、特殊和主观的东西。第三，客观性是指思想所把握的事物自身。"③ 第一种对于客观性的理解是常识和习语意义上的理解，这种理解属于知觉的范围，与辩证法的思维方式无关；第二种对客观性的理解初始于芝诺、赫拉克利特，确立于康德，这是辩证法思想所推动的成果。芝诺的辩证法不仅将思想中的对立当作概念表达出来，而且使"爱利亚学派的纯思维成为概念自身的运动"④，在此意义上芝诺成为辩证法的创立者。万"有"不是自身存在的，而只是感性认识的信念，只有纯思想的存在才是自在的。而思想的真理性和谬误性皆源自思想自身。芝诺虽然强调了思想运动的自在性，以及思想与实在运动的悖论，但是在思想的范围内而言，仍然是一种"主观的辩证法"或"主体的静观"。赫拉克利特进一步发展了芝诺的辩证法，将思想的运动理解为客观的东西。赫拉克利特将无限的或绝对的存在理解为对立面的统一，"这个统一是实在的东西与思想的东西的统一。是客观的东西与主观的东西的

---

① [德] 黑格尔：《小逻辑》，贺麟译，商务印书馆1980年版，第33页。
② [德] 黑格尔：《小逻辑》，贺麟译，商务印书馆1980年版，第121页。
③ [德] 黑格尔：《小逻辑》，贺麟译，商务印书馆1980年版，第120—121页。
④ [德] 黑格尔：《哲学史讲演录》第1卷，贺麟、王太庆等译，商务印书馆1959年版，第301页。

统一。主观的东西只能是过渡到客观的东西的过程，否则它就没有真理性；客观的东西乃是过渡到主观的东西的过程；真实的东西就是这种变化的过程"①。因此，在黑格尔看来，赫拉克利特的伟大原理就是主观性与客观性的对立统一，即"主观性必须是客观性的对方……而在这当中恰恰有着它们的统一性；这样，每一个都是对方的对方，也就是它的对方的对方"②。在黑格尔看来，古代辩证法中已经包含了思想的客观自在性、主观性与客观性的对立统一的客观性思想。康德辩证法的伟大功绩在于其恢复了辩证法的"客观性"。

康德通过"哥白尼革命"确认了思想的客观性在于（普遍性和必然性）符合思想规律的东西。在康德看来，思想的客观性在于其具有普遍必然性，偶然和任意的东西不能成为客观的东西。由于认识来自先天的认识形式和感性直观材料的结合，因而"先天综合判断"的命题确认了思想的客观性来自先天的知性范畴。普遍性与必然性范畴不是来自知觉，而是在思维主体中。在黑格尔看来，虽然只是以"普通、经验、粗糙的观点"，但康德指出了"思维本身是具体的，具有着先天综合判断，而这种判断并不是从知觉中创造出来的"，这是康德的伟大之处。③ 思想客观性的意义在康德的认识论中得到了发展。与此同时，康德第一次区分了知性和理性，论述了思想矛盾的客观性（必然性）。知性认识的有限的和有条件的事物为对象，而理性则以无限的和无条件的事物为对象。康德认为认识仅限于知性的领域，是关于现象的认识。但人还有理性。当理性去把握无限的对象时，由于没有经验内容和相应的认识形式，必然会产生矛盾。思想运动必然产生矛盾正是黑格尔对客观性辩证法的重要理解。在此意义上，黑格尔认为，康德辩证法恢复了辩证法的"客观性"。

另一方面，黑格尔揭示了康德辩证法的局限性及其理论后果。第一，康德仅仅从主观性与客观性的一般对立关系考察思想范畴，没有从思想范畴本身深入这些思想范畴的内容和彼此间的关系去考察。因此，康德所说的客观性思想仍然是主观的。一方面，思想的客观性只存在于主观思维之内，而没

---

① [德] 黑格尔：《哲学史讲演录》第1卷，贺麟、王太庆等译，商务印书馆1959年版，第333页。
② [德] 黑格尔：《哲学史讲演录》第1卷，贺麟、王太庆等译，商务印书馆1959年版，第335页。
③ 参见 [德] 黑格尔《哲学史讲演录》第4卷，贺麟、王太庆等译，商务印书馆1978年版，第290页。

能去理解对象。无论是将客观性的根源归结于先天的认识形式，还是将感性直观把握到的偶然性表象视作认识材料，都是在主观思维的领域。另一方面，思想中矛盾的客观性，"这个矛盾并不是自在自为地存在于那里的，而是仅仅属于我们的主观思维"①。事物本身并不是矛盾的，矛盾仅仅存在于心灵之中。因此，康德制造了主观思想和物自体之间的鸿沟。将知识局限于主观方面，但又悬设了一个不可知的"物自体"用以刺激感官接受表象，这显然是康德哲学自身的矛盾，造成了"两个世界"的分离问题。

第二，康德将认识形式和能力与认识内容和活动相分离，仅静态和孤立地考察认识形式和能力。对此，黑格尔曾讽刺，"在人认识之前，他应该认识那认识能力。这和一个人在跳下水游泳之前，就想要学习游泳是同样的（可笑）"②。在黑格尔看来，考察认识能力本身也是一种认识，康德的做法会陷入自相矛盾的境地。更进一步看，康德的错误在于脱离思维的运动和认识活动考察认识的能力和范畴。对于其所列举的三种意识的形态——感性、知性和理性——完全经验地加以接受，而不是根据概念去发展它们。③ 在先验感性论中，感性是在直观的意义上理解认识内容；在先验知性论中，知性是在综合的意义上获得认识形式；在先验理性或辩证论中，理性则是在经验和形式推理的"三段论"的推论中确认作为幻相或矛盾的理念。直言的推论对应作为"一个在主体内的直言综合的无条件者"即"理性心理学"；假言的推论对应作为"在一系列环节中假设的综合的无条件者"，即"理性宇宙学"；选言的推论对应作为"一个系统中诸部分的选择的综合的无条件者"，即"理性神学"。三种理念都不具有实在性，都只是主体超越经验和现象所产生的幻相。知性的范畴脱离经验使用就成了"空"，而理念本身又无实在的对象，因而产生了"二律背反"。这构成了认识的界限。康德是在平行的意义上理解意识的三种形态，在功能上理解其关系，而不是将其理解为思维前后相继的认识发展阶段。

第三，关于理念，停留在单纯的否定和"应当"阶段，仍然是一种"独

---

① ［德］黑格尔：《哲学史讲演录》第 4 卷，贺麟、王太庆等译，商务印书馆 1978 年版，第 312 页。
② ［德］黑格尔：《哲学史讲演录》第 4 卷，贺麟、王太庆等译，商务印书馆 1978 年版，第 287 页。
③ 参见［德］黑格尔《哲学史讲演录》第 4 卷，贺麟、王太庆等译，商务印书馆 1978 年版，第 292 页。

断主义"（从客观的独断主义到主观的独断主义）、"粗浅的主观唯心论"。在现象界，只有具有主体赋予的普遍性和必然性的知识，而放弃了矛盾和认识对象的可能。理性成了单纯的否定。而理性认识产生的矛盾则被当作认识的界限。理性对"终极实在"的寻求成了人的一种遏制不住的自然禀赋，因而理性只能在"范导性"而非建构性的意义上被设定；在物自体界，则通过实践理性纯粹使用，康德提出了他的道德哲学和自由学说。对此，黑格尔在其早期神学著作中指出，"理性对人类提出的崇高要求，在于推动人们的生活（前进）……然而天真和聪明的人出于一种纯洁美妙的幻想所作的引人入胜的种种描写"①。

二 辩证法理论危机的根源：非历史性

通过对康德及其以前的辩证法思想的反思，黑格尔揭示了辩证法所本有的主体性和否定性走向了主观性和消极性，这是辩证法理论危机的症结所在。对此，黑格尔进一步从主体性和否定性两个方面进行了批判性分析，阐明辩证法理论危机的症结和根源在于非历史性。

第一，关于辩证法的主体性，黑格尔予以了两方面的揭示。一方面，"直到现在的逻辑概念，还是建立在通常意识所始终假定的意识内容与知识形式的分离或真理与确定性的分离之上的……所以，思维在它和对象的关系中，也走不出自身以外而达到对象，对象作为自在之物，永远是在思维的彼岸的东西"②。辩证法所具有的主体性维度被发展为脱离对象的、片面的主观性。另一方面，辩证法的知性化理解用主观性的形式消解了辩证法的实体性的内容。在价值论层面，其原则是一种"坏的主观性"。在黑格尔看来，在逻辑上，"无限系列包含着坏的无限，因为系列所应该表现的东西，仍然是一个应当，而它所表现出来的东西，又带着一个不会消失的彼岸，与它所应该表现的东西不同"③。从"坏的主观性"出发产生的逻辑推导，缺乏实体性的内容，仍然是"应当"和"彼岸"，而非必然或现实。

---

① ［德］黑格尔：《黑格尔早期神学著作》，贺麟译，商务印书馆2016年版，第2页。
② ［德］黑格尔：《逻辑学》上卷，杨一之译，商务印书馆2019年版，第25页。
③ ［德］黑格尔：《逻辑学》上卷，杨一之译，商务印书馆2019年版，第269页。

第一章　寻求辩证法与历史观的内在统一：马克思辩证法理论变革的哲学史根据

　　面对辩证法的主体性维度被片面化为主观性的问题，黑格尔在理论思维层面进行了剖析。在《精神现象学》中，黑格尔将人类思维方式区分为三种：表象思维或物质思维、形式思维或形式推理、思辨思维或辩证思维。表象思维以物质现象的直观为形式，沉溺于材料之中，无法提炼独立的思想；形式思维则是只注重形式推理，是一种缺乏内容的自由意识。二者要么沉溺于内容，要么专注于形式，都属于广义的知性思维，即认识事物的规定的有限性思维。在黑格尔看来，正是由于"普通人的知性"，"反思的知性占据了哲学……在这个名词下，一般所了解的，是进行抽象的、因而是进行分离的知性，它在它的分离中僵化了"[①]，才使得近代哲学深陷"自我"的囹圄而无法抵达对象。从认识论上看，思维本身是空的，对象是一种自在的、现成的和现实的存在物。思维只是由于对象给予材料才成为知识。真理就是思维与对象的一致。然而近代哲学的知性思维以寻求确定性和规定性为目标，因而其思路是使对象与思维的差异更加确定，而非模糊不定，使二者分离。以此为前提，主体便不可能切中客体。康德辩证法是这种思路的重要代表，也是黑格尔批判的重要对象。在黑格尔看来，康德哲学的知性思维使得"我们"与"对象"分离，造成了不可逾越的鸿沟，导致了怀疑主义和形而上学的危机。"康德的批判只是一种粗浅的主观唯心论。它并未深入到范畴的内容，只是列举一些主观性的抽象形式，而且甚至片面地停留在主观方面，认主观性为最后的绝对肯定的规定。"[②]

　　由于知性思维在近代哲学中占据了主导，主体性体现为一种抽象的主观性原则。知性的活动在于"赋予它的内容以普遍性的形式"，但由于坚持规定的有限性和形式推理，知性所建立的是一种抽象的普遍性。因此，"所谓自由，即从一切'有限'的事物中摆脱出来，抓住事物的纯粹抽象性或思维的简单性"[③]。正是在知性思维中，主观性是一种抽象的主观性，一种缺乏实体性内容的主观性。在政治、法律和社会层面，体现为一切以任意和偶然性的个性为基础的"市民社会"。在黑格尔看来，这种主观性的自由仅仅是合乎理

[①] ［德］黑格尔：《逻辑学》上卷，杨一之译，商务印书馆2019年版，第26页。
[②] ［德］黑格尔：《小逻辑》，贺麟译，商务印书馆1980年版，第129页。
[③] ［德］黑格尔：《小逻辑》，贺麟译，商务印书馆1980年版，第172页。

性的意志的一个片面的环节，但却构成了现代性的原则。极端的个人主义、任意和偶然的个体性，在市民社会中占据着主导地位。反思现代性的抽象主观性原则，重塑思想的绝对内在性构成了黑格尔的亟待解决的问题。

既然，辩证法的主观性问题源自知性思维方法的局限性和片面性，那么，对于黑格尔来说，要确立辩证法的客观性就必须突破辩证法的知性化理解，建立真正的、科学的形而上学体系。"一切问题的关键在于：不仅把真实的东西或真理理解和表述为实体，而且同样理解和表述为主体。"① 那么，实体在何种意义上可以被理解和表述为主体？

第二，关于辩证法的否定性，黑格尔批判了两种否定形式：外在的否定和抽象的否定或单纯的否定。前者针对人们通常对辩证法的理解，而后者则针对康德的消极辩证法。外在的否定即不是把辩证法当作事物自身的否定，而是人的一种主观反驳和辩论技艺。因而，外在的否定只是一种主观形式上的否定，导致对象的虚幻性和真理的消解。智者学派的诡辩术就是在外在的否定意义上塑造主观、任意的辩证法。辩证法的第一次历险便与此相关。与这种否定性不同，"康德曾经把辩证法提得比较高——而这方面是他功绩中最伟大的方面之一——因为按照普通的想法，辩证法是有随意性的，他从辩证法那里把这种随意性的假象拿掉了，并把辩证法表述为**理性的必然行为**"②。康德强调了辩证法否定的客观必然性，反驳了对辩证法否定性主观任意的理解。但是，康德辩证法的否定性是一种抽象的否定或单纯的否定，将矛盾视为不可逾越的界限，陷入了"物自体"不可知的消极辩证法。

按照黑格尔的理解，这两种辩证法否定性的理解，都没有真正理解辩证法的否定不是任意的否定或单纯的否定，而是"规定了的否定"，即"扬弃"。否定性是包含肯定的否定，是对立面的既对立又统一，这构成概念自身的发展和联系的环节。"**扬弃**在语言中有双重意义，它既意谓保存、**保持**，又意谓停止、**终结**……被扬弃的东西同时即被保存的东西，只是失去了直接性而已，不因此而化为无。"③ 黑格尔反对无统一的差别原则和无差别的同一性

---

① ［德］黑格尔：《精神现象学》上卷，贺麟、王玖兴译，商务印书馆1962年版，第12页。
② ［德］黑格尔：《逻辑学》上卷，杨一之译，商务印书馆2019年版，第38—39页。
③ ［德］黑格尔：《逻辑学》上卷，杨一之译，商务印书馆2019年版，第98页。

第一章　寻求辩证法与历史观的内在统一：马克思辩证法理论变革的哲学史根据

原则，即抽象的无生命的统一性原则。"纯粹的统一性、无形式的白色……图式及其无生命的规定的那种一色性，和这种绝对的同一性，以及从一个到另一个的过渡，都同样是僵死的知性或理智，同样是外在的认识。"[1] 单纯的否定和无差别的同一都是知性思维"非此即彼"的特征。以此理解辩证法必然导致对辩证法的知性化理解。那么，否定如何成为事物自身的否定和"规定了的否定"？

黑格尔对以往辩证法理论危机的考察，揭示了主体性走向主观性、否定性走向消极性的症结，并提出了新的理解和路径。那么，实体在何种意义上可以被理解和表述为主体？否定如何成为事物自身的否定和"规定了的否定"？这就必须追问以往的辩证法为什么不能做到上述两点？以往辩证法理论危机的症结和根源何在？黑格尔揭示了以往辩证法理论都是在知性思维的框架下理解，缺乏历史性的维度，因此既不可能将辩证法的否定理解为事物自身的否定和"规定了的否定"，也不可能理解实体在何种意义上可以被理解和表述为主体。

在黑格尔看来，历史性就是现实性。"现实"与"现存"是不同的，现实是在历史发展过程中开展为必然性的东西，而现存是杂多的定在，具有偶然性的特征。所谓非历史性，就是不能从事物自身的内在矛盾发展过程理解对象。主体性和否定性都是一个历史性的范畴。辩证法的主体性只有在思维运动历史中才具有真实的和客观的实体性内容，辩证法的否定性也只有在思维的历史发展中，才能获得规定和"扬弃"的意义。以往对于辩证法的理解，虽然也有许多富有创见的观点，但始终是在非历史性的维度中理解辩证法。

从辩证法的主观性问题和第一次历险来看，辩证法沦为诡辩术或主观性形式的论证技艺。赫拉克利特发展了"客观性的辩证法"，也将辩证法的运动视作对立统一的运动过程，但是却是在现存的和直观的意义上理解辩证法，内含的仅是辩证法的朴素观念，其辩证法的客观性并非在发展过程中展开的历史必然性。智者学派彻底发挥辩证法的"否定"之时，也陷入了诡辩和不可知论，辩证法与诡辩术联系在一起，辩证法成为"变戏法"，对后世产生了

---

[1]　［德］黑格尔：《精神现象学》上卷，贺麟、王玖兴译，商务印书馆1962年版，第39页。

69

深远的影响。柏拉图将辩证法理解为"逻各斯本身的力量","通过推理而不管感官的知觉,达到每一事物的本质,并且一直坚持靠思想本身理解善者"①的辩证的过程。看似从思维本身理解辩证运动和真理,揭示了知性规定的有限性。但仍然诉诸灵魂回忆,普遍真理并不是辩证运动中不生成的东西,而是原本就已经深藏内心深处。将辩证运动的结果视作了前提。辩证法成为外衣,里面包裹的是先验主义认识论。亚里士多德虽然区分了诡辩术与辩证法,但也仍然是在主观性的形式方法意义上将辩证法视作一种提出问题和反驳的方法。由此可见,辩证法的主观性的问题和第一次历险在于不能在历史的发展过程中理解思想的辩证运动和真理。辩证法成了主观性的方法,而形式逻辑则成了逻辑学的基础。由于缺乏历史性维度,辩证法诞生时就本有的"自我反思"和"审视生活"的主体性特质就发展成了片面的主观性,辩证法成为一种具有主观性形式的辩论技艺和论证方式。"辩证法通常被看作一种外在的技术,它由于主观的任性而给确定的概念带来混乱和矛盾的单纯假象。"②

从辩证法的消极性问题和第二次历险来看,在康德那里,辩证法拥有了必然性和普遍性的意义,阐释了思维活动产生矛盾的必然性。但是,辩证法没有在历史"发展"的视角中予以确立,因而缺乏对辩证法否定性的"扬弃"的理解,陷入了先验的幻相。康德和柏拉图一样只是凭借辩证法揭示了固定的知性规定的有限性,而没有揭示出辩证法否定性的历史性及其超越性,即超越知性规定性通达无限真理的历史过程性。在康德那里,辩证法成为先验的幻相,成为与真理不相干的东西。形而上学对"终极实在"的寻求成了泡影。

由此可见,以往的辩证法由于缺乏历史性维度,而不能正确理解辩证法的主体性和否定性,从而陷入了主观性和消极性,造成了辩证法的理论危机。对此,黑格尔进行了反思,并予以拯救,开启了辩证法的新道路。

三 黑格尔对以往辩证法理论的变革:辩证法与历史观的统一

如何将辩证法从主观性和消极性的理论危机中拯救出来?如何在科学意

---

① [古希腊]柏拉图:《理想国》,郭斌和、张竹明译,商务印书馆1986年版,第301页。
② [德]黑格尔:《小逻辑》,贺麟译,商务印书馆1980年版,第176—177页。

第一章 寻求辩证法与历史观的内在统一：马克思辩证法理论变革的哲学史根据

义上确立辩证法的权威，使哲学达到科学的形式？黑格尔开启了一条新道路——辩证法与历史观的统一——来变革传统的辩证法理论，实现了形而上学视域内辩证法理论的全部可能性，描述了辩证法的一般运动形式，建立了科学的形而上学体系。科学意味着客观性和必然性，而客观性和必然性就在于"时间呈现它们的发展环节时所表现的那种形态里"①。因此，对于黑格尔来说，其辩证法理论的任务是"揭露如何在时间里升高为科学的体系，这将是……唯一的真实的辩护，因为时间会指明这个目的的必然性，甚至于同时也就把它实现出来"②。正是基于此种认识，黑格尔将历史观引入了辩证法，将辩证法放置在历史观之中。

辩证法不是一种"空间"思维，而是一种历史思维。辩证法的诞生和发展与"世界二分"的"空间"思维或视觉中心主义密不可分。巴门尼德对"在"和"在者"进行了区分，指出了人的认识的"真理之路"和"意见之路"。芝诺在其老师的影响下，揭示了"纯思维"或"存在"与存在者之间的矛盾，成为辩证法的创始人。柏拉图更是在"可感世界"与"理念世界"的二分中，确立辩证法作为通往普遍真理的方法。近代康德则是从现象界与物自体二分的视角中，提出消极的辩证法。由此可见，在黑格尔以前的辩证法充斥着一种"空间"思维或"视觉中心主义"。所谓"空间"思维就是通过"视觉"的和"直观"的模式把握对象，其特征是静态的。这本质上是一种知性思维。

古希腊早期自然哲学家们以视觉的、空间的形式看待世界，一方面催生了实体性的原则，将人之外的对象确认为真理，在外在自然或理念中确认人的本质；另一方面，僵化地理解世界，导致本原问题之外的动力问题。赫拉克里特认为世界的本原是运动的活火，而爱利亚学派的芝诺则提出了著名的二分法等悖论否定了运动的理论可能性。无论是芝诺的二分法，还是阿基里斯与龟赛跑都只关注了物体的空间位置的位移，没有引入时间视角。空间可以无限分割，但是时间具有一维性，它使空间位移的无限分割成为不可能，运动的可能性问题在理论上就不成问题了。德谟克利特的原子论引进原子和

---

① ［德］黑格尔：《精神现象学》上卷，贺麟、王玖兴译，商务印书馆1962年版，第4页。
② ［德］黑格尔：《精神现象学》上卷，贺麟、王玖兴译，商务印书馆1962年版，第4页。

虚空。原子是充实世界的最小微粒，如果仅仅从空间和视觉的角度去说作为充实世界的最小微粒的原子构成世界，那么自然会留下一个问题，那世界是怎样动起来的呢？因此，仅从空间或视觉的形式僵化地理解世界，必然会先看到人之外的对象，并产生抽象的实体性的原则以及动力问题。

　　到了近代哲学，哲学家们大多仍然以空间的形式理解人及其世界，寻求思维与存在的统一，勘定知识大厦的基础。例如笛卡尔的"我思"、洛克的白板说、莱布尼茨的单子规定为"没有部分"、斯宾诺莎的实体等。近代哲学热衷于用数学作为知识的模型，通过形式推理来演绎自己的哲学体系。然而，"数学给人们提供可信的保障，哲学真理所根据的材料是空间和一。空间是这样一种实际存在，概念把它的差别登记到这种实际存在里就像登记到一种空虚的、僵死的因素里去一样，而在这种空虚的僵死的因素里概念的差别同样是不动的和无生命的"①。仅仅以空间的形式所把握到的对象是僵死的、非现实的、同一的、无差别的。"至于谈到时间，人们曾认为它和空间配成一对，是构成纯粹数学的另一题材的东西，其实它就是实际存在着的概念自身。"②在时间中一切都是运动变化的，而主体性形而上学是以确定性的知性思维追求永恒不变的知识基础。

　　黑格尔的伟大之处在于他引入了时间或历史的视角，通过概念的辩证运动，思想内容自己的运动来构建科学的形而上学体系。黑格尔在这里不是要"只去认识有时间性的偶然的东西"③，而是要去展现时间里展开为必然性的本质，即"实际存在着的概念自身"④。在黑格尔看来，"科学只有通过概念自己的生命才可以成为有机的体系"⑤，"概念自己的生命"即黑格尔所说的时间。"在科学中……存在着的东西的运动，一方面是使它自己成为他物，因而就是使它成为它自己的内在的内容的过程，而另一方面，它又把这个展开出去的他物或它自己的这个具体存在收回于其自身，即是说，把它自己变成一个环节并简单化为规定性。在前一种过程中，否定性使得实际存在有了区

---

① ［德］黑格尔：《精神现象学》上卷，贺麟、王玖兴译，商务印书馆1962年版，第32页。
② ［德］黑格尔：《精神现象学》上卷，贺麟、王玖兴译，商务印书馆1962年版，第33页。
③ ［德］黑格尔：《小逻辑》，贺麟译，商务印书馆1980年版，第34页。
④ ［德］黑格尔：《精神现象学》上卷，贺麟、王玖兴译，商务印书馆1962年版，第33页。
⑤ ［德］黑格尔：《精神现象学》上卷，贺麟、王玖兴译，商务印书馆1962年版，第40页。

第一章　寻求辩证法与历史观的内在统一：马克思辩证法理论变革的哲学史根据

别并建立起来，而在后一种折返自身运动中，否定性是形成被规定性的简单性的功能。"① 因此，通过概念的自身运动，概念是自己规定自己，自己安排自己在全体中的位置，那么这种规定性就不是外在赋予的。实体本身就是主体，一切内容都是它自己对自己的反思。在此基础上，黑格尔进一步通过"概念自身的生命"的"历史观"建立起差异性和否定性的辩证逻辑，从而通过概念的运演构建完成了他的哲学。

正是在"概念自身生命"的历史观的意义上，辩证法不再是主观任意的否定的外在技艺，也不是单纯的否定的消极辩证法，而是"规定了的否定"的辩证法。一方面，由于辩证法是思想内容自己的运动，辩证法就不再为某一主观意志的任意构造，而具有了历史运动过程中的自在性，因而是客观的辩证法；另一方面，辩证法不是孤立和静态的形式方法，它本身是一种"发展"和"联系"的内涵逻辑，具有自为性，因而不是单纯的、一味的否定，不是彻底怀疑论，而是在矛盾运动中不断自我否定和自我扬弃通达绝对真理的理论。

从"概念自身生命"的历史观看，差异是黑格尔哲学的重要视角，在差异的视角中，否定性是最重要的概念和原则，也是黑格尔哲学中的革命因素，构成其辩证法的推动原则和创造原则。

知性思维本质上是同一性的逻辑。这种同一性的逻辑到谢林那里达到了顶峰，黑格尔曾讽刺到，谢林哲学"黑夜不见牛"。知性思维追求确定性和规定性，只有些固定和僵死的命题。因此，知性思维沿着同一性的道路前进，从而达不到本质的差别、本质上对立或不同一的东西、对立面向对立面的过渡。"纯粹的统一性、无形式的白色……图式及其无生命的规定的那种一色性，和这种绝对的同一性，以及从一个到另一个的过渡，都同样是僵死的知性或理智，同样是外在的认识。"② 黑格尔对抽象的知性同一进行了揭露，他认为，"就坚持同一，脱离差别来说，只是形式的或知性的统一"③。要么丢掉事物具有的一部分多样性而只举出其中一种，要么抹杀多样性之间的差异

---

① ［德］黑格尔：《精神现象学》上卷，贺麟、王玖兴译，商务印书馆1962年版，第40页。
② ［德］黑格尔：《精神现象学》上卷，贺麟、王玖兴译，商务印书馆1962年版，第39页。
③ ［德］黑格尔：《小逻辑》，贺麟译，商务印书馆1980年版，第248页。

性，而把多种的规定性混合为一种。同一性逻辑是一种"非此即彼"的形式逻辑，表现为同一律、排他律和排中律。黑格尔反对抽象的知性同一，肯定自身具体的同一，即有差别的对立统一。

在黑格尔看来，真正的哲学思维应该是思辨的思维或辩证的思维。其内容是以差异和否定为要素，构建一种思想内容自己运动、自己完成的哲学体系。思想自身的普遍必然联系就是一种否定性的同一关系，从而思想的运动过程表现为一种环节的必然性与全体的自由性的统一。黑格尔强调作为否定性的自身同一，即"实际存在物的持续存在就是自身同一性，同时又是它与它自身的不同一，它的瓦解——固有的内向和返回自身——就是它的形成"①。

黑格尔所说的差异指的是事物本身的差异，即事物本身就包含差异，而不是单纯指外在的不相干的差异。"差别自在地就是本质的差别，即肯定与否定两方面的差别：肯定的一面是一种同一的自身联系，而不是否定的东西，否定的方面，是自为的差别物，而不是肯定的东西。"②"因此，本质的差别即是'对立'。"③绝对没有知性所坚持的那种"非此即彼"的抽象的东西。存在着的东西必定是具体的东西，因而包含差别和对立于自己本身内的东西。一句话，"矛盾是推动世界的原则"④。所以，概念辩证运动的全过程，作为总体的真理大全，它的自身统一就被设定为"差别的自身扬弃"即"规定了的否定"。黑格尔的逻辑和形而上学就不是一系列的现成的概念，而是"规定了的否定"的"概念自身的生命"，是概念自己经历的一系列"肯定—否定—否定之否定"的三段式进展，是思想内容自己的运动和完成。通过自我意识不断的异化和异化的扬弃的过程，主体始终处于向实体的转化过程，而实体本身就是思维主体运动的总体。在规定的否定中，实体即主体。黑格尔的辩证逻辑是通过作为实体与主体的思想内容自己否定自己，扬弃自身不断向前发展的历史过程。因此，正是在辩证法与历史观统一的意义上，黑格尔使辩证法获得了积极的意义，从消极性和主观性的危机中被拯救出来。

---

① ［德］黑格尔：《精神现象学》上卷，贺麟、王玖兴译，商务印书馆1962年版，第42页。
② ［德］黑格尔：《小逻辑》，贺麟译，商务印书馆1980年版，第255页。
③ ［德］黑格尔：《小逻辑》，贺麟译，商务印书馆1980年版，第255—256页。
④ ［德］黑格尔：《小逻辑》，贺麟译，商务印书馆1980年版，第259页。

第一章　寻求辩证法与历史观的内在统一：马克思辩证法理论变革的哲学史根据

受到知性思维的强力束缚和"空间"思维的掣肘，以往的辩证法理论仅仅是一种形式方法。一方面辩证法难以成为历史研究的方法，另一方面历史观只能在"主体旁观"的意义上被确立。占统治地位的是自然主义的历史观和宗教神学历史观。前者是一种"事件的堆积"，后者是一种神创世的传说叙事，不仅难以解释过去，而且也无法说明现在。以往的历史观都缺乏历史最为本质的现实性维度。黑格尔的"规定了否定"的辩证法则为历史找到了一种表达，即历史在思维领域展开为一个不断自我否定和发展的历史过程。正是在"规定了的否定"的辩证法的意义上，历史不再是"事件的堆积"和神的创世传说，而是具有规律性、目的性、必然性、现实性、发展性和联系性的"思维主体的历史"。作为一种"思维主体"的历史，历史体现为精神的自我运动和自我发展。

在黑格尔看来真正的历史应当是"哲学的历史"或"历史哲学"，即"历史的思想的考察"。[①]"'理性'是世界的主宰，世界历史因此是一种合理的过程。"[②] 世界历史就是精神自我否定达到绝对精神的过程。这具体体现为各个民族的精神克服无限制的主观性，从"一种绝对的对峙中获得和解"，[③] 其中日耳曼精神获得了最高的形式。尽管黑格尔塑造的是抽象精神的历史，但是其辩证的历史观消解了"主体旁观"意义上的历史观，代之以"主体思维的运动"。在此意义上，推进了对人类历史及其现实性的理解。

由此可见，从理论性质和理论方法看，黑格尔通过统一"规定了的否定"的辩证法与"概念自身生命"的历史观，构建了一种思想内容自己运动的历史性、客观性和真理性的内涵逻辑，不仅将辩证法从主观性和消极性的危机中拯救出来，而且将辩证法拓展到历史领域，为人类历史找到了一种"逻辑的、思辨的和抽象的表达"。

从理论范式上看，黑格尔通过辩证法与历史观的统一，推动了辩证法理论范式的变革。辩证法从传统的具有主观性和消极性的修辞学范式、逻辑学范式、认识论范式转向了本体论范式，并且在思维主体否定运动的本体论范

[①] 参见［德］黑格尔《历史哲学》，王造时译，上海书店出版社2001年版，第8页。
[②] ［德］黑格尔：《历史哲学》，王造时译，上海书店出版社2001年版，第8页。
[③] 参见［德］黑格尔《历史哲学》，王造时译，上海书店出版社2001年版，第171页。

式中实现了认识论、逻辑学与本体论的统一。以往的辩证法,缺乏历史的维度,所以不仅放弃了对绝对真理的追求,而且局限于认识论领域而不能理解辩证法是在本体论维度上的一种内涵逻辑,即思想内容自己运动的真理。通过辩证法与历史观的统一,黑格尔提出了概念辩证运动的体系,将形而上学推至其极。

四 黑格尔辩证法的理论困境与辩证法的"第三次历险"

黑格尔辩证法完成了辩证法与形而上学的共谋,在构建辩证的体系的同时,也扼杀了辩证法的批判和革命本性。辩证法完全笼罩在形而上学的阴影之下。辩证法在黑格尔手中神秘化了,遭到了当时一批德国哲学家的蔑视和批评。辩证法开启了第三次历险。

黑格尔在哲学史上第一次真正实现了辩证法与历史观的统一,在思维领域消解了以往辩证法的主观性和消极性,并力求确立辩证法的客观性。但是,黑格尔辩证法与历史观本质上统一于神学的总体性视域之中,因而陷入了体系的封闭性和辩证法运动自在自为性的内在矛盾和理论困境,造成了"哲学的终结""历史的终结"和"人的终结"。

黑格尔的历史观和辩证法统一于神学视域的思辨总体性之中,意味着"概念自身的生命"过程和概念的辩证运动环节只有在思维的总体中才具有现实性和必然性。超脱于总体的概念发展阶段和诸定在,是片面的和孤立的。客观逻辑脱离了总体就会变为实体性的形而上学,即脱离思维形式的、非批判的、抽象的本体论;而主观逻辑脱离了总体则会成为主体性形而上学的"任意的和偶然的"主观性和抽象的主观性自由。客观逻辑和主观逻辑只有在思维运动的总体中才获得实体即主体的逻辑方法与本体论意义。因此,黑格尔哲学体系的诸阶段和诸环节脱离总体就会失去其真理意义,沦为片面性的东西。换言之,只有在总体中,"概念自身生命"的各个发展阶段和"否定之否定"的各个环节,才获得现实的意义并统一起来。

思维运动的总体既是实体又是主体,不仅决定了辩证运动的方向和否定性的"动因",而且决定了辩证运动的"动力"。因此,从"纯存在"到"绝对精神"的运动过程就是思想内容自己运动的历史,即"概念自身生命"的历史观。与此同时,思维的总体决定了"哲学要在时间中升高为科学体系"

就必须以"规定了的否定"作为一般的运动形式。这既不是单纯的规定，也不是单纯的否定。单纯的规定只能停留于有限的表象，而单纯的否定则是任意性和偶然性。哲学要在时间中升高为科学体系必须在思维运动的历史过程中开展为现实性和必然性。只有"规定了的否定"，一方面是否定的，"将知性规定消解为'无'"；另一方面，又是肯定的，"因为它产生**一般**，因为它将**特殊**包含在内"①。作为"否定性的同一"的发展过程，概念运动才获得了自身的生命的历程，开展出必然性和现实性。在此意义上，"概念自身生命"的历史观就是黑格尔的否定性同一的辩证法。

正是在反思确定性、有限性的知性思维的意义上，黑格尔提出了将思想内容运动的历史观与辩证法统一起来的总体性思维，即"实体即主体"的方法，进而为超越以往的辩证法理论提供了原则。黑格尔指出，"哲学到现在为止达到的观点就在于：认识到理念在它的必然性里，认识到理念分裂出的两个部分，自然和精神，每一个方面都表现为理念的全体，不仅本身是同一的，而且从自身内产生出这唯一的同一性，并从而认识到这个同一性是必然的。哲学的最后的目的和兴趣就在于使思想、概念与现实得到和解。哲学是一种真正的神正论……这是一种精神的和解"②。知性思维是一种片面化的、分离的逻辑，必然导致主体无法到达对象的问题。真理本质上是一种"大全"，不是一种直接的符合，而是以思维运动为中介，"我们"与"对象"的一致性展开为一个总体的过程。思维与存在、主观与客观的关系问题不是一个认识论问题，首先是一个本体论问题。思维运动的总体和大全构成黑格尔辩证法与历史观统一的落脚点。

一方面，正是这种思辨的总体性原则，使得黑格尔能够超越以往的辩证法理论，建立起完备的概念辩证法，并且以抽象的方式揭示出"辩证法的一般运动的形式"；另一方面，这种思辨的总体性使得辩证法完全笼罩在形而上学的阴影之下，成为实证科学和现实生活相脱离的神秘化的哲学语言。

首先，思辨的总体性原则彻底展开了形而上学对"终极实在"的追求，完成了"哲学的终结"。从巴门尼德到柏拉图，哲学在追求普遍真理的意义上

---

① [德]黑格尔：《逻辑学》上卷，杨一之译，商务印书馆2019年版，第26页。
② [德]黑格尔：《哲学史讲演录》第4卷，贺麟、王太庆等译，商务印书馆1978年版，第414页。

被确认。没有比化多为一更善的，没有比化一为多更恶的。① 世界的东西能否归结为一个原因、一种原则，这是哲学自诞生之日就发出的形而上追问。亚里士多德更是把"最高原因的基本原理"作为形而上学的终极目标。正是在追求普遍真理的意义上，辩证法在柏拉图那里成为上升到善和普遍真理的方法。然而，受到直观方法和形式逻辑的强力影响，古代哲学陷入了未经反思的直接断言和机械推理，辩证法则与怀疑论和诡辩术纠缠不清；近代哲学理性演绎逻辑和经验归纳逻辑各自的片面性导致了哲学的不可知论和第二次危机，而辩证法在康德手中成为先验幻相。形而上学对"终极实在"的追求由于缺乏可靠的方法而陷入了理论困境。黑格尔的辩证法以思辨的总体性原则实现了辩证法与历史观的统一，为形而上学提供了方法与内容相统一的方法。思维运动的总体既是否定的动力机制，也是发展的历史性过程。"终极实在"在概念的辩证运动中构成了主观思维与客观思维、思维与关于存在的思维、环节的必然性与全体的自由性、主体与实体的"大全式"和"总体式"的统一。正是在此意义上，黑格尔实现了形而上学的全部可能性。按照恩格斯的说法，"哲学在黑格尔这里完成了"。在形而上学的意义上，哲学获得最完备的和终极的形式。在黑格尔这里，辩证法不再是一种外在的方法，而是形而上学本身。辩证法与形而上学获得了一致性。

其次，思辨的总体性原则所蕴含的"绝对精神"的悬设，堵塞了历史发展的可能性，造成了"历史的终结"。黑格尔的辩证法克服以往辩证法理论的主观性和消极性的关键在于，赋予辩证法以历史性即发展性维度。发展是克服消极辩证法使思维上升到绝对真理的重要原则。康德充分论证了意识能动性作为辩证法矛盾发生的动力，但是光靠主观的形而上追求的自然禀赋和动力只能产生矛盾的必然性客观性，而不是发展的必然性。因而，黑格尔提出了"实体即主体"的思辨总体性原则，为辩证法的发展原则和矛盾运动提供了向上的客观动因，即作为思维运动给总体的绝对精神，从而使辩证法获得了思维的历史性。但是，黑格尔辩证法的思辨的总体性原则以思维作为历史的发展的主体。因此，"'理性'是世界的主宰，世界历史因此是一种合理的

---

① 参见 [古希腊] 柏拉图《理想国》，郭斌和、张竹明译，商务印书馆1986年版，第199页。

第一章　寻求辩证法与历史观的内在统一：马克思辩证法理论变革的哲学史根据

过程"①。历史的发展是合乎理性的过程，也是抵达一个理性的绝对的过程；因而，历史的作为精神的辩证运动，必然存在一个总体性的终点，即绝对精神。世界历史发展到一个"知道全体是自由的""日耳曼精神"那里达到了"终点"。历史在黑格尔的辩证法中"终结"了，以后的历史便是黑格尔头脑中的历史。对此，费尔巴哈批判了黑格尔哲学的绝对性终止了时间或历史。在黑格尔的哲学里，"一种特殊的历史现象或存在的整体性、绝对性被当成了宾词"②。黑格尔的时间表现为排他性和专制性，而之所以表现为排他性和专制性，就在于黑格尔以绝对作为路标，当达到绝对阶段时，黑格尔将哲学在时间里上升为科学体系的过程就结束了，时间即"概念自身的生命"也就终止了。费尔巴哈认为，思辨哲学将脱离时间的发展当作"绝对"的一种形式、一种属性，这表明思辨哲学家对于"绝对"的所作所为，与神学家对于上帝的所作所为是完全一样的。

最后，思辨的总体性，虽然以差异为前提，但实则差异和内容只是作为形式而存在，主体只是"大写的逻辑"实现自身的载体，导致了"人的终结"。黑格尔的逻辑学从"纯存在"出发，而"纯存在"就是"纯思想"；黑格尔的现象学从"感性确定性"出发只是从"这一个"的"意谓"出发。因此，黑格尔是从思维和关于存在的思维来探讨"终极实在"。因此，"黑格尔的方法当然是不管内容的差别，内容的差别也变成了形式的差别"③。黑格尔通过概念的辩证运动要实现的就是思维自身的绝对统一。人成了"绝对精神"实现自身的载体，自我意识取代了人。"自然和精神，每一个方面都表现为理念的全体，不仅本身是同一的，而且从自身内产生出这唯一的同一性，并从而认识到这个同一性是必然的。哲学的最后的目的和兴趣就在于使思想、概念与现实得到和解。哲学是一种真正的神正论。"④ 在此意义上，在黑格尔的辩证法中，"人"被"绝对精神"所吞噬了，其主体性异化为思维主体运动

---

① ［德］黑格尔：《历史哲学》，王造时译，上海书店出版社2001年版，第8页。
② ［德］费尔巴哈：《费尔巴哈哲学著作选集》上卷，荣震华、李金山译，商务印书馆1984年版，第47页。
③ ［德］费尔巴哈：《费尔巴哈哲学著作选集》上卷，荣震华、李金山译，商务印书馆1984年版，第52页。
④ ［德］黑格尔：《哲学史讲演录》第4卷，贺麟、王太庆等译，商务印书馆1978年版，第414页。

的客观过程。在伦理层面，体现为个体服从于普遍的国家伦理实体。因此，在生活世界的个人被"终结"了，取而代之的是世界精神的出场。

正是在哲学、历史和人的层面上，黑格尔辩证法由于其思辨的总体性原则被神秘化了，成为"形而上学的魇语"。按照伯恩斯坦的看法，黑格尔辩证法，"它正如鬼火和光辉相似一样，是和真理相似的"，"象鬼火一样的，现出彼岸世界的轮廓"①。

黑格尔以思辨的总体性原则统一了辩证法与历史观，实现了对以往非历史性形态的辩证法的变革，在思维领域消解了辩证法自诞生之日起就内含的消极性与主观性，将辩证法从"先验的幻相"中拯救出来。但是，黑格尔的思辨辩证法也有着自身的理论困境，从而导致了辩证法的"第三次历险"。这一次历险是在"理性与现实"的语境中进行的。

在黑格尔看来，"哲学的最高目的就在于确认思想与经验的一致，并达到自觉的理性与存在的事物之间的理性的和解，亦即达到理性与现实的和解"②。黑格尔将理性与现实统一在一起。问题在于是"合乎理性"，还是"合乎现实"？在黑格尔那里，所谓现实无非是存在于事物中的理性。因此，理性与现实的和解，无非是"合乎理性"的现实。在此意义上，辩证法是"理性的自觉"。

从柏拉图理念世界与可感世界的二分开始，真理性维度就不在于生灭变化的可感世界，而是在于理念世界。辩证法则是上升到普遍真理的方法。黑格尔的历史辩证法则进一步发挥了这一点，并提出了"现存的"和"现实的"区分。在黑格尔看来，关于现存事物的"感性确定性"是高度抽象化的，只有在历史发展过程中开展为必然性的东西才具有现实性和具体性。现在的东西和现实的东西有着根本区别。现在的东西是偶然任意的，而现实的东西必须在历史发展过程中开展为必然性的东西，而最大的现实就是包含这一历史过程的"大全"，即"绝对精神"。黑格尔辩证法对现实性的表述是对经验直接有效性的消解，推动了辩证法的发展。但是，由于"合乎理性"是辩证法的出发点，因而思辨的总体性是其落脚点。黑格尔辩证法在完成辩证法与

---

① ［德］伯恩斯坦：《社会主义的前提和社会民主党的任务》，读书·生活·新知三联书店1958年版，第37页。

② ［德］黑格尔：《小逻辑》，贺麟译，商务印书馆1980年版，第42页。

第一章　寻求辩证法与历史观的内在统一：马克思辩证法理论变革的哲学史根据

形而上学共谋的同时，成了一种思辨神学。

在黑格尔辩证法中，始终存在着现实性与合理性、自我意识和实体两方面内容的对立，这使得对黑格尔辩证法的理解出现了两种可能：黑格尔辩证法究竟是论述现存社会合理性的逻辑正义论，还是从理性出发批判现实的批判哲学？正是在这一问题意识中，青年黑格尔派开始了对黑格尔辩证法的"神学的批判"。在布鲁诺·鲍威尔看来，黑格尔辩证法绝不是老年黑格尔派在宗教和神学问题上的保守主义和对现存社会的合理性辩护，而是基于自我意识和理性的真理方法。费尔巴哈也指出，一方面，黑格尔辩证法包含差异和否定的要素，因而"黑格尔哲学作为否定性思维的自我否定，作为旧哲学的完成，乃是新哲学的否定性的开始"[1]；另一方面，由于颠倒了其"主宾关系"，"黑格尔由此得到一个否定的、批判的成分，但是同时绝对的理念也决定了他"[2]。黑格尔辩证法成了神学的辩护术。黑格尔学派内部的矛盾及其解体，并没有使黑格尔的辩证法获得正确的反思。黑格尔派的学者仍然没有逃离黑格尔的辩证法。费尔巴哈对此予以了严肃的对待，但是其结果是完全抛弃了辩证法，代之以感性直观。

黑格尔辩证法的形而上学的思辨性质使得辩证法在一些人手里成了"搪塞"一下的工具。在施特劳斯和布鲁诺·鲍威尔这些黑格尔派那里，黑格尔的辩证法被歪曲和片面化了。黑格尔所蕴含的不可分割的"实体即主体"的辩证法原则，被分割开来，走向了僵硬对立的两个极端。"实体即主体"的辩证运动实际上被取消了。在蒲鲁东那里，辩证法也成为一种"机械地划分好坏的方法"。他将黑格尔的辩证法应用到政治经济学中时，认为任何一种经济范畴都有好与坏两个方面。"应当解决的问题是：保存好的方面，消除坏的方面。"[3] 由此可见，辩证法被庸俗化、机械化为一种概念的"脚手架"。辩证运动本身被中断了。"一旦把辩证运动的过程归结为这样一个简单过程，即把好的方面和坏的方面加以对比，提出消除坏的方面的问题，并且把一个范畴

---

[1] ［德］费尔巴哈：《费尔巴哈哲学著作选集》上卷，荣震华、李金山译，商务印书馆1984年版，第114页。

[2] ［德］费尔巴哈：《费尔巴哈哲学著作选集》上卷，荣震华、李金山译，商务印书馆1984年版，第75页。

[3] 《马克思恩格斯文集》第1卷，人民出版社2009年版，第604页。

用做另一个范畴的消毒剂,那么范畴就不再有自发的运动,观念就'不再发生作用',不再有内在的生命。"①

在马克思写作《资本论》第二版跋时,黑格尔早已成为一条"死狗"。"德国资产阶级的学究们已经把关于德国伟大的哲学家及其创立的辩证法的记忆淹没在一种无聊的折中主义的泥沼里。"② 路·毕希纳弗·阿·朗格、欧·杜林、古·泰·费希纳等人对辩证法的合法性进行了攻击。按照杜林的观点,"缺乏自然的和可以理解的逻辑,这正是辩证法的一团混乱和各种观念杂乱交织的特色按照这个混乱而错误的观念,归根到底一切都是一个东西"③。然而,什么是"自然的和可以理解的逻辑"呢?杜林秉持的是一种朴素的还原论的思维方式。不管意识在什么地方和什么时候,发展到了什么程度,"我们都应该坚信:思维和认识形式都是由简单的元素组成的……否则,任何形式的思维和认识都只是一种无稽之谈和彻头彻尾的胡言乱语"④。根据这种观点,由黑格尔发展起来的辩证法由于思辨的"将一切归为一",而内容的差别仅仅是形式的差别,因而只能是一种"胡言乱语"和"混乱"的观念。因此,在杜林等德国哲学家的抨击和歪曲下,不仅黑格尔成了"莱辛时代的斯宾诺莎",而且辩证法也遭到了蔑视和抛弃,遭遇了合法性危机。

综上所述,黑格尔在两个方面构成了马克思辩证法理论变革的直接对象。一方面,黑格尔通过辩证法与历史观的统一,克服了以往辩证法理论的困境和危机,实现了形而上学与辩证法的共谋;另一方面,黑格尔辩证法的内在矛盾和自身的理论困境造成了辩证法的"第三次历险",使辩证法理论陷入了合法性危机。

与此同时,通过对辩证法历史的梳理,可以发现,在严格区分朴素的辩证法观念和辩证法理论的意义上,辩证法在历史上长期处于唯心主义的状态。旧唯物主义与辩证法的关系是疏远的,至多能在直观的意义上获得朴素的辩证法观念。这就产生了这样一个问题:为什么旧唯物主义吸收不了辩证法?

---

① 《马克思恩格斯文集》第1卷,人民出版社2009年版,第606页。
② 《马克思恩格斯文集》第3卷,人民出版社2009年版,第496页。
③ 《马克思恩格斯文集》第9卷,人民出版社2009年版,第129页。
④ [德]杜林:《哲学教程》,郭官义、李黎译,商务印书馆1991年版,第2页。

五　附：为什么旧唯物主义吸收不了辩证法？

辩证法自诞生起，就有着主体性与否定性两个维度。从辩证法的诞生看，如果苏格拉底没有自我认识和审视生活的主体性观念，对话辩证法根本不可能诞生，对话必须以对话者为前提。在对话过程中，否定则构成了对话不断深入的必要环节。在辩证法大师黑格尔那里，主体性和否定性也有着深入的体现。表象思维以直观把握对象，将对象把握为现成的存在，知性思维以形式逻辑把握的是对象的有限规定性。二者的特点是"非此即彼"，在认识有限物的时候是有效的，但是在理解无条件的绝对总体或人及人类社会时，就会将现存的理解为现实的和永恒的。表象思维和形式思维都不是真正的哲学思维。黑格尔认为只有思维主体自己否定运动的辩证思维才是真正的哲学思维。马克思也认为，前两种思维方式实际上以看待物的方式理解人及其历史，是一种"物种"思维。辩证法不是"直观或客体"地把握世界的方式，按照马克思的观点辩证法是"当作实践去理解，从主体方面去理解"，本质上是批判和革命的。因此，主体性和否定性构成辩证法的特殊规定性，是辩证法区别于其他理论思维的特殊规定性。

然而，在辩证法理论的历史发展过程中，旧唯物主义的非历史性解释原则与辩证法的主体性和否定性特质是冲突的。因此，旧唯物主义不能吸收辩证法。辩证法长期处于唯心主义状态。第一，旧唯物主义的直观或客体的思维方式无法兼容辩证法的主体性和否定性；第二，旧唯物主义的机械的抽象物质观，无法正确理解辩证法否定性的根源。这里蕴含的深层问题是辩证法如何能够是唯物的同时又是批判的和革命的？

从认识论和思维方式的层面而言，旧唯物主义的根本缺点在于"以直观或客体的方式"理解人及其世界，而不是"从主体方面去理解"。首先，直观的特点是感性确定性，直观的实质是视觉对外物的反映。视觉的呈现特点是直接性与确定性。一方面，直观将感性事物直接呈现为其存在的那样；另一方面，直观获得的感官呈现受到感性感官的制约。与主观性的抽象思维相比，直观是对象性的，即将客体不做任何改变地、完整地接受过来形成认识。因此，直观的思维方式的理想对象是纯粹的客体和纯粹的自然界。其次，直观由于其直接性和确定性的特征，其把握到的对象是有限规定性的存在者，认识的范围是现在和现存，没有历史，也没有发展。因此，费尔巴哈"没有看到，他周围的感性世界绝不是某种开天辟地以来就直接存在的、始终如一的东西，而是工业和社会状况的产物，是历史的产物，是世世代代活动的结果"①。再次，直观虽然以客体为对象追求无主观思维干扰的、纯粹的客观性，但仍然受到人的感性官能发展的制约。最后，直观把握到的感觉经验，具有偶然性的特征，它仅能获得关于对象存在的事实。因此，直观的或客体的思维方式在认识自然物体是有效的，因为作为有限的存在者，其现实性就在于其是现存的。然而，当人们凭借此种方式把握人及其历史时，就会将人类社会和人的存在活动自然化和纯粹客观化，陷入自然主义的谬误。既不能理解人作为实践主体的否定性的生存活动，又将世界物质性理解为抽象物质观。这种直观的或客体思维方式是一种对"物"的认识方法，最多只能达到对现象世界的物质运动的矛盾现象的直观，并形成从现代辩证法理论立场出发理解的朴素的辩证法观念，而无法真正形成具有主体性和否定性因而也是批判性和革命性的辩证法理论。

　　从本体论而言，旧唯物主义所持有机械的和抽象的物质观根本上撇弃了社会历史性因素的考察，因而缺乏主体性和否定性的维度。马克思学术生涯遇到的第一个问题就是古希腊朴素唯物主义的机械性和必然性的宿命论问题。其博士学位论文从学术史的角度出发，论述德谟克利特自然哲学与伊壁鸠鲁自然哲学的差异，其问题实质在于主体性如何嵌入这种朴素唯物论思想。在马克思最初的哲学学术性著作中，其考察的问题就是如何打破唯物主义哲学的机械的决定论和必然性的命运束缚，强调个性、自由和能动性。虽然，受到青年黑格尔派的影响，马克思在此文中的哲学立场是"自我意识"的解释原则和个性自由的自我意识哲学，具有主观唯心主义的倾向，但这并不妨碍马克思的进一步思考。日后，也正是在"自我意识"的问题上，马克思也与青年黑格尔派分道扬镳。在反对德国唯灵论和批判青年黑格尔派的过程中，马克思转向了唯物主义。但是，马克思不是全盘接受旧有的唯物主义思想，而是对17、18世纪的唯物主义思想进行了批判性考察。正如恩格斯指出的一样，18世纪是"抽象的唯物主义和抽象的唯灵论的相对立"，"到处依然存在

---

① 《马克思恩格斯文集》第1卷，人民出版社2009年版，第528页。

第一章　寻求辩证法与历史观的内在统一：马克思辩证法理论变革的哲学史根据

着下述前提：唯物主义不抨击基督教对人的轻视和侮辱，只是把自然界当做一种绝对的东西来代替基督教的上帝而与人相对立"[①]。唯物主义"漠视人"的机械性特征，使得唯物主义思想总是见物不见人。

"法国唯物主义有两个派别：一派起源于笛卡儿，一派起源于洛克。后一派主要是法国有教养的分子，它直接导向社会主义。前一派是机械唯物主义，它汇入了真正的法国自然科学。"[②] 因而，在18世纪法国唯物主义的内部，始终充斥着两种因素，一种是笛卡尔开创的机械论物理学，另一种是以培根和洛克为代表的英国唯物主义（霍布斯除外），他们具有非机械论和归纳实践生活的特点。笛卡尔的物理学与其形而上学相分开，在他的物理学范围内，物质是唯一的实体，是存在和认识的唯一根据，物理的运动是机械的运动。而在英国唯物主义和现代实验科学的真正始祖培根那里，感性的物理学是自然科学最重要的部分，感觉是一切知识的来源，科学的方法就在于把理性的方法运用于感性材料之上。并且认为，物体的运动不仅仅是机械运动或数学运动，更是物质的冲力、活力和张力。因而，马克思评价到，在培根那里，"物质带着诗意的感性光辉对整个人发出微笑"[③]。此外，洛克还把当时的生活实践归纳为一个体系并加以论证（人类理智起源）。如前所述，两种因素也是互相交错的，例如霍布斯虽然属于英国唯物主义，但其观点具有明显机械论的倾向。"唯物主义在以后的发展中变得片面了。霍布斯把培根的唯物主义系统化了。感性失去了它的鲜明色彩……唯物主义变得漠视人了。"[④] 孔狄亚克受洛克影响，用感觉论反对形而上学，并提出了人的全部发展都取决于教育和外部环境；爱尔维修同样以洛克为出发点，把唯物主义运用到社会生活方面，在他那里唯物主义获得了真正法国的性质，利益与道德、性善、教育万能、工业与理性等思想是他哲学的主要因素；拉美特利则提出了"人是机器"的观点。18世纪法国唯物主义中的机械论思想汇入了自然科学领域。正因如此，虽然18世纪法国唯物主义具有"战斗性"的意义，但是机械和抽象的物质观使得其与辩证法根本对立。

[①]《马克思恩格斯文集》第1卷，人民出版社2009年版，第57页。
[②]《马克思恩格斯文集》第1卷，人民出版社2009年版，第327—328页。
[③]《马克思恩格斯文集》第1卷，人民出版社2009年版，第331页。
[④]《马克思恩格斯文集》第1卷，人民出版社2009年版，第331页。

马克思特别关注到了费尔巴哈唯物主义的感性学说相比于漠视人的机械物质观的优点，因而称赞其是对黑格尔辩证法采取严肃态度的人。但是，由于其直观或客体的思维方式，不懂得实践活动的批判和革命意义，因而未能看到黑格尔辩证法中的批判因素。从马克思对旧唯物主义的考察来看，非历史性的直观的思维方式和抽象的物质观导致了此种形态的唯物主义是不可能吸收辩证法的。由此可见，马克思要变革传统辩证法理论，改变辩证法在历史上长期的唯心主义状态，并将辩证法从形而上学的阴影中拯救出来，就不能仅仅从旧唯物主义出发去变革，而必须同时完成唯物论与辩证法的双重变革。黑格尔辩证法与历史观的统一为此提供了新的道路。

第三节　历史观的变革：辩证法理论危机的内在要求

黑格尔在形而上学的框架内第一次实现了辩证法与历史观的统一，祛除了传统辩证法的"消极性"与"主观性"，变革了传统辩证法理论，使辩证法变成了一种历史观，即历史的内涵逻辑。辩证法在本体论范式中确立。黑格尔为辩证法理论的发展开辟了新道路。但同时，黑格尔辩证法也有其理论困境，遭到了当时德国一批哲学家的批判或蔑视。其中费尔巴哈的批判富有成效，成为严肃对待黑格尔辩证法的哲学家。费尔巴哈基于感性直观通过对黑格尔的意识绝对性进行分析，揭示了黑格尔辩证法的局限性，为马克思的分析提供了理论启示。马克思通过对黑格尔辩证法历史性维度的分析，不仅指出了意识绝对性构成黑格尔辩证法的理论困境的症结之所在，而且从侧面表明克服黑格尔辩证法局限、创立"合理形态"辩证法的关键就在于对其历史观的变革与意识绝对性的消解。历史观的变革既构成了辩证法理论危机和自身发展的要求，也是马克思对传统辩证法理论变革的实现路径。

一　辩证法就是历史观：辩证法的新道路

黑格尔"第一个全面地有意识地叙述了辩证法的一般运动形式"[①]，"为

---

① 《马克思恩格斯文集》第 5 卷，人民出版社 2009 年版，第 22 页。

第一章　寻求辩证法与历史观的内在统一：马克思辩证法理论变革的哲学史根据

历史的运动找到抽象的、逻辑的、思辨的表达"①。在黑格尔那里，逻辑与历史、辩证法与历史观具有一致性。恩格斯也指出，"黑格尔的思维方式不同于所有其他哲学家的地方，就是他的思维方式有巨大的历史感做基础……他是第一个想证明历史中有一种发展、有一种内在联系的人"，"这个划时代的历史观是新的唯物主义世界观的直接的理论前提，单单由于这种历史观，也就为逻辑方法提供了一个出发点"②。黑格尔为辩证法开辟了一条新道路，即辩证法与历史观的统一。这是辩证法理论发展的必由之路，具有深刻的理论涵义和意义。

根据黑格尔的辩证法，这条辩证法的新道路中蕴含的一个根本思想是"辩证法就是历史观"。这是一个根本性的方向转变，从辩证法是修辞学或诡辩术、辩证法是逻辑学到辩证法是历史观，体现的是辩证法从认识论优先的范式转变为本体论优先的范式。

第一，辩证法与历史观的统一意味着辩证法是历史性的思想。这体现为对待思想客观性的态度是历史性的。如前所述，黑格尔以前的辩证法理论的特征和缺陷是由于其"主观性"和"消极性"陷入诡辩论、怀疑论和不可知论。彼时的辩证法缺乏客观性维度。正因如此，黑格尔特别重视康德辩证法思想对矛盾的必然产生的论述，称其恢复了辩证法的权威。除此以外，黑格尔辩证法也与其他思维方式对待思想客观性的态度有着根本区别。旧形而上学未能意识到思想自身矛盾和思想与信仰的对立，因而仅仅依靠反思获得真理；经验主义仅限于通过有限经验去把握真理；批判哲学从先天的知性范畴获得思想的客观性而陷入主观主义和独断论，从而制造了主观性与客观性的巨大裂隙；直接知识或直观知识将信仰与理性统一起来，将真理简化为主观的精神活动，放弃了思想内容和中介形式。无论是以往的辩证法理论还是其他的理论思维，对待思想客观性的态度都陷于主观性窠臼。究其根源，它们都在非历史性的意义上消解或探讨思想客观性。

因此，为了将辩证法从之前的理论危机中拯救出来并恢复其权威，黑格尔创造性地将辩证法与历史观统一起来，从而改变了辩证法与思想客观性之

---

① 《马克思恩格斯文集》第 1 卷，人民出版社 2009 年版，第 201 页。
② 《马克思恩格斯文集》第 2 卷，人民出版社 2009 年版，第 602 页。

间的对立状况，揭示了思想的客观性在于历史性，即思想的客观性不是根源于直接的经验或主观的臆造，而是在历史过程中展开的必然性。当给辩证法加入历史性维度时，辩证法本有的主体性不再是主观性，而是思维主体自我运动的全体。实体即主体。思想的客观性体现为思维运动的全过程，是自在的与自为的统一。真理即大全。与此同时，辩证法本有的否定性不再是"消极性"的主观任意的否定，而是不断思想内容自我展开的自我否定。

正是黑格尔辩证法对待思想客观性的历史性态度，使其从根本上改造了传统辩证法理论，并创造出真正不同于知性思维的辩证思维。朴素的辩证法观念本质上是一种朴素的直观，仅将经验观察到的矛盾运动现象作为生活常识予以接受，本质上仍然是一种表象思维；而黑格尔以前的辩证法理论则主要停留于主观性的修辞、对话和反思，本质上未能摆脱形式逻辑的影响。而无论是表象思维还是形式逻辑都是只能在有限思维规定中活动的知性，其特点是："第一，认为思维规定只是主观的，永远有一客观的〔对象〕和它们对立；第二，认为各种思维规定的内容是有限的，因此各规定间即彼此对立，而且更尤其和绝对对立"①。与之不同，黑格尔辩证法则指出，在思维的历史运动中，思维与存在构成否定性的统一关系，而不是无法弥合的对立。思维规定的有限性和诸定在则纳入全体的自由性之中，构成其不断扬弃的必然环节。思维与存在、理性与现实、有限与无限在思维的历史运动中得到统一，思想的客观性得以确立。由此可见，只有当辩证法成为历史观之时，辩证法才能真正与知性思维区别开来，并证明自身存在的合法性。黑格尔的新道路告诉我们，离开历史观辩证法就不能成立。

第二，"辩证法就是历史观"并不意味着辩证法仅仅是对历史的认识方法，而首先是关于历史的本体论。黑格尔辩证法是思维自身运动的历史过程，是思维历史的自我展开。长期以来，辩证法都是在认识论和逻辑学的意义上确认的。康德的先验辩证法将辩证法的认识论范式推到了其极端的可能性。辩证法产生于认识过程中必然产生的矛盾。在黑格尔看来，这种范式由于缺乏历史性维度，必然会陷入怀疑论。只有辩证法同时是历史观时，辩证法变成了一种本体论。思维的自明性和真理的客观性不是通过静态的主观与客观

---

① ［德］黑格尔：《小逻辑》，贺麟译，商务印书馆1980年版，第93页。

第一章 寻求辩证法与历史观的内在统一：马克思辩证法理论变革的哲学史根据

的相符达到的，而是在思维内容自己运动的历史过程中展开的必然，这是一个从存在到本质继而达到概念的过程。因此，对于黑格尔来说只有在"游泳的活动中才能学会游泳"。对于思维历史的认识也只能存在于思维历史活动的过程之中。实际上，辩证法首先变成了一种历史本体论，而后才具有认识论意义。正因如此，恩格斯指出，"黑格尔第一次——这是他的伟大功绩——把整个自然的、历史的和精神的世界描写为一个过程，即把它描写为处在不断的运动、变化、转变和发展中，并企图揭示这种运动和发展的内在联系"①。

通过引入历史观，黑格尔的辩证法与本体论达到了内在统一。黑格尔不仅改造了以往旧形而上学的本体论，也改造了传统的辩证法，实现了本体论与辩证法的双重转换。以往本体论的缺点在于，其以知性思维方式指认世界的终极实在或最高原则，从而获得的是一个独断的结论。"康德以前的形而上学认为思维的规定本身即是事物的基本规定……认为抽象的孤立的思想概念即本身自足，可以用来表达真理而有效准。"② 因此，以往的本体论是在思维与存在的不经反思的直接同一中确认世界的终极本原。对于这种独断的终极实在的追求，康德称之为先验的幻相。终极实在的寻求是一种不可避免的自然禀赋。对于人的认识，本体论只能在"范导"意义上起作用，要警惕理性认识对于经验和现象领域的僭越。对于康德的批判性分析，黑格尔予以了充分的重视，但与康德消解形而上的本体不同，黑格尔要通过辩证法与本体论的统一，来完成传统形而上学。按照黑格尔的分析，旧的本体论独断性质的症结在于："旧形而上学的思维是有限的思维，因为它老是活动于有限思维规定的某种界限之内，并把这种界限看成是固定的东西，而不是对它再加以否定。"③ 所谓的本体需要在不断扬弃有限思维规定的界限通达无限思维的活动过程中确认，而不是有限的思维规定的界限所勘定。根据这种理解，本体不是某一固定的、孤立的名词、原则或实体，不是受到某一思维有限规定性制约的幻相，而是思维不断扬弃自身并实现自身达到绝对精神的"全过程"，这是环节的必然性与全体的自由性的统一。通过这一理论改造，传统的抽象本

---

① 《马克思恩格斯文集》第3卷，人民出版社2009年版，第542页。
② [德] 黑格尔：《小逻辑》，贺麟译，商务印书馆1980年版，第96页。
③ [德] 黑格尔：《小逻辑》，贺麟译，商务印书馆1980年版，第97页。

体论实际上变成了一种"辩证本体论"。"辩证法是现实世界中一切运动、一切生命，一切事业的推动原则。"① 本体变成了一种具有精神活动性的"实体即主体"，具有了差异性内容的统一性和历史性。因此，"以辩证法来'革新传统形而上学的同一性思想'，通过'中介思维的对立'和'扬弃现实的一切对立'，实现对于'本体'的变革性理解，这正是黑格尔辩证法所欲完成的重大任务"②。

从辩证法方面来看，历史观的引入推动了辩证法与本体论的结合，使得辩证法首先在本体论的意义上被确立。"思维自身的本性即是辩证法"，辩证法是思想的自身展开。在此意义上，马尔库塞指出，"黑格尔把辩证逻辑变成了本体论"③。无论是将辩证法作为单纯的认识方法，还是视作脱离主体的客体辩证运动现象，都具有任意性和偶然性。前者丧失了辩证法的客观性，后者则囿于偶然经验和现象。辩证法在思维历史运动过程的本体论上被确立，使得辩证法不再是一种外在的形式方法，而是一种思维历史的内涵逻辑，其客观性和必然性内嵌于此思想内容的活动过程之中。因此，作为本体论的辩证法不是从单一的原则和概念出发去认识事物的历史发展过程，而是在事物自身的发展中把握认识的对象。辩证法实际上变成了一种生存论本体论。当然，这种本体不同于之前的本体论，是被改造过了的，具有生存论意义的本体论。

最后，"辩证法就是历史观"的真实意义在于明确了辩证法的生命根源于思维主体不断展开的历史过程，其特征是"自我否定"。在黑格尔辩证法中，"否定"就是思想内容在发展过程中的自我否定，是不同环节中同一个思想自身的"自相矛盾"。这是一种内在性的"辩证本体论"的思维方式。辩证法的否定不是任意的否定，不是某一事物否定其他事物，也不是某一思想否定其他思想（这本质上是一种主观的、外在的认识方法），而是其自身内部的自我否定。而所谓矛盾就是同一事物内部的不同方面的对立。"无论什么可以说得上存在的东西，必定是具体的东西，因而包含有差别和对立于自己本身内

---

① ［德］黑格尔：《小逻辑》，贺麟译，商务印书馆1980年版，第177页。
② 贺来：《辩证法与本体论的双重转换——马克思辩证法理论的本体论变革意蕴》，《哲学研究》2020年第7期。
③ ［美］马尔库塞：《马尔库塞文集》第6卷，高海青等译，人民出版社2019年版，第173页。

第一章　寻求辩证法与历史观的内在统一：马克思辩证法理论变革的哲学史根据

的东西。"① 正是在此意义上，黑格尔的辩证法与历史观的统一所创立的思辨辩证法才在形而上学的框架内彻底消解了以往辩证法的"主观性"和"消极性"及其理论危机，实现了辩证法与形而上学的共谋。

二　黑格尔历史观的意识绝对性：新道路的障碍

在哲学史上，黑格尔的历史观具有开创性意义，即历史观与辩证法的统一在一定程度上改变了传统历史观的"无人身的客体"性质或主观的独断性质。虽然黑格尔将辩证法与历史观统一开创了辩证法的新道路，但是，黑格尔辩证法也存在着上述的理论困难。也因此，辩证法开始了"第三次历险"。既然黑格尔开创的辩证法的道路与其历史观紧密联系，那么面对黑格尔辩证法的理论困境，就需要通过对黑格尔历史观的深入分析予以诊断。对此，费尔巴哈进行了深入的分析，并在一定程度上揭示了黑格尔历史观的排他性、专制性和绝对性，这以及其对黑格尔辩证法否定性与批判性的消解，为马克思的分析做好了理论准备。

黑格尔以前的历史观要么将历史理解为客体的运动，见物不见人，要么陷入了理念的"迷信"和独断之中。在黑格尔以前，自然主义历史观在历史上长期占据着主导地位。自然主义历史观体现为用自然原因或自然原理来解释一切社会历史现象并说明人类历史，同时将对自然的研究形成的理论成果和方法应用到历史研究中。自然主义历史观在古代有着朴素的雏形。古希腊早期自然哲学家赫拉克利特认为，"这个世界，对于一切存在物都是一样的，它不是任何神创造的，也不是任何人创造的；它过去、现在、未来永远是一团永恒燃烧的活火"②。中国古代哲学家也以阴阳、五行等自然现象来说明人类历史。在近代，随着自然科学的发展，17、18世纪的自然主义历史观体现为经验主义和实证主义的特征，将人类社会历史视作自然化的、客体的过程。在现代，则衍生出庸俗的进化论的历史观、社会有机体的历史观等。自然主义历史观的特点跟旧唯物主义的特点具有一致性，即"无人身的客体性"。对

---

① [德]黑格尔：《小逻辑》，贺麟译，商务印书馆1980年版，第259页。
② 北京大学哲学系外国哲学史教研室编译：《西方哲学原著选读》上卷，商务印书馆1981年版，第21页。

此，恩格斯指出，"自然主义的历史观……它认为只是自然界作用于人，只是自然条件到处决定人的历史发展，它忘记了人也反作用于自然界，改变自然界，为自己创造新的生存条件"①。

除了自然主义历史观，宗教历史观也在哲学史上占据着重要的地位。基督教从神学出发向人类描述了上帝创世和人类救赎的末世论历史。相较于自然主义历史观，宗教历史观强调人的非理性宗教信仰在人类历史发展过程中的作用，往往具有神秘主义色彩。对此，随着文艺复兴和宗教改革，理性派哲学家们从理性出发为消除其神秘色彩进行了诸多论证，强调主观意志的作用，体现为抽象唯心论的历史观。康德的历史观达到了黑格尔以前唯心论历史观的顶峰。康德基于"纯粹理性者"的理论预设，从"历史性的信仰"出发，结合基督教的宗教历史观，提出了一种"关于逐步建立善的原则的统治的历史理念"。从普遍的宗教信仰出发，康德认为只有通过纯粹宗教信仰的研究，"才能期望一种普遍的、历史的描述"，"人们在宏观上可以把人类的历史视为一个自然的隐秘计划的实施，为的是实现一切内部完善的，并为此目的也是外部完善的国家宪政，作为自然在其中能够完全发展其在人类里面一切禀赋的唯一状态"②。由此可见，康德的历史观是一种理性宗教的历史观。但无论是非理性的宗教历史观还是理性的宗教历史观，其特点都是抽象的独断论、超验的历史叙事。

黑格尔第一次实现了辩证法与历史观的结合，一方面改变了无主体的自然主义历史观，另一方面完成了对独断的唯心历史观的批判。黑格尔将历史的主体视作精神，将人类历史理解为精神自身不断完善和自我发展的辩证运动过程。"历史是精神的历史，或者它的理想的实现。"③ 历史过程所应当达到的目标就是"客观意志"与"主观意志"的结合，最终达到最高伦理实体的过程。因此，在黑格尔那里，世界历史是一个合乎理性的过程，这个过程最终在日耳曼民族那里完成了，日耳曼精神构成了现代世界的原则。

与以往的历史观相比，黑格尔的历史观对历史主体和历史动力有着独特的理解。以往的历史观要么将历史理解为自然的时间或感性经验生活中"事

---

① 《马克思恩格斯文集》第9卷，人民出版社2009年版，第483—484页。
② [德]康德：《康德历史哲学文集》，李秋零译，中国人民大学出版社2016年版，第11—12页。
③ [德]黑格尔：《历史哲学》，王造时译，商务印书馆1963年版，第16页。

第一章 寻求辩证法与历史观的内在统一：马克思辩证法理论变革的哲学史根据

实"的会聚和堆积，要么根据主观意志的独断来描绘历史。黑格尔的历史观所描绘的历史是"哲学的历史"，即"只不过是历史的思想考察罢了"[①]。由于人与动物的区别在于人有意识，所以凡属于人类的一切，都是一种含有思想的历史。因此，历史不能作为消极的认识对象，它本身就是思想的运动过程。实际上，黑格尔的历史观蕴含着意识绝对性的原则。在历史的主体方面，历史运动不是与人无关的客体或人以外的上帝，而是思维，是主观精神与客观精神的统一；从历史的动力来看，历史发展的动力是思维的异化活动和精神劳动。那么，思想的历史向什么方向运动和发展呢？历史的动因是什么？在黑格尔看来，思想历史运动的目标在于确认理性与现实的和解，即凡是合乎理性的都是现实的。现存的事物总是在自身的发展过程中合乎理性从而展开自己的必然性。绝对精神构成历史的动因。"哲学用以观察历史的'思想'便是理性这个简单的概念。理性是世界的主宰，世界历史因此是一种合理的过程。"[②]

正是黑格尔历史观的出现，改变了以往历史观的"无人身的客体"性质，而将历史的视界回归自我运动的思维主体。从历史的主体、动力和动因来看，黑格尔的历史观蕴含着意识绝对性的原则，这种意识绝对性原则以理性统摄现实、思维统摄存在，使历史成了"绝对精神"的历史。因此，黑格尔的历史观本质上仍然是一种"以一驭万"的形而上学历史观。其特殊之处在于对思维主体的强调并将历史看作一个发展的辩证运动过程。

对此，费尔巴哈对黑格尔历史观进行了深刻的批判，并指出其历史观的排他性、专制性和绝对性。首先，费尔巴哈批判黑格尔历史观表述的是一种"排他"的时间。他提到，"黑格尔的观点和他的方法所采取的形式，本身只是排他的时间，而并非同时是宽容的空间；黑格尔的体系只知道从属和继承，而不知道任何并列和共存"[③]。黑格尔的哲学体系的否定之否定的正反合的圆圈式的上升过程是一种"排他的时间"视域，后来的东西继承前面的东西，在前的东西从属于在后的东西，完全处于一个时间序列之中，而且这个时间序列是强制进行的。当意识的辩证运动作为必然的逻辑发展时，排除了历史

---

① [德] 黑格尔：《历史哲学》，王造时译，商务印书馆1963年版，第8页。
② [德] 黑格尔：《历史哲学》，王造时译，商务印书馆1963年版，第8页。
③ [德] 费尔巴哈：《费尔巴哈哲学著作选集》上卷，荣震华、李金山译，商务印书馆1984年版，第16页。

中其他的可能性。因此，费尔巴哈形象地称黑格尔所采取的形式忽略了作为并列和并存的"宽容的空间"。费尔巴哈在这里讲的空间不是物理的空间，而是历史发展中的各种可能性的空间。

其次，黑格尔历史观表述的历史是一种专制主义的时间。"黑格尔的方法自夸走自然的道路。然而不管怎么说这只不过是模仿自然，可是摹本却缺少原本的生命"，而"自然总是把空间的自由主义和时间的专制主义倾向结合起来"①。自由主义的空间指在历史的各种未实现的可能性中展开批判可想象的空间；专制主义的时间指历史发展过程中表现为历史必然性的东西。黑格尔历史观中的内在矛盾是理性本身的规范理想与精神发展到存在的现实性之间的以冲突形式出现的对立。黑格尔对于意识发展的必然性与实际的文明历史之间的关系理解得模棱两可。费尔巴哈在这里看到了问题的关键：黑格尔是知道概念自身生命运动的终点即绝对精神的，概念的辩证运动会在绝对精神那里终结，因此，自我意识的发展表现为一条必然的道路和必然的形式。黑格尔的辩证法只是在理解过去的历史，之所以是必然的是因为它已经发生并且完成了。社会和国家最高和最后的形态就是普鲁士君主国，自我意识最后的阶段就是绝对精神，结果就是"现存的就是合理的"。世界的历史就是理性的历史，它在黑格尔的头脑中遵循着他的理性完成了。黑格尔哲学中的保守因素，即为现存事物做出合理论证的逻辑正义论。

最后，黑格尔历史观的绝对性终止了历史。"一种特殊的历史现象或存在的整体性、绝对性被当成了宾词，所以作为独立存在的各个发展阶段只具有一种历史的意义，只不过是作为一些影子、一些环节、一些以毒攻毒的点滴而存在于绝对阶段中。"② 当思维运动达到绝对精神阶段时，黑格尔将哲学在时间里上升为科学体系的过程就结束了，"概念自身的生命"也就终止了。费尔巴哈认为，思辨哲学将脱离时间的发展当作"绝对"的一种形式、一种属性，这表明思辨哲学家对于"绝对"的所作所为，与神学家对于上帝的所作所为是完全一样的。因此，费尔巴哈说，"随着上帝在一个一定的时间内以一

---

① ［德］费尔巴哈：《费尔巴哈哲学著作选集》上卷，荣震华、李金山译，商务印书馆1984年版，第46页。
② ［德］费尔巴哈：《费尔巴哈哲学著作选集》上卷，荣震华、李金山译，商务印书馆1984年版，第47页。

第一章 寻求辩证法与历史观的内在统一：马克思辩证法理论变革的哲学史根据

个一定的形相显现，时间和空间本身也就已经消灭了，因此也就别无他望，只有等待世界的真正终结。这样，历史是再也无法设想的：它是无目的、无意义的。上帝化身和历史是彼此绝对不相容的。只要上帝本身走进了历史，历史就结束了。而如果历史以后仍像以前一样继续进行，事实上上帝化身的理论就被历史本身所驳倒了"①。

同以往的近代哲学一样，黑格尔哲学也是直接从自身出发的。黑格尔的现象学从感性确定性出发，只不过是从把握和表述感性确定性以及个别存在的普遍性的语言和思想出发；黑格尔的逻辑学从存在出发，只不过是从关于存在的表述和思想出发。无论是逻辑学还是现象学，都是直接从自身出发，不是从关于思想的对象出发，而是从关于思想的对象的思想出发。这样的历史是思维自身的历史、理性从自身出发再回归自身的历史。在这一过程中，自然只是客观化了的自我，就是自己在自身之外看到的精神。历史表现为精神克服对象回归自身的历史，对象的意义是被精神所设定了的，精神预先已经设定好了它要克服的对象。精神关于对象的意识，精神设定对象的过程就是精神的异化或对象化，在这里对象是关于对象的意识。对象只是作为自我意识和思想的对象，它只是自我确认范围内的思想外化。因此，作为否定的、不同的，作为反思对象的东西并不是某种消极的有限的东西，而是积极的、本质的东西。"黑格尔由此得到一个否定的、批判的成分，但是同时绝对的理念也决定了他。"② 所以，作为"概念的自身生命"的时间和历史是哲学通过对象化或异化及其扬弃的中介过程而阐明自己的过程，而这种阐明不是别的，就是使思想的外化回归思想的本源。黑格尔辩证法的否定性和批判性在历史观的意识绝对性中被扼杀了。

"黑格尔的体系作为体系来说，是一次巨大的流产……就是说，它还包含着一个无法解决的内在矛盾：一方面，它以历史的观点作为基本前提，即把人类的历史看做一个发展过程，这个过程按其本性来说在认识上是不能由于所谓绝对真理的发现而结束的；但是另一方面，它又硬说它自己就是这种绝

---

① 《费尔巴哈哲学著作选集》上卷，荣震华、李金山译，商务印书馆1984年版，第48—49页。
② 《费尔巴哈哲学著作选集》上卷，荣震华、李金山译，商务印书馆1984年版，第75页。

对真理的化身。"① 黑格尔的辩证法与历史观统一开辟了辩证法的新道路，但同时，黑格尔历史观所蕴含的意识绝对性成了这条新道路的障碍。正是由于费尔巴哈对黑格尔历史观与辩证法的分析，马克思指出，"费尔巴哈是唯一对黑格尔辩证法采取严肃的、批判的态度的人"②。马克思正是在充分吸收费尔巴哈的批判成果的基础上，对黑格尔的历史观与辩证法进行了深入的分析，揭示了黑格尔辩证法理论困境的根源在于其历史观的意识绝对性。克服黑格尔辩证法局限性，并创立现代意义上的辩证法的关键在于历史观的变革。

三 克服黑格尔辩证法的关键：历史观的变革

黑格尔"这个划时代的历史观是新的唯物主义世界观的直接理论前提，单单由于这种历史观，也就为逻辑方法提供了一个出发点"③。因此，要克服黑格尔辩证法局限性并建立"合理形态"的辩证法，关键在于历史观的变革。不仅费尔巴哈在批判黑格尔辩证法时领会到了这一点，马克思和恩格斯也领会到了这一点。

费尔巴哈对黑格尔历史观与辩证法的分析，虽然揭示了绝对理念对其辩证法历史性、批判性和否定性的扼杀，但却忽视了黑格尔辩证法与历史观统一的新道路的理论意义。在马克思、恩格斯看来，费尔巴哈只是以"无人身的客体"批判了黑格尔"无人身的理性"，仍然是历史观领域的唯心主义。费尔巴哈只是以一种实证的"半截子的唯物主义"反对了黑格尔的"实证唯心主义"。这种批判只具有反叛的力量，而不能充分汲取黑格尔的合理内核并建设性地发展。相比于黑格尔的历史观，费尔巴哈缺乏对历史活动辩证本性的掌握。"黑格尔完成了实证唯心主义。在他看来，不仅整个物质世界变成了思想世界，而且整个历史变成了思想的历史。他并不满足于记述思想中的东西，他还试图描绘它们的生产活动。"④ 费尔巴哈的批判是对占统治地位的黑格尔哲学和理性神学的冲击，但却忽视了黑格尔对历史的"它们的生产活动"的

---

① 《马克思恩格斯文集》第 3 卷，人民出版社 2009 年版，第 543 页。
② 《马克思恩格斯文集》第 1 卷，人民出版社 2009 年版，第 199 页。
③ 《马克思恩格斯文集》第 2 卷，人民出版社 2009 年版，第 602 页。
④ 《马克思恩格斯文集》第 1 卷，人民出版社 2009 年版，第 510 页。

第一章 寻求辩证法与历史观的内在统一:马克思辩证法理论变革的哲学史根据

描绘,这恰恰是黑格尔历史观的可贵之处。费尔巴哈基于感性直观的批判揭露了颠倒感性世界与精神世界的唯心主义历史观。黑格尔历史观不过是"神学最后的避难所"。历史应当以感性客体和感性世界为载体。费尔巴哈对黑格尔历史观的颠倒是在抽象的唯物主义和一般的唯心主义的对立之中发生的。因此,这种颠倒是抽象的,缺乏历史的维度,费尔巴哈在历史观领域仍然是个唯心主义者。费尔巴哈的理论结果说明,马克思不可能以这种"半截子的唯物主义"基础完成对黑格尔历史观的批判,并把"头足倒置"的辩证法"颠倒"过来。

无论是面对黑格尔的历史观,还是费尔巴哈的批判成果,马克思都意识到了问题的关键在于,"只要描绘出这个能动的生活过程,历史就不再像那些本身还是抽象的经验主义者所认为的那样,是一些僵死的事实的汇集,也不再像唯心主义者所认为的那样,是想象的主体的想象活动"[1]。描绘出"能动的生活过程"是历史观的根本任务。正是因为黑格尔描述了精神劳动的异化活动的辩证运动过程,马克思称赞黑格尔辩证法为历史的运动找到一种表达,虽然只是"抽象的、逻辑的、思辨的",因为"这种历史还不是作为既定的主体的人的现实历史"[2]。一方面,黑格尔辩证法所包含的一切批判的要素来源于其对历史过程性的强调和历史活动的分析。黑格尔坚持人的异化和对象性活动,抓住了劳动的本质,把人的自我生产看作一个过程,所以其辩证法包含了一切批判的要素。但另一方面,黑格尔辩证法的抽象和神秘性质也根源于其对历史的理解。"黑格尔的历史观以抽象的或绝对的精神为前提,这种精神是这样发展的:人类只是这种精神的无意识或有意识的承担者,即群众。可见,黑格尔是在经验的、公开的历史内部让思辨的、隐秘的历史发生的。人类的历史变成了抽象精神的历史,因而也就变成了同现实的人相脱离的人类彼岸精神的历史。"[3] 这种历史观的绝对理念或意识绝对性使得其辩证法神秘化了。

由于黑格尔历史观所蕴含的"精神戏法"和神秘性质,黑格尔辩证法的

---

[1] 《马克思恩格斯文集》第1卷,人民出版社2009年版,第525—526页。
[2] 《马克思恩格斯文集》第1卷,人民出版社2009年版,第201页。
[3] 《马克思恩格斯文集》第1卷,人民出版社2009年版,第291—292页。

否定性和批判性被隐匿了。在历史主体方面，黑格尔的历史观以自我意识为主体，构建了思维主体的形而上学。辩证法的否定性来源于主观精神；在历史目的方面，"使真理达到自我意识"成为历史的目的。辩证法的否定性终止于绝对精神；在历史规律方面，历史发展的规律是精神外化与精英史观。世界历史变成了黑格尔头脑中的历史，辩证法成为现实合乎理性的工具，彻底丧失批判性和革命性，成为神秘化的哲学方法和意识形态。因此，"如何对待黑格尔的辩证法这一表面上看来是形式的问题，而实际上是本质的问题"①。对待黑格尔的辩证法不能仅仅从"形式"方面去理解，而必须深入其"本质"，即黑格尔的历史观领域。辩证法与历史观的统一构成了马克思辩证法理论变革的哲学史根据。辩证法与唯物史观的内在统一构成辩证法理论发展的必由之路。

---

① 《马克思恩格斯文集》第1卷，人民出版社2009年版，第197页。

第二章　马克思辩证法与历史观的双重变革

辩证法的"三次历险",特别是黑格尔辩证法的出现,展开了一条从"非历史性"到"历史性"的辩证法发展道路。寻求辩证法与历史观的统一构成马克思辩证法理论变革的哲学史根据。面对黑格尔辩证法及其理论困境,马克思提出必须"改造"和"颠倒"。辩证法与唯物史观的内在统一构成马克思辩证法理论变革的实现路径。从思想形成史的视角看,唯物史观的创立与辩证法的理论变革是内在统一的,是同一个过程的两个方面。一方面,唯物史观对社会历史优先性的揭示,在理论层面解构了黑格尔辩证法中的意识绝对性和理论思维前提"无条件性",为辩证法提供了唯物论基础,从而推动了唯物辩证法的形成;另一方面,辩证法也为唯物史观提供了认识论基础。作为政治经济学批判的方法,马克思辩证法也推动了唯物史观自身演进的具体化和深化。从理论性质看,在理论互成与互释中,马克思唯物史观与辩证法的内在统一关系得以确立和阐明。马克思辩证法具有社会历史性,是"社会历史的辩证法"。马克思辩证法的批判本性来源于人的社会历史活动。同时,人的社会历史活动构成马克思辩证法的内涵逻辑。正是从社会历史性的维度出发,马克思推动了辩证法从理论理性层面到实践理性层面的历史性转变;唯物史观具有深刻的辩证法本性,是"辩证的社会历史观";作为"历史科学",唯物史观实现了对历史规律的辩证觉解,克服了历史决定论与非决定论的抽象二元对立及其局限性和片面性,成为揭示人类社会发展的历史规律和发展趋势的科学;作为"为历史服务的哲学",唯物史观实现了对历史主体的辩证觉解,克服了以往历史观的"无人身"性质。通过批判性地研究个人的历史性生存状态,揭露"人在非神圣形象中的自我异化",唯物史观成为推动人类解放和人自由而全面发展的学说。从理论基础来看,实践构成了唯物史观与辩证法内在统一的基础。实践的社会历史性与辩证性构成了二者性质一致性的基础；实践的基本形式——劳动——是马克思变革历史观与辩证法的关键考察对象，构成了二者对象一致性的基础；实践所蕴含的人的现实发展构成了二者主题一致性的基础。正是以实践为根基，唯物史观和辩证法的统一才不是外在性的机械应用关系，而是内在统一关系。正是通过历史观领域的变革，马克思完成了对辩证法理论危机的拯救，并为辩证法提供了新的理论根基，从而完成了对以往辩证法理论的历史性革新。

第一节 唯物史观的创立与辩证法理论变革的内在统一

基于费尔巴哈的批判性分析，马克思提供了"如何对待黑格尔辩证法"这一问题的答案，即必须深入历史观之中。拯救辩证法理论危机、实现辩证法理论变革的关键是历史观的变革。唯物史观的创立与辩证法的理论变革是内在统一的。马克思唯物史观的创立揭示了社会历史的生活实践相较于理论思维的优先性，意识到了"任何时候"（绝对性）都要受到存在的制约，而存在就是人的现实生活过程。唯物史观勘定了社会历史的前提是"有生命的个人存在""他们的活动"以及"物质生活条件"，从而超越了思辨辩证法的理论基础，推动了唯物辩证法的诞生。唯物史观为辩证法提供了"唯物主义基础"。与此同时，辩证法也为唯物史观提供了理解社会历史的认识论基础。作为政治经济学批判的方法，马克思辩证法推动了唯物史观自身演进的具体化和深化。一方面，唯物史观"说明了我的方法的唯物主义基础"[1]；另一方面，"唯物主义历史观及其在现代的无产阶级和资产阶级之间的阶级斗争上的特别应用，只有借助于辩证法才有可能"[2]。辩证法与唯物史观的内在统一构成马克思所实现的辩证法的理论变革的实现路径和实质性内容。从理论性质层面看，马克思辩证法具有深刻的社会历史本性，成为一种"社会历史的辩证法"；唯物史观突破了传统历史观的直观性与抽象性，具有深刻的辩证本性，从而成为一种"辩证的社会历史观"。

---

[1]《马克思恩格斯文集》第 5 卷，人民出版社 2009 年版，第 20 页。
[2]《马克思恩格斯文集》第 3 卷，人民出版社 2009 年版，第 495—496 页。

第二章　马克思辩证法与历史观的双重变革

一　社会历史优先性的揭示：唯物辩证法的生成

马克思所实现的辩证法的理论变革是通过对历史观领域的变革完成的。唯物史观的创立解构了意识在社会历史发展中占据支配地位的观点，揭示了社会历史生活实践相较于理论思维的优先性，从而推动了唯物辩证法的生成。这一过程是通过法哲学批判到德意志意识形态批判再到政治经济学批判完成的。

受到自身学术理想和职业经历的影响，马克思首先关注到的是黑格尔的法哲学。然而，有一种流行的观点认为，由于黑格尔的法哲学只是其应用逻辑学，因而马克思辩证法研究应当主要关注的是黑格尔逻辑学与马克思辩证法的关系，法哲学仅仅是补充研究部分。马克思在《黑格尔法哲学批判》中提到过，"法哲学只不过是逻辑学的补充"①。黑格尔自己也说，"自然哲学和精神哲学，似乎就是居于应用逻辑学的地位"②。但这恰恰是黑格尔颠倒主宾关系并继而将内容变成了抽象形式的理论结果。"具体的内容即现实的规定成了形式的东西，而完全抽象的形式规定则成了具体的内容。国家的各种规定的实质并不在于这些规定是国家的规定，而在于这些规定在其最抽象的形式中可以被看作逻辑学的形而上学的规定。真正注意的中心不是法哲学，而是逻辑学。"③ 言下之意，在马克思看来，法哲学不应当成为逻辑学的补充，而应该是本质性内容。马克思对黑格尔法哲学的批判也不能被视为马克思对黑格尔辩证法批判的补充。恰恰相反，通过批判黑格尔法哲学，马克思深入到黑格尔辩证法的本质和根基，并揭露了其神秘性质。

一般来说，许多现代西方哲学家认为辩证法的神秘性在于其是一种不符合科学逻辑确定性的"晦涩难懂的"形而上学语言。换言之，辩证法的神秘性在于其逻辑形式。然而，马克思真正揭示了以黑格尔集大成的传统辩证法的神秘性根源在于其本质性内容的主宾颠倒。"作为出发点的事实没有被理解为事实本身，而是被理解为神秘的结果。现实性成了现象，但观念除了是这

---

① 《马克思恩格斯全集》第3卷，人民出版社2002年版，第23页。
② ［德］黑格尔：《小逻辑》，贺麟译，商务印书馆1980年版，第94页。
③ 《马克思恩格斯全集》第3卷，人民出版社2002年版，第22页。

种现象以外，没有任何其他的内容。观念除了'形成自为的无限的现实的精神'这一逻辑的目的以外，也没有任何其他的目的。"① 作为现实性的东西成了精神实现其自身所规定并将否定的现象。家庭和市民社会成为国家的宾语，被当作国家实现自身的必然环节。家庭和市民社会作为具体的内容变成了观念的现象。国家所包含的差别和内容也就变成了形式的差别。"这种差别的根源不在于内容，而在于考察方式或**语言表达方式**。在这里我们看到一种双重的历程：既是秘密的又是公开的历程。内容包含在公开的部分，而秘密的部分所关心的总是在国家中重新找出逻辑概念的历程。但是，自身的发展恰巧是在公开的方面进行的。"② 黑格尔辩证法的神秘性体现在神秘的实体成为现实的主体，实在的主体作为谓语和客体构成神秘实体的一个环节。因此，真正具体的内容变成了神秘实体逻辑历程的环节和抽象的形式。这恰恰是辩证法变得神秘和不可理解的原因。通过法哲学批判，马克思在本质性内容方面，揭示了黑格尔辩证法的神秘性，并且对市民社会与政治国家的关系予以了正确的揭示。家庭和市民社会恰恰是政治国家的基础和前提。

在此基础上，马克思基于对象性理论对黑格尔辩证法的存在论根基做了更进一步的批判性分析，即对黑格尔哲学诞生地和秘密开始的《现象学》进行揭秘。一方面，由于黑格尔坚持"人的异化"并抓住了"劳动的本质，把对象性的人、现实的人因而也是真正的人理解为自己劳动的结果"，所以黑格尔的辩证法已经"潜在地包含一切批判的要素"，虽然是神秘化的批判，并且为历史找到了一种逻辑、抽象和思辨的表达③；另一方面，黑格尔坚持的是非人形式的抽象思维的对象化、异化及其扬弃，只承认抽象的精神劳动，从而陷入了神秘主义。黑格尔辩证法的本体论预设是"实体即主体"，因而在黑格尔辩证法中"主体"包含两个方面的要素：第一，设定人＝自我意识；第二，把"思维同主体分隔开来"④。根据第一个设定，人及其本质被等同于自我意识，而自我意识是意识的对象化。于是，人的本质的异化被等同于自我意识的异化，也就是意识的对象化的扬弃。因此，黑格尔辩证法的第一个错误就

---

① 《马克思恩格斯全集》第3卷，人民出版社2002年版，第12页。
② 《马克思恩格斯全集》第3卷，人民出版社2002年版，第11页。
③ 参见《马克思恩格斯文集》第1卷，人民出版社2009年版，第97—101页。
④ 《马克思恩格斯文集》第1卷，人民出版社2009年版，第220页。

是对现实的异化（财富、国家权力等），仅从思维形式上考察，将现实的异化视作"抽象的哲学的思维的异化"。根据第二个设定，将思维同真正的主体（活生生的现实的人）分割开来，思想通过概念的辩证运动超越自我意识达到"绝对精神"。对此，马克思批判到，"否定的否定是作为在人之外的、不依赖于人的对象性本质的这种假本质，并使它转化为主体"[1]。因此，黑格尔辩证法的第二个错误在于，"把对象世界归还给人"。并且，这种对象世界仅是抽象的精神世界。正是基于上述原因，马克思提到，"黑格尔的虚假的实证主义或他那只是虚有其表的批判主义的根源就在于此"[2]。

由此可见，从本质上来看，如何祛除黑格尔辩证法神秘性、建立"合理形态"辩证法的关键在于对象化活动的真实根源，即对象化活动是一种理念实现自身的精神活动，还是现实的人的社会历史活动。

黑格尔的辩证法将对象化活动理解为思维的活动，理解为绝对精神实现自身的抽象运动，因而具有思辨的形式。以布鲁诺·鲍威尔为代表的青年黑格尔派则到处套用和发挥这种思辨的形式。对于黑格尔及其追随者来说，"人应该追随真理"，"人所以存在，历史所以存在，是为了使真理达到自我意识"[3]。理论思维活动具有逻辑先在性，而人的社会历史的存在活动则成了理论思维实现自身通达真理的体现。黑格尔辩证法的实质便是以思想的辩证运动逻辑统一现实的社会历史。对此，马克思指出，"意识在任何时候都只能是被意识到了的存在，而人们的存在就是他们的现实生活过程"[4]。人的社会历史活动构成理论思维的前提，而不是相反。马克思正确地揭示了社会历史的无限性、优先性与理论思维的有限性。

"意识"到了"任何时候"都只是"被意识到了的存在"。"任何时候"意味着绝对性和无条件性，而"被意识到了的存在"则意味着有条件性、有限性、受到存在制约的特点。因而，其内在意涵就是：意识的绝对性体现为它的有条件性、有限性。这一论断实际上已经蕴含了马克思辩证法的深刻原理。

---

[1] 《马克思恩格斯文集》第1卷，人民出版社2009年版，第214页。
[2] 《马克思恩格斯文集》第1卷，人民出版社2009年版，第213页。
[3] 《马克思恩格斯文集》第1卷，人民出版社2009年版，第283—284页。
[4] 《马克思恩格斯文集》第1卷，人民出版社2009年版，第525页。

辩证法与唯物史观的内在统一

恩格斯曾经指出,"我们的主观思维和客观的世界服从于同样的规律……它是我们的理论思维的不自觉的和无条件的前提"①。对于一般的理论思维而言,主观思维与客观存在的同一性是"不自觉的和无条件的前提"。若非如此,人不可能认识世界。作为一般的理论思维,表象思维以直观把握对象,知性思维以形式推理认识对象的有限规定性。二者都"不自觉"地以思维与存在的同一为"无条件的前提"。思维中把握的存在与客观存在是同一的,这一前提是绝对的和强制的。然而,对于黑格尔的辩证思维来说,其任务在于将这一"不自觉的和无条件的前提"阐明为"自觉的和无条件的前提"。具体地说,就是通过确认事物与"存在于事物中的理性的和解",并以此证明"思维的规定即是事物的基本规定,并且根据这个前提,坚持思想可以认识一切存在,因而凡是思维所想的,本身就是被认识了的"②。"理论思维前提"的自明性通过"概念自身生命"的辩证运动得以展开。以思维统摄存在,逻辑统摄历史。黑格尔在将"理论思维前提"的绝对性澄明的同时,也将意识的绝对性展开了。因此,意识的绝对性体现为无条件性和无限性,这构成黑格尔辩证法的本质规定。

黑格尔辩证法使得现实的社会历史变成了理论思维的展开。历史是大写的逻辑。"历史的任务只是证明这样几条终归是不言而喻的最简单的真理。"③对此,马克思通过对"社会历史前提"的阐释,既取消了"理论思维前提"的无条件性,将"不自觉的和无条件的"前提阐明为"自觉的和有条件的"前提,又消解了意识绝对性的原则。

第一,马克思揭示了社会历史的优先性、无限性和理论思维的有限性。"我们开始要谈的前提不是任意提出的,不是教条,而是一些只有在臆想中才能撇开的现实前提。这是一些现实的个人,是他们的活动和他们的物质生活条件,包括他们已有的和由他们自己的活动创造出来的物质生活条件。"④ 在马克思看来,社会历史的第一个前提是"有生命的个人的存在"。现实的人的

---

① 《马克思恩格斯全集》第20卷,人民出版社1971年版,第610页,注:本书认为1971年版翻译更贴切,本书也是以1971版"不自觉和无条件的前提"作为论述出发点的。
② [德]黑格尔:《小逻辑》,贺麟译,商务印书馆1980年版,第95页。
③ 《马克思恩格斯文集》第1卷,人民出版社2009年版,第284页。
④ 《马克思恩格斯文集》第1卷,人民出版社2009年版,第516—519页。

社会生活实践相较于理论思维具有优先性。从主体方面看，现实的个人而非自我意识构成辩证法的主体。辩证法作为一种"否定"运动的内涵逻辑，其主体不是自我意识，而是社会历史中生活着的人；从活动方面看，生活实践构成了社会历史的基本内容，决定了理论思维活动。生活实践既决定了理论思维的客观性，也构成了理论思维的主观性、阶级性。一方面，由于实践活动直接现实性和客观物质性的特点，思想的客观性问题是一个实践问题，而非理论问题；另一方面，作为社会历史的基本活动，生产实践塑造了理论思维的主观性。迄今为止的历史活动都是"阶级斗争的历史"。占统治地位的阶级生产和分配该时代的思想。因而，黑格尔的辩证法不过是资产阶级的理论思维和意识形态。黑格尔辩证法以逻辑统摄历史得出结论恰恰是合理即现实的——现存即合理。一方面，黑格尔辩证法为人的自由提供的基础是"无人身的理性"自己的运动。这正好符合资本主义政治经济学关于经济人和理性人的设定，同时也与资产阶级社会抽象的、自由的"原子式个体"相吻合；从条件方面看，"物质生活条件"确定了社会历史对于理论思维的客观约束。脱离物质生活条件，历史是黑格尔头脑当中的历史。黑格尔"在思辨的阐述之中所作的现实的阐述会诱使读者把思辨的阐述看成是现实的，而把现实的阐述看成是思辨的"[①]。然而，思想观念不是凭空产生的，而是在社会实践中产生的。

从历时态来看，以现实的人为社会历史主体的社会生活实践是始终开放的、不断生成和发展的。人不同于动物，自由创造的生活实践构成其本源性活动。虽然，人的生活实践基于已有的物质生活条件和自身自然生命的限制，但人不同于动物被动地适应自然界，而是在已有的条件中展开自身的各种可能性。在此意义上，人的社会历史具有无限性的特征。因此，任何一种理论和思想相对于无限发展着的社会历史活动都是有限的，都受到该时代条件的限制。"逻辑的和历史的并不一致。历史中的人的生命不可能为任何一种体系、任何一种先验的逻辑模式所完全囊括。"[②] 黑格尔辩证法在臆想中撇开了现实的前提，因而局限于意识的绝对性和"理论思维前提"的无条件性。无限发展着

[①]《马克思恩格斯文集》第 1 卷，人民出版社 2009 年版，第 280 页。
[②][前南]米哈依洛·马尔科维奇：《当代的马克思》，曲跃厚译，黑龙江大学出版社 2011 年版，第 40 页。

的社会历史不能被某一种绝对的、封闭的思辨体系所统摄。恰恰相反，只有从社会历史的发展出发，理论思维才能在"一定的"社会历史条件中把握存在。

第二，意识绝对性体现为有条件性和有限性。通过对社会历史优先性的揭示，马克思实际上消解了黑格尔辩证法的意识绝对性。如前所述，黑格尔辩证法之所以潜在地包含一切批判的要素，就在于其坚持了人的异化或精神活动的对象化。然而，由于黑格尔辩证法将自我意识作为主体，从精神出发，走向了意识绝对性和体系的封闭性。对象化的活动变成了思维活动的"规定了的否定"，构成理念实现自身的基本运动。差异的内容变成辩证运动的中介形式。与之不同，在马克思看来，对象化活动正是现实的人的活动而非思维的活动，是人的本源性存在方式的本质规定，是感性和现实性的根源。相反，意识绝对性标志着神秘和虚无。因此，对于马克思来说，如果意识有一种绝对性，那这种绝对性就体现为有条件性和有限性，即受到无限展开的社会历史存在活动的制约。因此，无论是理论思维的前提还是意识本身，其绝对性都是社会历史领域中相对的绝对。这构成马克思历史辩证法与黑格尔历史辩证法的本质区别。

第三，"存在"就是人们的"现实生活过程"。要深入社会历史之中，诉诸的是存在而不是意识，但是存在并不是与意识抽象对立的存在物，而是人的现实生活过程。相比于意识的有限性，人的生活实践是一个无限、不断自我超越、充斥各种可能性的展开过程。因此，意识必然受到这种存在的限制。作为社会历史的前提，人的生活过程不是任何一种思想观念所能撇开的，否则历史就成了一种"精神戏法"和理性的独断，而由此表述历史活动过程的辩证法也就变得神秘和抽象了。辩证法不能落脚于理论思维的前提，即思维与存在在理论思维层面的统一，而应该转向社会历史的前提，即人的现实生活过程，这包括现实的人、他们的活动以及他们的物质生活条件。"辩证逻辑杜绝种种把具体内容搁置一旁不加理会的抽象……辩证逻辑的对象，既非客观现实抽象的一般形式，也非抽象的、一般的思维形式——更不是直接经验材料。辩证逻辑一方面取消形式逻辑和超验哲学的抽象性，另一方面又否定直接经验的具体性。"[①]

[①] ［美］赫伯特·马尔库塞：《单向度的人》，刘继译，上海译文出版社2014年版，第126页。

因此，马克思通过唯物史观的创立，揭示了社会历史和生活实践的优先性，消解了意识的绝对性，不仅完成了对以往封闭的思辨历史观的超越，而且为辩证法拆除了思辨的地基，推动了唯物辩证法的生成。社会历史前提对理论思维前提的替换，为马克思对黑格尔唯心辩证法的"颠倒"提供了唯物论基础。

从理论路径来看，唯物史观所引发的历史观领域的变革，是唯物辩证法生成的必经之路，一方面，唯物史观完成了对唯物论的转变，使旧唯物主义的抽象的物质观转变为实践活动的物质观，使物质性奠基于"物质的生活关系"；另一方面，"物质的生活关系"构成了辩证法客观性和唯物论的基础，而人的现实生活过程所蕴含的实践主体性和否定性构成了马克思辩证法的批判和革命本质。因此，辩证法既获得了客观性基础，摆脱了主观性和消极性的干扰，又真正展开了其特有的主体性和否定性，从而具有批判性和革命性（见本书第三章的详细论述）。正如马尔库塞所言，"当历史内容进入辩证概念并从方法论上决定其发展和功能时，辩证思维就达到了把思维结构同实在结构联系在一起的具体性。于是逻辑的真理变成历史的真理。本质和现象之间、'是'与'应当'之间在本体论上的紧张关系，变成历史的紧张关系，对象世界的'内在否定性'被理解为历史主体——与自然和社会做斗争的人——的产物。理性变成历史的理性"[1]。因此，唯物史观的创立为唯物论与辩证法的结合开辟了现实的道路。

二 辩证法的"抽象力"：唯物史观的具化

唯物史观对社会历史优先性的揭示，祛除了辩证法的神秘性质，推动了唯物辩证法的生成。与此同时，马克思的辩证法由于以人的现实生活过程作为根基，因而成为认识历史的正确方法。在《政治经济学批判序言》中，马克思写下了唯物史观的经典论述，指明法的关系正像国家的形式一样"根源于物质的生活关系，这种物质的生活关系的总和，黑格尔按照18世纪的英国人和法国人的先例，概括为'市民社会'，而对市民社会的解剖应该到政治经济学中去寻求"[2]。马克思的辩证法作为政治经济学批判的方法，推动了唯物

---

[1] ［美］赫伯特·马尔库塞：《单向度的人》，刘继译，上海译文出版社2014年版，第128页。
[2] 《马克思恩格斯文集》第2卷，人民出版社2009年版，第591页。

史观"从抽象到具体"的进一步深化。通过辩证法的"抽象力",马克思将历史观深入政治经济学批判之中,是唯物史观的具体化。

虽然在《德意志意识形态》的开篇,马克思就揭示了唯物史观的基本原理:生活决定意识。历史的出发点不是别的,而是人的现实生活过程。但这仅仅是唯物史观的出发点。对于马克思来说真正的任务在于:如何能够"描绘出这个能动的生活过程"[①]。更进一步的问题是如何理解唯物史观的方法?

马克思之前的历史观所描绘的历史要么是"无人身的客体"的运动、事实的汇集和直观的僵死的历史,要么是"无人身的理性"的运动、"抽象主体的想象的活动"。前者诉诸纯粹的客观性而陷入了机械性,在解释人类社会时陷入了自然主义或唯心主义;后者则抽象地发展了能动的方面,历史成为大写的理性的历史。在马克思看来,人类现实的历史过程(虽然传统历史观以非现实的形式予以把握)构成历史观的本质内容。历史观的真正任务是"描绘出这个能动的生活过程"。

在马克思看来,以往的历史观之所以不能正确地描绘能动的、活生生的历史过程,在于思维方式的局限性。自然主义的历史观是以看待物的方式理解人,因而是一种"物种"的思维方式,即知性思维。人们在认识某一事物的时候总是通过排中律、矛盾律和同一律来确认对象的有限规定性,即了解该事物现成的有别于他物的规定。这种思维方式在认识有限的存在者时是有效的,因为知性或"物种"的思维方式的有限性正好符合物的有限性和现存性。因此,在自然科学和常识中,这种思维方式具有普遍的适用性。然而,当人们以看待物的方式去理解人及其历史时,就会产生谬误。这是因为人不仅仅是受到自然限制的有限存在者,而且在其独特意义上是一种通过不断自我超越、自我否定而展开无限可能性的存在物。因此,以知性或"物种"的思维方式理解人及其历史时,会将人和历史僵化和固定化,将现存的理解为现实的,将僵死的事实堆积理解为历史本身。与此相反,黑格尔辩证法则抽象地发展了能动的方面,为历史找到了一种抽象的、思辨的表达。但是,黑格尔将自我意识等同于人,以绝对精神作为路标,最终导致了"历史的终结"。因此,要"描绘这个能动生活过程",就必须有符合人能动生活过程的

---

① 《马克思恩格斯文集》第1卷,人民出版社2009年版,第525页。

认识方法。

马克思的辩证法本质上是一种"类思维",即以人的存在方式理解人及其历史,因而为唯物史观提供了认识论基础。人"不仅仅是自然存在物,而且是人的自然存在物,也就是说,是为自身而存在着的存在物,因而是类存在物"①。作为类存在物,人的基本存在方式是实践活动。人通过自己的实践活动改造世界并创造历史,确证自己自由创造的"类本质",在此过程中,人们既肯定现存事物,又否定现存事物,并在实践活动中现实地发展自身及其历史。因此,人的实践活动不断发展出主体与客体、社会存在与社会意识、经济基础与上层建筑、生产力与生产关系、政治国家与市民社会的矛盾关系运动。与此相应,马克思的辩证法正是在人的实践活动发展、联系中全面地看待问题,即"在对现存事物的肯定的理解中同时包含对现存事物的否定的理解,即对现存事物的必然灭亡的理解,辩证法对每一种既成的形式都是从不断的运动中,因而也是从它的暂时性方面去理解;辩证法不崇拜任何东西,按其本质来说,它是批判的和革命的"②。因此,辩证法作为符合人的存在方式的理论思维,构成了理解人类历史的方法论基础。正是通过辩证法,马克思阐明了:历史是"追求自己目的的人的活动"与"人不是随心所欲地创造历史"的辩证统一、合目的性与合规律性的辩证统一;历史主体是"剧作者"和"剧中人"辩证统一;历史过程是人的现实发展与自然界的发展、人类史与自然史的辩证统一。

马克思辩证法为其历史观提供了认识论基础。在此意义上,恩格斯指出,"唯物主义历史观及其在现代的无产阶级和资产阶级之间的阶级斗争上的特别应用,只有借助于辩证法才有可能"③。然而,在马克思主义哲学史上,许多学者都是脱离马克思辩证法理解唯物史观,导致了一系列的曲解和错误。

离开辩证法这一认识论基础,唯物史观就成为庸俗的"经济决定论"或"社会进化论"。例如法国的一些"马克思主义者"、德国的资产阶级学者巴尔特、第二国际的官方正统马克思主义者、波普尔、柯林伍德、威廉姆、哈

---

① 《马克思恩格斯文集》第1卷,人民出版社2009年版,第211页。
② 《马克思恩格斯文集》第5卷,人民出版社2009年版,第22页。
③ 《马克思恩格斯文集》第3卷,人民出版社2009年版,第495页。

贝马斯等。他们脱离马克思辩证法理解唯物史观，诉诸"基础还原论"的致思路径，片面夸大和强调经济在社会历史发展中的唯一决定作用，将唯物史观理解为一种"旁观的实证科学"。对于这种经济决定论的庸俗理解，恩格斯在回应巴尔特等人时就说过，"所有这些先生们所缺少的东西就是辩证法。他们总是只在这里看到原因，在那里看到结果。他们从来看不到：这是一种空洞的抽象，这种形而上学的两极对立在现实世界只存在于危机中，而整个伟大的发展过程是在相互作用的形式中进行的（虽然相互作用的力量很不相等：其中经济运动是最强有力的、最本原的、最有决定性的），这里没有什么是绝对的，一切都是相对的。对他们说来，黑格尔是不存在的"①。与此同时，脱离辩证法理解唯物史观造成了在理解唯物史观上的事实与价值的二元分裂问题。例如马克思恩格斯的两位"直接理论继承人"——伯恩斯坦和早期考茨基的观点。他们将马克思的历史观解读为一种没有价值判断的庸俗唯物主义和新康德主义的综合，并强调一种庸俗的社会进化论。伯恩斯坦指出，"从作为社会进化基础的经济出发的学说，如果在以暴力崇拜为极致的学说面前降服，那末无论何时我们都会碰到黑格尔的命题……马克思和恩格斯之所以完成了那个大事业，并非因为依靠了黑格尔辩证法的力量，毋宁说是不曾依靠它的力量"②。在考茨基的早期思想中，根据戴维·麦克莱兰的记述，考茨基对康拉德·施密特在汉诺威党代表大会上的发言产生了共鸣（《汉诺威党代表大会的会议记录》），"在鼓动工作中，我们宁愿用准确得多也丰富得多的'进化'概念取代'辩证法'。对工人们来说，'进化'概念是更明白易懂的。倍倍尔阐发了伟大达尔文的精神，我们离达尔文比离黑格尔更近"③。可以说，伯恩斯坦和考茨基将马克思辩证法等同于黑格尔辩证法并予以抛弃之时，二人就成为马克思唯物史观的价值维度与事实维度分裂问题的始作俑者。

脱离辩证法理解唯物史观固然会导致庸俗化和简单化的理解。然而，基

---

① 《马克思恩格斯文集》第 10 卷，人民出版社 2009 年版，第 601 页。
② [德] 伯恩斯坦：《社会主义的前提和社会民主党的任务》，舒贻上等译，读书·生活·新知三联书店 1958 年版，第 37 页。
③ [英] 戴维·麦克莱兰：《马克思以后的马克思主义》，林春、徐贤珍等译，东方出版社 1986 年版，第 46 页。

于辩证法的"黑格尔式解读",也会将唯物史观带入歧途。卢卡奇将历史唯物主义理解为关于资本主义社会物化的自我意识①,正是从基于人的社会历史主体与客体的自我意识的辩证法出发理解的。卢卡奇基于"抽象的、唯心主义实践概念",做了"比黑格尔更黑格尔的尝试",虽然强调了辩证法的社会历史性维度及其作为历史唯物主义方法的重要意义,但最终陷入了"主观主义"的窠臼。日后,G·柯亨、埃尔斯特、哈贝马斯等人对历史唯物主义进行的所谓辩护、重建和拯救,由于脱离了马克思辩证法,也造成了一系列的曲解和问题。

由此可见,无论是从马克思唯物史观的核心要义和基本内涵看,还是从马克思主义哲学史长期存在的脱离马克思辩证法错误理解唯物史观的做法来看,马克思辩证法是唯物史观离不开的认识论基础。正如卢卡奇所言,"摒弃或者抹杀辩证法,历史就变得无法了解"②。

不仅如此,从唯物史观自身演进的具体化和深化过程来看,辩证法也起到了重要的作用。唯物史观的基本原理阐明对于历史的研究必须诉诸"物质生活的总和"——"市民社会"——的批判性分析,而要完成这一分析就必须进入政治经济学批判中。唯物史观通过政治经济学批判深化了自己的演进逻辑。然而,政治经济学批判既不能用"显微镜"(直观的实证主义方法),也不能用"化学试剂"(还原的形而上学方法),而必须诉诸"抽象力",即辩证法。辩证法作为政治经济学批判的重要方法,推动了唯物史观的具体化。

一方面,辩证法的"抽象力"推动了唯物史观内涵的具体化与深化。作为政治经济学批判的方法,"它既不同于古典政治经济学非批判的'抽象实在论',也不同于古典哲学非批判的'抽象辩证法',而是将二者有机结合的'批判的和革命的'辩证法——'抽象力'"③。古典政治经济学对资本主义社会政治经济的考察集中于对现成经济事实的实证分析,其认识工具是"显微镜",因而是一种"非批判的实证主义",得到的结果是资本主义生产方式的

---

① 参见[匈]卢卡奇《历史与阶级意识》,杜章智、任立等译,商务印书馆1999年版,第326页。
② [匈]卢卡奇:《历史与阶级意识》,杜章智、任立等译,商务印书馆1999年版,第62页。
③ 白刚:《"抽象力":〈资本论〉的"认识论"》,《哲学研究》2020年第3期。

永恒化；庸俗经济学学者蒲鲁东等人则用黑格尔辩证法和形而上学的方法考察资本主义政治经济，从平等、自由、工资等概念出发去解释资本主义社会的运行，因而是唯心史观和从概念出发的"还原论"，其工具是"化学试剂"。与之不同，马克思辩证法作为人的现实历史发展的内涵逻辑，关注的是"资本主义生产方式以及和它相适应的生产关系和交换关系"的矛盾运动。因此，在马克思看来，理解政治经济学的枢纽是"商品中包含的劳动的这种二重性"，① 即具体劳动与抽象劳动。在此意义上，"价值形式"的辩证法构成了研究政治经济学和政治经济的"抽象力"。马克思通过对资本主义政治经济的"抽象"，从而深入了资本主义政治经济的"历史具体"当中。由此展开的分析，马克思提出了剩余价值理论，不仅揭示了资本增殖逻辑的剥削和压迫实质，也揭露了资本主义生产方式所蕴含的内在矛盾及其必然灭亡的历史规律。马克思既揭开了物的面纱，也揭开了资本主义意识形态的虚假面纱，从而进一步具体地阐明唯物史观的基本原理。正是通过政治经济学批判，唯物史观的原理和前提——社会存在决定社会意识——获得了具体的内涵。在此意义上，唯物史观基本前提应当是"一定的"社会存在决定"一定的"社会意识。这个"一定的"的"话语内涵就是历史的现实的绝缘体的分析原则和本质规定"②。

另一方面，在方法论层面，唯物史观作为一种考察人及其历史发展的方法，其方法通过政治经济学批判也获得具体化。《德意志意识形态》中，马克思仅仅确立了唯物史观的前提和原理。但随着马克思凭借辩证法的抽象力不断深入政治经济学批判当中，唯物史观的方法论意涵得到了更为丰富而具体的阐发：从抽象到具体的科学抽象方法、"从后思索法"等。以"从后思索法"的唯物史观方法阐发为例，可以洞见一二。正是在《1857—1858年经济学手稿》中，马克思指出，"人体解剖对于猴体解剖是一把钥匙"③。资产阶级社会作为"最发达的和最多样性的历史的生产组织"，为研究以往的历史提供了钥匙。历史的研究必须"从后思索"。同时，马克思又进一步指出，"把

---

① 参见《马克思恩格斯文集》第5卷，人民出版社2009年版，第54—55页。
② 张一兵：《回到马克思》，江苏人民出版社2003年版，第506页。
③ 《马克思恩格斯文集》第8卷，人民出版社2009年版，第29页。

第二章 马克思辩证法与历史观的双重变革

经济范畴按它们在历史上起决定作用的先后次序来排列是不行的，错误的。它们的次序倒是由它们在现代资产阶级社会中的相互关系决定的，这种关系同表现出来的它们的自然次序或者符合历史发展的次序恰好相反"①。对历史的"从后思索"具体体现为进入资本主义社会的总体性结构和内在关系中把握现实历史。正是在此意义上，新辩证法学派的克里斯多夫·阿瑟提出马克思的辩证法是一种"体系辩证法"，② 而奥尔曼则将马克思的辩证法阐释为"内在关系的辩证法"③。在《1861—1863年经济学手稿》中，马克思则进一步提出，"我们叙述的这种顺序，是同资本的历史发展相一致的"④，"在资本主义生产方式的基础上，甚至连属于过去生产时期的经济范畴，也获得了各种特殊的历史的性质"⑤。理解历史的正确方法是从现存的资本主义社会的政治经济结构和内在关系入手。因此，正是通过政治经济学批判法，唯物史观理解历史的方法进一步获得了具体化和深化。然而，政治经济学批判离开辩证法的"抽象力"是不可能实现的。马克思辩证法构成了唯物史观自身演进的深化和具体化的认识论基础。

综上所述，马克思的辩证法构成了唯物史观的认识论基础，辩证法所蕴含的"抽象力"使唯物史观的基本原理在政治经济学批判中进一步深化和具体化。从"人的现实生活过程"出发，人类历史就不再被把握为自然、上帝和绝对精神的历史，而是人的社会历史活动。与之不同，主体性在马克思的历史观中获得了现实性。人既是历史的"剧作者"，也是历史的"剧中人"，既是历史认识的主体，也是历史认识的对象。以往的历史观都没能把握历史主体的辩证关系，在人的历史之外将历史理解为自然或思维客体的历史。因此，"描绘这个能动的生活过程"成了真正的历史科学和为历史服务的哲学的理论任务。马克思历史观体现出深刻的主体性维度，不仅是关于人类实践活动的客观物质条件和历史规律的"历史科学"，而且是关于人类解放的批判理

---

① 《马克思恩格斯文集》第8卷，人民出版社2009年版，第32页。
② 参见［英］克里斯多夫·约翰·阿瑟《新辩证法与马克思的〈资本论〉》，高飞等译，北京师范大学出版社2018年版，第4页。
③ 参见［美］伯特尔·奥尔曼《辩证法的舞蹈——马克思方法的步骤》，田世锭、何霜梅译，高等教育出版社2006年版，第60页。
④ 《马克思恩格斯文集》第8卷，人民出版社2009年版，第423页。
⑤ 《马克思恩格斯文集》第8卷，人民出版社2009年版，第427页。

论的"为历史服务的哲学"。

第二节 唯物史观与辩证法的理论互成与互释

唯物史观对社会历史和生活实践优先性的揭示，祛除了辩证法的神秘形式，推动了唯物辩证法的生成。按照马克思的说法，唯物史观为辩证法提供了"唯物主义基础"。但同时，马克思辩证法也为其历史观提供了认识论基础。作为政治经济学批判的方法，马克思辩证法推动了唯物史观自我演进的不断深化和具体化。无论是从学术史的角度，还是从理论性质和内涵来看，马克思的唯物史观与辩证法都是内在统一的。二者是一而二，二而一的。其理论的合法性和独特性都依赖于对方。一方面，马克思的辩证法具有社会历史性，是社会历史的辩证法。马克思辩证法的批判本性来源于人的社会历史活动。同时，人的社会历史活动构成马克思辩证法的内涵逻辑。正是从社会历史性的维度出发，马克思推动了辩证法从理论理性层面到实践理性层面的历史性转变，将黑格尔的思辨辩证法变革为一种"社会历史的辩证法"。另一方面，唯物史观具有深刻的辩证法本性，是辩证的社会历史观，完成了对以往历史观的变革。作为"历史科学"，唯物史观实现了对历史规律的辩证觉解，克服了历史决定论与非决定论的抽象二元对立及其局限性和片面性。通过对人的社会历史活动中的物质生产关系和物质生产条件要素的研究，唯物史观成为揭示人类社会发展的历史规律和发展趋势的科学。作为"为历史服务的哲学"，唯物史观实现了对历史主体的辩证觉解，克服了以往历史观的"无人身"性质。通过批判性地研究个人的历史性生存状态，揭露"人在非神圣形象中的自我异化"，为人类社会发展提供"历史之镜"来窥探"历史之谜"，并从中找到解答的钥匙。通过对实践主体的现实历史的把握，唯物史观成为推动人类解放和人自由而全面发展的学说。

一 社会历史的辩证法

马克思辩证法作为符合人存在本性的理论思维，具有深刻的社会历史性。这种社会历史性表现在：一方面，马克思辩证法的批判本性来源于人的社会历史活动；另一方面，人的社会历史活动构成马克思辩证法的内涵逻辑。正是从社会历史性的维度出发，马克思推动了辩证法从理论理性层面到实践理性层面的历史性转换，实现了唯物论与辩证法的有机结合，将传统的思辨辩证法理论变革为一种"社会历史的辩证法"。

从社会历史的视角看，辩证法的合理根据和理论本性在于它是一种符合人的社会历史活动本性的理论思维。这既不同于寻求确定性的实证思维，也不同于追求"终极实在"的形而上学思维。人是一种矛盾性的存在，既是自然的也是超自然的。"人双重地存在着：从主体上说作为他自身而存在着，从客体上说又存在于自己生存的这些自然无机条件之中。"[①] 人的存在是双重的，区别于现成存在的物，人始终是一种不断自我否定、自我超越，具有无限开放的可能性的存在物。这意味着理解和把握人及其世界的思维方式是区别于"物种"思维的，马克思称之为"类意识"或"类思维"。"物种"思维是一种寻求确定性的思维方式，通过排中律、排他律等方式来确认对象的规定性以把握对象。以此种思维方式把握在社会历史活动中不断开放和生成的人，必然导致对人的认识的僵化，并不符合人的活动本性。与之不同，"类思维"是一种以推动原则和创造原则为核心的辩证思维。辩证法实际上就是以符合人存在本性的方式看待人及其历史。辩证法之所以不寻求确定性是因为辩证法不是以看待物的方式看待人，而是以人的目光达到对人的自我认识。正因如此，马克思辩证法也不是对抽象"终极实在"的追求，而是一种不断展开的人的生存论逻辑。辩证法植根于人的社会历史活动。脱离社会历史的"终极实在"和抽象观念对人来说只是"无"。因此，"在实质上，辩证法区别于其他类型的批判思维的地方，就在于……人在历史中的自我实现"[②]。人的社会历史活动构成辩证法思想的生存论基础和理论旨归。

由于辩证法是一种符合人的社会历史活动本性的理论思维，因而辩证法既不是关于自然规律的探寻，也不是纯粹客观的认识论或追求绝对真理的逻辑，在本原意义上它是一种基于人的历史活动的"生存论本体论"。关于辩证法的自然规律说和认识论说都会受到追求确定性的实证主义和反形而上学的

---

① 《马克思恩格斯文集》第 8 卷，人民出版社 2009 年版，第 142 页。
② ［前南］马尔科维奇、彼德洛维奇编：《南斯拉夫"实践派"的历史和理论》，重庆出版社 1996 年版，第 32 页。

现代哲学的拒斥。辩证法既不能提供确定性和精确性，也不是价值中立的逻辑工具，更不是对"终极实在"的寻求。从马克思的历史观看，其辩证法理论作为一种"生存论本体论"蕴含着深刻的社会历史性而显示出强大的生命力。这体现在两个方面：第一，人的社会历史活动构成辩证法批判本性的根源；第二，人的社会历史活动构成辩证法的内涵逻辑。

首先，辩证法的批判本性源自人的社会历史活动。之所以说辩证法在本质上是批判的和革命的，就在于人是一种不断自我否定、自我超越的存在物。马克思在批判黑格尔辩证法时，指出辩证法的核心原则是"创造原则"和"推动原则"。与传统的辩证法一样，马克思承认否定性是辩证法的核心。但是，马克思对辩证法否定性来源的看法与传统的辩证法理论（柏拉图、黑格尔等）是截然不同的。传统辩证法理论的否定性来源有两个："终极实在"的悬设和意识能动性的设定。一方面，"终极实在"引导着思维不满于现状而实现自我否定，向更高层次跃迁。这种"终极实在"在柏拉图那里是普遍永恒的"理念"，在黑格尔那里是"绝对精神"。另一方面，精神能动性的设定使思维能够主动反思和否定。柏拉图的辩证法是"通过推理而不管感官的知觉，达到每一事物的本质，并且一直坚持靠思想本身理解善者"[①] 的辩证的过程；黑格尔的辩证法是从"纯存在"到"绝对精神"的概念运动过程。可见，在传统辩证法理论中，客观精神和主观精神构成了辩证法的否定性因而也是批判本性的来源。正因如此，在哲学史上辩证法总是与唯心论联系在一起的，辩证法长期处于唯心主义的状态。相反，物质是现成的、被规定的存在，不能成为否定性的根源。因而以往的唯物论总是与机械形而上学的思维方式纠缠在一起。旧唯物论的被动反映论就是典型的例子。唯物论与辩证法有机结合的难度可见一斑。

正是面对着哲学史上这一重大理论难题，马克思从人的实践活动、社会历史活动出发，为辩证法的否定性原则和批判本性提供了真实的唯物论基础，实现了唯物论与辩证法的有机结合，推动了唯物辩证法的创生。由于人的不断自我否定和超越的实践活动，辩证法对现存事物肯定的理解的同时包含否定的理解。人是一种自然性和超自然性、现实性与理想性、有限性与无限性

---

① ［古希腊］柏拉图：《理想国》，郭斌和、张竹明译，商务印书馆1986年版，第301页。

并存的悖论式的存在物。人不是被动地适应自然界，而是在适应自然界的同时满足自己的需要。这意味着人的活动不是单纯的自然活动，而是一种不断否定、不断超越的社会历史活动。在此意义上，人的社会存在活动构成了辩证法否定原则和批判本性的根源。辩证法就是人的存在活动的逻辑。正是从社会历史领域出发，马克思才完成了对传统辩证法的历史性转换，改变了辩证法长时期的唯心主义状态。因此，与其说辩证法在社会历史领域的应用创造了唯物史观，毋宁说马克思基于唯物史观，实现了唯物论与辩证法的有机结合，推动了唯物辩证法的创生。通过对辩证法的否定性和批判本性根源的社会历史性考察，马克思完成了对辩证法理论的变革，使辩证法作为一种"生存论本体论"焕发出强大的生命力。

辩证法在本质上是批判的和革命的，就在于辩证法不崇拜任何既成的观念形式，也不崇拜任一阶段的社会历史形式。辩证法能够自觉地将"理论思维前提"阐明为有条件的前提，确认思维与存在、逻辑与历史的异质性和矛盾性，并且把"推动原则"和"创造原则"作为核心原则。这源自马克思对"社会历史前提"的批判性认识。马克思指出，"全部人类历史的第一个前提无疑是有生命的个人的存在"[1]。这种"有生命的个人的存在"正是作为"否定性行为的主体"，也是历史的真正主体。人的社会历史活动构成了辩证法的生存论基础。由于人作为社会历史的前提是自我否定和自我超越的，因而辩证法的理论思维是不断否定和不断创造的。基于"社会历史前提"的辩证法不再是中立客观的逻辑工具，而具有深刻的人文解放意蕴和自由的价值追求。由于辩证法的"否定原则"和"创造原则"根源于人的自由创造本性，因而辩证法与人的存在具有价值的同构性。人是"人类历史的经常前提，也是人类历史的经常的产物和结果，而人只有作为自己本身的产物和结果才成为前提"[2]。人只有成为自己的产物才能成为历史的真正前提，人如果是资本和观念等异化物的产物就非历史的真正前提。"社会历史前提批判"所指向的是对人的生存状态和自由创造本性的考察。在资本主义社会中，人不是自己的产物，而是资本和抽象的产物，人处于异化的非人状态，丧失了自由创造本性。

---

[1] 《马克思恩格斯文集》第1卷，人民出版社2009年版，第519页。
[2] 《马克思恩格斯全集》第35卷，人民出版社2013年版，第350页。

因此，与人的存在具有价值同构性的辩证法也成为推动人类解放和人的自由而全面发展的"批判的武器"，体现出强烈的人文解放意蕴和批判精神。在"社会历史前提批判"的意义上，辩证法是人作为前提和结果的历史的辩证法。

其次，人的社会历史活动构成辩证法的内涵逻辑。马克思在《神圣家族》中通过对黑格尔辩证法的批判对辩证法的内涵逻辑予以了启示。马克思通过列举"果品"和梨、苹果等水果的关系来说明黑格尔的概念辩证法表面上是一种内涵逻辑，无所不包，但实际上它的内容是无内容的形式。在黑格尔那里，"逻辑思想是一切事物的自在自为地存在着的根据"①。黑格尔的辩证法以概念作为内容，缺乏真实的内容。黑格尔把理性精神视作对"感性确定的、以自身为根据的肯定"的否定之否定，因而"他只是为历史的运动找到抽象的、逻辑的、思辨的表达，这种历史还不是作为既定的主体的人的现实历史"②。与之不同，马克思的辩证法是"既定的主体的人的现实历史"的内涵逻辑。由于任何思想观念都无法完全把握无限开展着的人的现实活动的历史，因此，以思想观念为内涵逻辑的辩证法必然走向体系的自洽性和封闭性、历史的终结。只有将人的现实历史活动作为内涵逻辑的辩证法才能为历史找到"真实的表达"。人的现实历史活动构成了马克思辩证法的内涵逻辑。正如东欧马克思主义者科西克所言，马克思的"辩证法探求'物自体'。但'物自体'不是平常之物……它是人在历史中发现的世界总体和存在于世界总体中的人"③。

由此可见，马克思辩证法的社会历史性就体现在人的社会历史活动构成其批判本性的根源和内涵逻辑。人的社会历史活动就是马克思辩证法的生存论基础。也正是在社会历史维度中，辩证法理论焕发出强大的生命力。"理论理性层面的辩证法所要解决的是'有限的知性规定'与'无限的终极实体'之间的矛盾，立足于现代社会生活实践，这一矛盾转化为个人'主观性视角的有限性'与社会生活'他人视角的无限性'之间的矛盾"④。在实践理性层

---

① [德]黑格尔：《小逻辑》，贺麟译，商务印书馆1980年版，第85页。
② 《马克思恩格斯文集》第1卷，人民出版社2009年版，第201页。
③ [捷克]卡莱尔·科西克：《具体的辩证法：关于人与世界关系问题的研究》，刘玉贤译，黑龙江大学出版社2015年版，第192—193页。
④ 贺来：《辩证法与实践理性》，《天津社会科学》2009年第5期。

面，辩证法成为理解自我与他者、个体与社会、人与自然等一系列矛盾关系的实践智慧和反思现代社会生活的发展智慧。

基于唯物史观和社会历史维度，马克思实现了辩证法理论的历史性跃迁，推动了唯物辩证法生成。人的社会历史活动构成辩证法的批判本性根源和内涵逻辑，是辩证法的生存论基础。这种具有深刻历史本性的辩证法既突破了传统辩证法自然本体论范式和"终极实在观"范式，也告别了单纯的认识论范式，转变为"生存论本体论"范式，即辩证法就是人的社会历史活动的逻辑。在实践活动中，"现实的否定变成了一个不能被作为形而上学关系状态的而具体化的历史条件……辩证法因此由于其性质而成为一个历史方法"[1]。马克思完成了对以黑格尔为代表的传统辩证法理论的"颠倒"，祛除了"神秘形式"的辩证法，建立起本质上是批判和革命的"合理形态"的辩证法，即人的社会历史活动的内涵、客观、批判和革命逻辑。

二 辩证的社会历史观

唯物史观具有深刻的辩证法本性，是辩证的社会历史观。通过历史规律和历史主体辩证性质的自觉把握，唯物史观实现了对以往历史观的变革，建立了一种"历史科学"和"为历史服务的哲学"。

（1）历史科学——对历史规律的辩证觉解

与辩证法内在统一的唯物史观之所以能够真实地描绘历史"这个能动的生活过程"，就在于其突破了以往历史观的局限性，自觉把握历史规律的辩证性。马克思社会历史的辩证法消解了历史观领域中知性思维和思辨思维的主导地位，并克服了其局限性，从而超越了机械决定论、理性决定论和非决定论，形成了历史的"辩证生成论"。

从历史规律看，黑格尔以前主要存在着两种历史观：决定论和非决定论。决定论认为历史发展过程存在必然性的因果联系，其主要形态是机械决定论。机械决定论认为历史规律同自然规律一样遵循永恒的自然必然性，强调历史发展过程中单一要素的决定性。历史现象的运动是前一现象作为原因、后一现象作为结果的线性发展过程。同力的相互作用的规律一样，历史规律是纯

---

[1] ［美］马尔库塞：《理性和革命》，程志民等译，重庆出版社1993年版，第284页。

粹客观的不以人的意志为转移；非决定论则认为历史是偶然性事件的堆积，既无目的，也无规律。历史活动掺杂了人的要素，始终是个体的活动。因此，历史事件之间没有必然的联系，只具有偶然性。决定论与非决定论各执一词，前者将历史僵化，后者则放弃了对历史规律的认识。在思维方式上，二者是同根同源的，即以知性思维理解"能动的生活过程"。黑格尔历史观与辩证法的统一，为历史找到了一种抽象的表达。思维的各个历史阶段作为"绝对精神"实现自身的过程，绝不是偶然的，而是具有环节的必然性。但是，这种环节的必然性并不脱离于主体活动，而是思维主体自身运动过程中产生出来的。在必然性和自由性的关系上，黑格尔以思维辩证运动的历史抽象地揭示了二者的辩证统一关系。但由于黑格尔不理解现实的人的实践活动，其所理解的历史是"观念的历史"和"头脑中的历史"。"想象主体的活动"构成了理解历史规律和历史目的的基石。"绝对"变成了历史的路标，承载了环节的必然性，成为了思维主体运动方向的指引。在此意义上，黑格尔的辩证法仍然是一种"决定论"，即理性决定论或"辩证决定论"。

辩证法与唯物史观的内在统一彻底颠覆了以往历史观领域占主导地位的知性思维和思辨思维，确立了作为"实践观点"的辩证思维，实现了对历史规律辩证性质的自觉把握，从而克服了以往历史观的局限性和思辨性，建立起一种历史的"辩证生成论"。

第一，历史规律的辩证性质体现为合规律性与和合目的性的辩证统一。历史是人的实践活动的过程，其规律是人活动的规律。这就意味着历史规律不同于自然规律的纯粹客观性和机械的因果联系，而是始终通过主体的活动展现出来的发展趋势。但同时，不同于"想象主体的活动"，人的实践活动总是在特定的社会历史条件约束下进行的，以历史经常的"结果"作为"前提"，历史规律又不是主观任意的，而是具有实践活动的客观性基础。一方面，"历史不过是人追求自己目的的人的活动"[1]；另一方面，人"不是随心所欲地创造"历史[2]。这里蕴含的是可能性与现实性的辩证关系，体现为历史趋势与主体选择的辩证关系。人的社会历史活动不能撇开社会历史的前提，

---

[1] 《马克思恩格斯文集》第1卷，人民出版社2009年版，第295页。
[2] 参见《马克思恩格斯文集》第2卷，人民出版社2009年版，第470页。

否则只能是"想象主体的活动"。可能性只有在现实社会历史条件之中才能获得具体的意义。没有这么"一张白纸"作为"绘画"的基础，无限的可能性也只意味着彻底的虚无。以"白纸"作为历史画卷绘制者的施展空间时，"白纸"的构造和纸上已有的东西，就决定了进一步的发展方向和趋势。因此，历史是有规律的、有发展趋势的，它通过人们不断将自己无限的可能性发展为现实性的世代活动体现出来。这一物质基础和发展趋势事先确定了历史主体的活动空间和发展方向。具体地说，"物质的生活关系"——人与物、人与人、物与物的关系——构成了人的活动现实性基础。在此意义上，历史规律不是自然规律，社会发展也不同于自然进化。历史规律是关于社会历史领域中"物质的生活关系"的规律。历史发展的趋势为人的发展提供了现实的可能性空间，提供了真实的可选择性。这就指向了另一个侧面，历史规律是人实践活动中产生的矛盾运动趋势，通过人的实践活动展开。一方面，历史发展的趋势消解了个人活动的主观任意性，形成一个历史的总体；但另一方面，历史发展的趋势是由主体的活动推动的。正如恩格斯说的"合力论"一样，"历史是这样创造的：最终的结果总是从许多单个的意志的相互冲突中产生出来的，而其中每一个意志，又是由于许多特殊的生活条件，才成为它所成为的那样。这样就有无数个互相交错的力量，有无数个力的平行四边形，由此就产生出一个合力，即历史结果"①。因此，历史规律本质上是发展趋势与主体选择、合规律性与合目的性的否定性统一。

历史规律是关于人的实践活动的规律，是合规律性与和目的性的统一。在对历史规律与目的的辩证理解上，马克思的辩证的社会历史观超越了历史决定论与非决定论的抽象二元对立，建立起历史的"辩证生成论"。"历史的全部运动，既是这种共产主义的现实的产生活动，即它的经验存在的诞生活动，同时，对它的思维着的意识来说，又是它的被理解和被认识到的生成运动。"② 历史规律不是机械的因果必然性，也不是思辨总体确立环节的必然性，而是通过人的实践活动不断生成的历史必然性或历史发展趋向。在不断发展的实践活动中，社会历史的丰富内容不能为某一单一要素所决定，而是在实

---

① 《马克思恩格斯文集》第10卷，人民出版社2009年版，第592页。
② 《马克思恩格斯文集》第1卷，人民出版社2009年版，第186页。

践活动的各要素的相互作用中不断生成。

第二,历史规律不是"永恒的自然规律和理性规律"[①],而是一般规律与特殊规律的辩证统一。古典经济学将资本主义社会的经济"事实"视作永恒的"自然规律";古典哲学则为历史提供了永恒的"理性规律"。蒲鲁东的庸俗经济学正是二者的集合,无论是资本主义的经济"事实"还是经济"范畴",都被他视为永恒的。"这样他就陷入了资产阶级经济学家的错误之中,这些经济学家把这些经济范畴看做永恒的规律,而不是看做历史性的规律——只是适用于一定的历史发展阶段、一定的生产力发展阶段的规律。所以,蒲鲁东先生不是把政治经济学范畴看做实在的、暂时的、历史性的社会关系的抽象,而是神秘地颠倒黑白,把实在的关系只看做这些抽象的体现。"[②] 在马克思看来,无论是"自然规律",还是"理性规律",都是与历史无关的规律。二者都将历史固定为机械的和抽象的,将当前的历史永恒化了,没能理解历史规律的一般性与特殊性的辩证性质。正是在这里,马克思完成了对以往历史观的变革和超越。马克思对以往历史观的变革体现在:唯物史观与辩证法的统一揭示了历史规律的辩证性质,既揭示了人类历史发展的一般规律,也阐明了阶段性历史和地域性历史中的特殊规律。

一方面,在把握历史规律的合规律性与合目的性的辩证统一性基础上,马克思阐明了社会存在决定社会意识、生产力决定生产关系、经济基础决定上层建筑且后者反作用于前者的人类历史的一般规律。通过对生产力与生产关系的矛盾运动规律的剖析,马克思揭示出社会形态更替的历史必然性,"大体说来,亚细亚的、古希腊罗马的、封建的和现代资产阶级的生产方式可以看做是经济的社会形态演进的几个时代"[③]。历史发展的必然趋向是从前资本主义社会形态到资本主义社会形态再到未来的共产主义社会形态。通过对"物质的生活关系"的规律性认识,从人的存在形态上来看,人类历史发展的必然趋向是从"人的依赖关系"到"以物的依赖性为基础的人的独立性"再到"自由个性"。历史的个体活动和事件呈现出偶然性的特征,但是历史本身

---

① 参见《马克思恩格斯文集》第5卷,人民出版社2009年版,第649页。
② 《马克思恩格斯文集》第10卷,人民出版社2009年版,第47页。
③ 《马克思恩格斯文集》第2卷,人民出版社2009年版,第592页。

不是偶然的，而是具有普遍性和一般性的历史规律。

另一方面，在把握人类历史一般规律的基础上，马克思揭示了阶段性历史和地域性历史的特殊规律。首先，马克思揭示了资本主义社会的历史阶段所蕴含的特殊规律。在资本主义社会中，生产资料的私人占有同生产的社会化之间的内在矛盾、劳资关系的矛盾导致资本主义社会必然过渡到共产主义社会。这是这一历史阶段的特殊规律。资本主义的占有方式和生活方式随着其内在矛盾的演变最终会消亡，新的个人所有制和自由人联合的生活方式将会产生。其次，在地域性的历史中，历史规律具有特殊性。是否所有民族的历史都必然经历从前资本主义社会形态到资本主义社会形态再到共产主义社会形态的发展过程？后发的国家和民族能否跨越"卡夫丁峡谷"？在德国的现代化发展问题中，马克思谈到"有原则高度的实践"①。在俄国革命的问题上，马克思在给查苏利奇复信的草稿里提到，"在分析资本主义生产的起源时，我说过，它实质上是'生产者和生产资料的彻底分离'……我明确地把这一运动的'历史必然性'限制在西欧各国的范围内"②。由于自身的特殊历史状况，俄国采用机器、轮船、铁路可能不需要像西欧那样经历机器工业的孕育期。俄国农民公社"和控制着世界市场的西方生产同时存在，就使俄国可以不通过资本主义制度的卡夫丁峡谷"③。因此，在具体的社会历史条件下，历史发展的趋向具有特殊性。人类历史的一般规律和历史的总体发展趋向是通过资本主义社会形态跃迁到共产主义社会形态，但这并不排斥历史规律的特殊性。"一定的"社会存在、"物质的生活关系"决定了人类历史的一般规律表现可能是跳跃式的、渐进式的甚至阶段性退化。正是在历史规律的特殊性中，社会历史的一般规律才与永恒的"自然规律"或"理性规律"区别开来，获得了深刻的现实性。历史规律是"历史发展的一般规律与具体社会形态发展特殊规律的辩证统一"④。正是在对历史规律一般和特殊的辩证觉解的基础上，马克思通过"从抽象到具体"的过程，从人类历史的一般规律深入资本主义社会的特殊历史规律，从而揭示了现代社会人类发展历史趋向，建

---

① 参见《马克思恩格斯文集》第1卷，人民出版社2009年版，第11页。
② 《马克思恩格斯文集》第3卷，人民出版社2009年版，第570页。
③ 《马克思恩格斯文集》第3卷，人民出版社2009年版，第575页。
④ 唐正东：《历史规律的辩证性质——马克思文本的呈现方式》，《中国社会科学》2021年第10期。

立起关于现实的人及其历史发展的"历史科学"。

(2)"为历史服务的哲学"——对历史主体的辩证觉解

马克思辩证法为其历史观提供了认识论基础，赋予了历史观以新的认识形式，从而构建了考察活生生的社会历史的真实方法，即"辩证的社会历史观"，变革了传统历史观理论。以往的历史观是以"无人身的客体"或"无人身的理性"作为历史的主体，因而历史被理解为抽象的活动过程。知性思维寻求确定性的历史主体，只能实现对单个人的历史活动的直观；思辨思维将主体理解为意识能动的主体，为历史找到了一种表达，但只能达到对"想象主体的活动"的编撰。两种思维方式都不能正确理解历史的主体。唯物史观的辩证本性就体现在其对历史主体辩证性质的自觉把握，并在此基础上确立"为历史服务的哲学"。

历史的主体是有生命的个人的存在。实践是其基本的存在方式。实践是人的对象化的活动，因而人作为主体总是具有对他者的"依赖性"。换言之，历史主体总是依赖于对象，不论是对人的依赖，还是对物的依赖。但同时，实践活动又是人自主能动地改造对象的活动，因而具有"独立性"。在此意义上，马克思指出，人是自由自觉的"类存在物"。正是在"依赖性"和"独立性"的内在关系上，马克思指出，人既是人类历史经常的结果，也是人类历史经常的前提。历史主体的辩证性质体现为作为历史前提和结果的辩证统一关系。人作为世代活动的结果是下一阶段历史发展的前提，人作为历史发展的前提又是上一阶段历史发展的结果。因此，一方面，历史主体依赖于已有的生产活动和物质生活条件，为历史发展提供现实条件；另一方面，历史主体能够进一步改造自身的存在和已有的条件，为历史发展注入动力。

在"依赖性"与"独立性"内在关联的意义上，历史主体的辩证性质进一步体现为"剧作者"与"剧中人"的辩证统一。人作为历史主体，其角色具有两极性。一方面，人是历史发展过程中的要素，内嵌于历史发展过程之中，受到历史规律的制约；另一方面，人始终是历史发展的向导。人的自我实现构成历史发展的目的和动因。二者统一于人的实践活动之中。历史主体的这种辩证性质决定了人不能跳出历史发展以神的眼光旁观历史，也不能以实证的方式直观历史，而需要以辩证的眼光批判性地理解历史，革命性地发展历史。在肯定中包含否定的理解，在批判旧世界中发现新世界，在实践中推动现实的人及其历史发展。正是在此意义上，唯物史观展现出深刻的批判性和革命性，指向人的生存状态和自我意识，这构成唯物史观的辩证本性的重要意旨。

首先，唯物史观的辩证本性表现在坚持了辩证法的批判本质，以历史与逻辑的异质性作为理论出发点，坚持社会历史的优先性、无限性和思想观念的有限性，反对用观念的历史统摄现实的人的存在的历史，实现了唯物论与历史观的有机结合。黑格尔的历史观是确认事物与"存在于事物中的理性的和解"。而人的社会历史活动总是无限展开的，任何一种理论不可能完全涵盖。由于以思想观念统摄社会历史的"概念的天真"，黑格尔辩证法的异质性和否定性特征被掩盖了，代之以逻辑的自洽性和体系的封闭性。从思想观念出发，黑格尔的历史观不过是观念的历史，而不是现实的人的社会历史。这种观念的历史由于脱离了人的社会历史活动，因而只是黑格尔头脑中的历史。在马克思看来，"黑格尔的历史观只是以抽象的或绝对的精神为前提"[①]。他在臆想中撇开了现实的前提——"一些现实的个人"[②]。与之不同，唯物史观坚持了辩证法的批判本质，反思了以逻辑统摄历史的妄想和天真，取消了作为臆想前提的、抽象的绝对精神，代之以人的现实生活过程的真实内容。马克思揭示了社会历史相对于思想观念的优先性，思想观念相对于社会历史的有限性。思想观念的历史终究是人的生存活动的社会历史。思想观念相对于无限发展着的社会历史是有限的。历史观可以有以逻辑把握和解释历史的"形而上"追求，但不能以此为前提。只有承认社会历史与思想观念的异质性，以"有生命的个人的存在"作为历史的前提的历史观才能成立。唯物史观"宣告了一切绝对真理的观念和形而上学教条的无根性，体现出彻底的批判精神……结束了一切关于存在最终的人类历史完美状态的幻觉，自觉地拒斥了把某种社会秩序永恒化和完美化的设想，真正把社会历史的发展理解为一个不断自我否定和自我超越的过程"[③]。由此可见，正是由于坚持了辩证法的批判本质，从逻辑与历史的异质性出发，唯物史观的批判本性才得以彰显，马克思确认了社会历史的优先性、无限性和思想观念的有限性，从而实现了

---

① 《马克思恩格斯文集》第1卷，人民出版社2009年版，第291页。
② 参见《马克思恩格斯文集》第1卷，人民出版社2009年版，第519页。
③ 贺来：《历史唯物主义的辩证本性》，《中国社会科学》2012年第3期。

唯物论与历史观的有机结合。在此意义上，恩格斯也进一步提到，"唯物主义历史观及其在现代的无产阶级和资产阶级之间的阶级斗争上的特别应用，只有借助于辩证法才有可能"①。

其次，唯物史观的辩证本性体现为对绝对真理和精英史观的拒斥。从柏拉图的"理念"、亚里士多德的"最高原因的基本原理"到黑格尔的"绝对精神"，传统哲学一直强调对绝对之真的认识，并以此来解释和说明自然与人类的生成、演化和复归。基于对普遍永恒真理的向往，柏拉图认为只有追求普遍真理的哲学家和"哲学王"才能成为人类社会的统治者。在黑格尔那里也是如此，由于历史是思想观念和绝对精神外化的历史，现实历史只存在于少数哲学家的头脑之中。因此，"黑格尔的历史观……表现为：作为积极的精神的少数杰出个人与作为精神空虚的群众、作为物质的人类其余部分相对立"②。换言之，这些传统哲学家基于对绝对之真的天真妄想，自恃"真理在手"，认为只有这些少数的精英才是历史的创造者。与之不同，承认逻辑与历史的异质性、无限发展着人类社会历史活动的优先性，马克思的历史观特别拒斥了绝对真理，以人的生存逻辑解构了"真理的逻辑"。由于实践活动的无限性，真理总是"相对的绝对"。因而自恃"真理在手"的哲学家们以"真理"构造历史是虚妄的，用康德的话说是"先验的幻相"。唯物史观的辩证本性瓦解了这种"先验幻相"。继而马克思从人的现实社会历史活动出发指出，"历史活动是群众的活动，随着历史活动的深入，必将是群众队伍的扩大"③。现实的历史是由无数个现实的个人的存在活动创造的，而不是由自恃"真理在手"的哲学家们以"真理"构造的。

最后，唯物史观的辩证本性体现为对"历史终结论"的否定，对"每一种既成的形式都是从不断的运动中，因而也是从它的暂时性方面去理解"④，将社会历史理解为一个不断发展的过程。正是在此意义上，马克思的历史观在本质上也是"批判的和革命的"。黑格尔的辩证法无疑包含差异性和否定性的因素，但是，由于黑格尔从思想观念出发追求逻辑的自洽性、体系的封闭

---

① 《马克思恩格斯文集》第3卷，人民出版社2009年版，第495页。
② 《马克思恩格斯文集》第1卷，人民出版社2009年版，第291页。
③ 《马克思恩格斯文集》第1卷，人民出版社2009年版，第287页。
④ 《马克思恩格斯文集》第5卷，人民出版社2009年版，第23页。

性而扼杀了其辩证法的批判本性。这种逻辑先在性和逻辑自洽性也使黑格尔的历史观走向了"历史终结论"。从"东方世界"到"古希腊罗马世界",最后到"知道'全体是自由'的日耳曼世界",历史在那里终结了。① 在黑格尔那里,历史是"真正的神正论"。但现实的历史发展驳斥了这一点。在马克思看来,历史不是"观念的历史"而是人的社会历史。相较于人的社会生活实践的无限性,任何一种思想观念都是有限的,因而观念的有限性导致"观念的历史"必然走向"历史终结"。"观念的历史"无非是该时代的现实的社会历史的反映,如果它独立于人,那这一观念的历史必然停留于这一时代。相比之下,人的社会历史活动是不断开放、不断敞开的无限发展过程,因而现实的人的历史不会终结。"历史的终结直接和人再次变成一个动物,以及在恰当意义上人的消失(即作为否定性行动的主体)同时发生。"② 黑格尔的历史观脱离了作为否定性行为主体的人,因而陷入"历史终结",表现出强烈的非批判性和独断论性质。

与黑格尔历史观人的消失和历史终结同时发生不同,唯物史观是人的生存与历史发展的同时在场。在此意义上,唯物史观是"关于现实的人及其历史发展的科学"。一方面,马克思转变了历史性质的理解,即从观念的历史到现实的个人的社会历史;另一方面,马克思变革了对历史主体的理解。在黑格尔那里,历史的主体就是"形而上学的主体"。"历史也和真理一样变成了特殊的人物,即形而上学的主体,而现实的人类个体倒仅仅是这一形而上学的主体的体现者。"③ 在马克思这里,"作为否定性行为的主体"或"有生命的个人存在"既是历史发展的动力,也是社会历史的第一个前提。"历史是人活动的结果,人是历史的真正主人。"④ 现实的个人通过不断否定自身和超越自我的物质生产活动创造了历史。唯物史观揭示了历史是不断发展的历史,而不是封闭的、走向终结的历史。唯物史观的辩证本性就体现在将作为"否定性行为主体"的现实的个人视作历史的真正前提,因而从暂时性方面去理

---

① 参见[德]黑格尔《历史哲学》,王造时译,商务印书馆1963年版,第149页。
② [意]吉奥乔·阿甘本:《神圣人:至高权力与赤裸生命》,吴冠军译,中央编译出版社2016年版,第91页。
③ 《马克思恩格斯文集》第1卷,人民出版社2009年版,第284页。
④ [匈]卢卡奇:《历史与阶级意识》,杜章智、任立等译,商务印书馆1999年,第199页。

解历史的每一阶段。从这种辩证的历史观出发，资本主义就不是人类发展的永恒阶段，而只是暂时阶段。随着人类历史的发展，人类社会会走向更高的阶段。从这种辩证的历史观出发，共产主义就不是人类发展的终极完美状态，"不是现实应与之相适应的理想"，而是"现实的运动"①。在人类社会历史发展的过程中理解共产主义，就不会教条地理解共产主义，而是在实践中不断发展共产主义事业。正如恩格斯所言，"历史同认识一样，永远不会在人类的一种完美的理想状态中最终结束；完美的社会、完美的'国家'是只有在幻想中才能存在的东西，相反，一切依次更替的历史状态都只是人类社会由低级到高级的无穷发展进程中的暂时阶段"②。正因如此，马克思的辩证的社会历史观显示出深刻的批判本性和强大的生命力。

　　正是基于历史主体的辩证觉解，以辩证的眼光理解历史，马克思唯物史观揭示了社会历史的优先性、无限性和思想观念的有限性，反对用观念的历史统摄现实的人的存在的历史，实现了唯物论与历史观的有机结合。与此同时，唯物史观的辩证本性深刻地体现在对绝对真理、精英史观和历史终结论的拒斥与否定上，代之以"相对的绝对"的真理观、群众史观和发展的历史观，并将"作为否定性行为主体"的现实的个人或"有生命的个人存在"作为历史的前提和真正主体，消解了黑格尔唯心史观"形而上学的主体"，展现了唯物史观的辩证本性和批判本性。由此我们可以说，马克思的历史观"在本质上是批判的和革命的"。然而，以黑格尔为代表的传统哲学在"臆想中"撇开了这些现实的前提。因此，在传统黑格尔主义者看来，"历史的任务只是证明这样几条终归是不言而喻的最简单的真理"③。而对于马克思来说，"历史的任务就是确立此岸世界的真理。人的自我异化的神圣形象被揭穿以后，揭露具有非神圣形象的自我异化，就成了为历史服务的哲学的迫切任务"④。对人类社会历史的"世俗基础"在理论上进行批判并在实践中加以变革、实现人的自由和人的解放成为唯物史观的真实内容。在此基础上，马克思提出了人的生存的三形态理论，揭示了生产力和生产关系、经济基础和上层建筑

---

① 《马克思恩格斯文集》第1卷，人民出版社2009年版，第539页。
② 《马克思恩格斯文集》第4卷，人民出版社2009年版，第270页。
③ 《马克思恩格斯文集》第1卷，人民出版社2009年版，第284页。
④ 《马克思恩格斯文集》第1卷，人民出版社2009年版，第4页。

的历史的辩证运动。因此，正是从马克思辩证法的运动形式、批判本质和超越逻辑出发，马克思的历史观成为对历史的"真实的表达"。

综上所述，在马克思辩证法和历史观的理论互释中，马克思对辩证法和历史观的双重变革得以显现。唯物论与辩证法的有机结合依赖于历史观的社会历史维度，而唯物论与历史观的有机结合则在于辩证法的批判本质。由此，马克思的辩证法具有社会历史性，而其历史观也蕴含着深刻的辩证本性。在理论性质上，辩证法与唯物史观是一而二、二而一的。马克思的辩证法揭示了历史规律和历史主体的辩证性质，为其唯物史观提供了辩证原则；唯物史观揭示了现实的人的生活过程的本源性地位，为其辩证法提供了历史原则。因此，在互为前提和基础的内在联系中，马克思完成了对辩证法与历史观的双重变革。

第三节　唯物史观与辩证法统一的实践论基础

马克思通过历史观的变革，实现了唯物史观与辩证法的内在统一，继而完成了对传统辩证法理论的变革。然而，唯物史观与辩证法统一的基础到底是什么？辩证法的主体性、否定性与客观性究竟是如何统一起来的？马克思辩证法究竟在何种意义上，既是批判的和革命的，又是唯物的？马克思主义哲学史上，长期对立的旧唯物主义式的解读（官方正统马克思主义）和"黑格尔式"的解读（西方马克思主义）其根本的症结何在？探讨这些问题不仅是回应对马克思辩证法的各种"偏见""歪曲"的关键，而且是理解马克思辩证法理论变革的核心。马克思哲学作为一种"改变世界"的实践哲学，实践构成其核心概念和范畴，同时也是解答上述问题的关键。脱离马克思的"实践观点"就不可能真正理解马克思辩证法的理论变革。因此，我们不仅要探讨马克思所实现的辩证法理论变革的路径，而且要阐明其实践论基础。只有在此基础上，我们才能进一步探讨马克思所实现的辩证法的理论变革的具体内涵与意义。

无论是历史观，还是辩证法，马克思的诊断都集中于"活动"的原则。在探讨历史观时，马克思关注的是"能动的生活过程"，唯物史观与以往的历史观的根本区别在于如何能够"描述这个能动的生活过程"，这个活动过程不是"无人身的理性"或"无人身的客体"自己的运动,而是人的实践活动;在探讨辩证法时,马克思关注的是"异化或对象化活动",辩证法与知性思维的根本区别在于"活动"的原则。这种"活动"的原则不是"精神活动性"而是实践活动或"感性活动"。因此,唯物史观与辩证法统一于实践。这体现在:(1)人的实践活动既具有社会历史性又具有辩证性,这构成了唯物史观与辩证法性质一致性的基础,它们本质上都是一种"实践观点";(2)在社会历史活动中,劳动作为最基本的实践方式,构成了辩证法与历史观变革的考察对象,这构成了唯物史观与辩证法的对象一致性的基础,它们都是关于人的社会存在的自我意识;(3)人的实践活动的开放性、无限性、理想性与实践活动的社会历史性、客观物质性的矛盾构成了唯物史观与辩证法主题一致性的基础,它们都是关于现实的人及其历史发展的科学。

一 实践:辩证法与唯物史观性质一致性的基础

实践不仅是马克思哲学的思考对象,也是马克思哲学的解释原则。区别于以往的一切旧唯物主义与唯心主义,马克思哲学是在人的实践活动中理解人及其世界。无论是辩证法还是历史观都离不开实践的地基。因而,只有从实践出发,才能理解马克思历史观与辩证法的内在统一究竟是什么样的统一。从实践所具有的根本属性来看,正是实践活动所具有的社会历史性与辩证性构成了二者统一的基石。

首先,实践具有社会历史性。从活动的主体来看,可以区分为三种活动:人的实践活动、自然的生命活动和想象主体的活动。人的实践活动虽然也同自然的生命活动一样包含满足生存需要的必要行为。但是,动物只是被动地适应自然界,而人不仅能够适应自然,而且能够改造自然使之满足自身需要。因此,当人开始生产自己的物质生活资料时,人就将自己同动物区别开来。这种物质生产活动是人的实践活动,也是人类历史的"第一个活动"。同时,由于人的需要的发展,人不断丰富着自己的实践活动,不断产生新的需要和满足自己需要的新的实践。因此,与自然的生命活动不同,人的实践活动蕴含着主体能动性的根本特征。与此同时,虽然人的实践活动同想象的主体的活动一样都有主体能动性的特征,都蕴含"从主体方面去理解"的认识路径,但是二者也有着根本的不同。想象的主体的活动仅存在于思维之中,只不过是脱离现实生活过程的臆想活动;而实践活动是现实的、对象性的和感性的活动,它既满足主体的需要,彰显主体的本质力量,同时也受到社会历史条件和规律的制约。由此可见,自然的生命活动只是自在的活动,只具有客体的意义,而想象主体的活动脱离社会历史的具体条件,因而只具有抽象的形式。实践活动并不蕴含两种模型的抽象对立以及自在客体与抽象主体的抽象对立。这种抽象的主客二元对立正是传统哲学特别是近代哲学的基本建制。以此为前提的近代认识论哲学是无法弥合二者的裂隙的,因为二者的抽象对立正是其前提。因此,要克服旧的哲学、真实地描绘"能动的生活过程"并建立"合理形态"的辩证法,关键在于"当作实践去理解"。

与两种活动的抽象对立不同,实践活动具有社会历史性的本质性特征。这种社会历史性决定了实践不是抽象主体之于自在客体的活动,而是人的具体的社会历史活动,因而只有在具体社会历史条件之中,主客的对立才具有现实的意义。一方面,社会是人的实践活动的寓所和产物。人是一种群体性动物,其实践活动不仅仅是在人与物的关系中进行,而且是在物与物、人与人的关系中展开。换言之,任何的实践活动不仅仅是改造物的活动,同时也是改造人的活动。社会构成了实践活动的场域。同时,人的实践活动也不断生产着社会关系,塑造着社会。以一定方式进行生产的人,生产着一定的社会关系。因此,人的实践活动总是在社会中进行的。另一方面,人的实践活动具有历史性。从实践活动的方式、作用、目的等方面看,人的实践活动总是发展着的。社会也会随着人的实践活动的发展不断发生变化。在实践活动中蕴含的是生产活动与社会关系的辩证运动。

实践活动的社会历史性决定了"当作实践去理解"就是要在人的社会历史活动中去理解人及其世界。即使是主客体的对立也只有在社会历史中,在人的生产活动与社会关系的运动中才具有现实的意义。从历史观方面看,历史既不是自然的时间过程和事实的堆积,也不是想象主体的活动,而是人的社会历史发展过程。实践活动的社会历史性使以"活动"为原则的辩证法理论不能基于抽象的"精神劳动",成为想象主体的活动,而必须以人的现实生活过程作为自己的存在论基础,在社会历史的矛盾运动中,确立自身的客观物质性,并展开自身的批判性与革命性。以"精神活动性"为原则,黑格尔辩证法虽然在一定程度上揭示出具有"推动原则"和"创造原则"的否定性的辩证法，但由于其不懂得现实的、感性的实践活动，因而陷入了思辨的陷阱。黑格尔不仅未能真正揭示辩证法的客观性，甚至也扼杀了辩证法的主体性、批判性和否定性。从实践活动出发理解辩证法，辩证法就不再是一种理论思维的内涵逻辑，而是社会历史的内涵逻辑。辩证法的批判性和否定性被社会历史活动的不断开展和生活实践的无限可能所确立，其客观性则被社会历史活动的合规律性所指认。

其次，实践具有辩证性。实践活动是人的一种本源性的存在方式，因而具有不断向前发展的辩证特征。实践活动本质上是一种现实的改造世界的否定活动。"改造"是实践的核心。实践活动是在否定现存事物的同时塑造新的事物，因而本质上是一种"否定之否定"的活动。人根据主体的需要以及客观的社会历史条件，不断否定现存之物，并现实地塑造新的事物。虽然，一方面人是自然界链条上的一个环节，受到自然生命和规律的限制，是具有有限性的存在物；但另一方面人是一种不断超越自身、否定自身的存在物，具有无限展开的特征。与有规定性的现存物不同，人的规定性表现为不断展开的可能性，其规定性总是在不断形成的过程中。因此，作为人的本源性存在方式，实践活动的本质就是否定。正因如此，马克思指出，实践活动是人的"自由自觉的类活动"。相反，丧失了否定的维度，实践的本来意义和人类性价值便烟消云散了。在资本主义社会中便是如此。实践活动变成了异化劳动，也就丧失了辩证的特征。也正是在此意义上，马克思指出，黑格尔由于坚持了人的异化劳动而具有批判的要素，然而黑格尔没能理解异化活动的消极涵义，因为他和费尔巴哈一样不懂实践活动的批判和革命的意义。黑格尔的辩证法最终走向了体系的封闭性和保守性。无论从具体内容还是价值意涵上看，实践活动本质上是否定的活动。否定不仅仅是实践的事实性内容，也构成其价值性规范。

实践活动是一种创造现实关系的活动。与自然的生命活动和想象的主体活动不同，人的实践活动既不是自在的与人无关的活动，也不是概念自身的运动，而是创造现实关系的活动。人的实践活动不仅仅是主客体的改造关系，而且是在社会历史的具体联系中进行的。以一定方式生产的个人，也产生一定的社会关系，而这种社会的生产关系又反作用于人的实践活动。实践活动总是在一定的现实的关系中进行，同时又不断创造出新的社会关系。实践活动并非"鲁滨逊式"的孤立生活,在人与物的纯粹主客对立中实现,而是在人与物、物与物、人与人的丰富联系中展开的。人不是孤立的存在物,在其现实性上,他是一切社会关系的总和。人的本质和人的存在方式必然是统一在一起的。因此,在马克思看来,实践活动不仅仅是一种主客体改造关系的一般活动,而且是一种社会性活动。只有在社会历史的具体联系中,实践活动才具有超越自然生存的现实意义。实践活动必然内含着联系的观点。

除此以外,由于否定(发展)和联系构成实践的本质特征,因而实践活动是一种矛盾关系不断开展的活动。从实践的一般内容看,人的实践活动蕴含着丰富的矛盾关系,即实践主体的有限性与无限性、理想性与现实性,实践活动的合目的性与合规律性、"人的尺度"与"物的尺度",实践活动产物的主体客体化与客体主体化等矛盾关系。就实践主体而言,实践活动是人克服自身有限性发挥无限可能性的活动;就实践活动的过程而言,实践活动虽然是人根据自己的目的改造世界的活动,但同时人的实践活动不是随心所欲进行的,而是受到社会历史条件和规律的制约;就实践的结果而言,实践活动的产物既是主体本质力量的彰显,也是主体进一步活动的客观条件。在社会历史中,实践活动开展为生产力与生产关系、经济基础与上层建筑、社会存在与社会意识、政治国家与市民社会等矛盾关系的运动。实践活动不仅构成了社会存在,而且塑造了社会意识,并在社会历史的领域中发展出丰富的矛盾关系。社会存在与社会意识的对立不是抽象的对立,而是实践中的对立。实践活动具有矛盾的性质,展开为丰富的矛盾关系。

由此可见,实践不仅具有深刻的社会历史性,而且具有否定、联系和矛盾的辩证性,二者是统一在一起的。实践活动的社会历史展开为否定、联系和矛盾的运动过程。同时,实践活动的矛盾运动只有在社会历史中才具有现实的意义。因此,实践活动具有社会历史性和辩证性的双重属性。

从理论性质上看,正是实践活动的社会历史性和辩证性构成了唯物史观与辩证法性质一致性的基础。实践是马克思哲学的出发点,唯物史观和唯物辩证法都以实践为根基。因而从实践出发,辩证法与唯物史观都是一种"实践观点",是社会历史视域中的发展的观点、联系的观点和矛盾的观点。"实践观点是从主体与客体、主观与客观、主观世界与客观世界、属人世界与自然世界在人的现实活动中所表现的对立统一联系出发去看待一切事物的观点。"① 这种"实践观点"既是辩证的又是社会历史的观点，既是对以往辩证法理论的超越，又是对直观或抽象的历史观局限性的克服。辩证法作为一种"实践观点"，实践构成了其存在论根基和内涵，是辩证法否定性、批判性和客观性的来源；历史观作为一种"实践观点"，是面向人的现实生活过程，把握社会历史发展矛盾运动及其规律的观点。

二　劳动：辩证法与唯物史观的对象一致性基础

实践的社会历史性与辩证性构成了马克思唯物史观与辩证法性质一致性的基础。在社会历史中，实践最基本的表现形式就是劳动。这是一切社会存在与社会意识矛盾关系的基础。同时，无论是历史观领域还是辩证法领域的变革，都是马克思在对"劳动"的考察中实现的。因此，劳动是马克思变革历史观与辩证法的关键考察对象。在此意义上，劳动构成马克思唯物史观和辩证法的对象一致性的基础。

实践是一种"感性活动"，这不同于黑格尔的"精神活动"以及费尔巴哈的"感性直观"。黑格尔的"精神活动"是思想内容自己的运动，既是从存在出发也是从关于存在的思想出发。虽然，黑格尔的"精神活动"也提到了异化及其扬弃，但最终得到的是"绝对即无对"的"绝对精神"；费尔巴哈以"感性直观"把握对象，相比黑格尔，虽然其眼里有对象，但所面对的只是现成的对象，因而不能理解对象的发展。与二者不同，"感性活动"既强调感性，又强调"活动"。所谓感性就是对象性。非对象性的存在物就是非现实、非感性的存在物。因此，感性活动必然是有对象的活动。所谓"活动"就是感性的主体凭借感性中介改造感性对象，从而使主体和客体始终处于不断运动之中，处于一种否定性统一关系之中，即对象化的活动。因此，"感性活动"的原则是实践的基本规定性，也是马克思辩证法与唯物史观的基本规定性。

然而，"感性活动"并不是一种先验的规定或原则，而是有具体的社会历史的前提，即包含"现实的人""物质生活""物质生活条件"三要素。感性

---

① 高清海：《哲学与主体自我意识》，吉林大学出版社1988年版，第5页。

活动具体的、基本的形式是劳动。在社会历史中,"人们为了能够'创造历史',必须能够生活"①。劳动是人的生活的必要活动。人们通过劳动获得自己的物质生活资料,并在劳动中不断发展自身,满足人的生存需要。同时,人的劳动不断发展出人自身的生活方式。例如佃农的生活方式不同于工人的生活方式。因此,劳动不断塑造了人的本质性内涵、生活方式和客观物质条件以及相应的意识形态,因而构成社会存在与社会意识的基础。与感性直观不同,作为感性活动的劳动其对象和自身始终处于不断发展的过程之中。劳动的对象化及其三要素都处于不断发展过程中。首先,随着人的劳动的不断发展,人自身也在不断生成之中。历史越往前追溯,人就越从属于共同性。随着人的感性活动——工业和商业——的发展,人的主体自我意识也在不断觉醒。人们不再通过人以外的自然和上帝来确认自己和审视生活,而是越来越从自身的需要和价值出发进行认识和创造活动。其次,物质生活本身也在发生着改变。随着劳动的扩大,从农耕生活到工业生活再到数字生活,人们的物质生活的内容和方式都发生了形形色色的改变。最后,劳动产品是人的对象化的一系列产物,这构成了人们接续发展的物质生活条件和感性活动的客观物质基础。总之,劳动"是这些个人的一定的活动方式,是他们表现自己生命的一定方式、他们的一定的生活方式。个人怎样表现自己的生命,他们自己就是怎样"②。

因此,对于马克思来说,以实践立论,最为重要的就是考察人类历史活动最具体的实践方式——劳动。从现实层面来看,"全部人的活动迄今为止都是劳动,也就是工业,就是同自身相异化的活动"③。因此,要深入反思人的生存状态、推动人类解放就必须从对劳动的批判性分析入手。从理论层面来看,马克思无论是想克服黑格尔辩证法及青年黑格尔派的"活动"原则,还是想真实地表述历史的"生活过程",必须从人的劳动及其所创造的社会存在与社会意识出发。劳动构成马克思历史观与辩证法的对象一致性的基础。在考察辩证法时,马克思关注到的是劳动;在考察历史观时,马克思关注的仍

---

① 《马克思恩格斯文集》第1卷,人民出版社2009年版,第531页。
② 《马克思恩格斯文集》第1卷,人民出版社2009年版,第520页。
③ 《马克思恩格斯文集》第1卷,人民出版社2009年版,第193页。

然是劳动。

首先，反思人的生存状态、拨开意识形态和资本的面纱、推动人的自由而全面的发展必须从劳动这个关键节点入手，将社会存在与社会意识的矛盾关系和丰富内涵纳入辩证法与历史观的考察内容，实现哲学从"天国"到"人间"的回归。对人的考察不能诉诸单个人的直观，也不能诉诸神学的考察。费尔巴哈基于感性直观分析人的生存状态，因而得到的是"单个人所固有的抽象物"和"无声的类"①。费尔巴哈虽然揭示出人的神圣形象的自我异化以及神圣家族的秘密在于人的本质的对象化，但是对于人本身的存在却接受为现存"感性对象"。因而，在马克思看来，与市民社会的利己主义的"原子式个体"的原则一样，费尔巴哈只能是对市民社会单个人的直观，现实的生存问题最终也只能落脚于"爱的宗教"；作为青年黑格尔派的鲍威尔与施蒂纳企图从黑格尔辩证法的"自我"原则出发批判宗教神学对人束缚，但仍然是在唯灵论的地基上，未能完成对神学的批判。那么，考察现代人的生存状况的切入点到底是什么？将人理解为感性对象和抽象个体的人本学如何变革为关于现实的人及其历史发展的学说？从劳动入手深入人的现实历史是马克思的思路。当然，马克思以劳动作为切入点，并不是从一个先验的劳动概念出发去批判人的生存状态和资本主义社会，而是批判和分析每一社会形态中的劳动，尤其是批判资本主义社会的劳动。

通过对资产阶级市民社会的考察，马克思提出了异化劳动的关键概念。马克思用到了异化、对象化和外化的概念。因此，需要对这几个概念以及衍生的物化概念进行考察。马克思指出，在资本主义市民社会中，"劳动这种现实化表现为工人的**非现实化**，对象化表现为**对象的丧失**和**被对象奴役**，占有表现为**异化、外化**"②。劳动作为人的存在活动的基本形式，其典型特征就是对象化。人的感性活动总是主体对客体的改造活动。因此，作为人的本源性存在方式，实践决定了人是对象性的、感性活动的存在物。对象化是人类活动的基本特征。从劳动的过程看，劳动作为人的感性活动，其重要的因素就是对象化，即在劳动中主体本质力量的对象化不断塑造着对象同时也确证着

---

① 参见《马克思恩格斯文集》第1卷，人民出版社2009年版，第501页。
② 《马克思恩格斯文集》第1卷，人民出版社2009年版，第157页。

主体的本质力量。从社会存在出发不是从客观物质条件出发，而是必须从作为客观物质的社会历史活动的劳动出发。在批判性语境中，异化和外化则是指人的思维和实践活动产生的对象反过来统治人的现象，或者说人受到了其对象化本质的束缚。对象成了主体，而主体成了被统治的对象。在古代君权社会和基督教国家中，马克思认为人的存在状态是"人的神圣形象的自我异化"状态，即人以外的自然、上帝、君权等实体成了主体统治着人的存在，限制着人的自由、尊严和幸福。随着资本主义生产方式的发展，人逐渐摆脱了外在权威的束缚，被塑造为"个体"。然而，在资本主义市民社会之中，个体自由具有虚假的特征，共同体也变成了"虚幻的共同体"。人变成了受"物"统治的存在。在人的劳动中，人同劳动产品、劳动行为、劳动者和自己的类本质相异化了。人不仅受到了劳动产品的统治，而且在与其他劳动者的"自由竞争"中成了原子式的、排他的、利己主义的个体。由此可见，在人类不同的历史发展阶段可能会出现不同的异化状况。在资本主义市民社会中，异化就表现为"物化"，即人处于"以物的依赖性为基础的人的独立性"的存在状态。因此，对马克思来说，要实现人类解放，一方面，必须在理论上剖析人的"物化"，在"物和物"的关系之中揭开"人和人"的关系；另一方面，必须现实地改变现存社会，使人的世界和人的关系归还给人自身。

在此意义上，正是从劳动出发，马克思开启了对社会存在与社会意识矛盾关系运动的考察，并深入意识形态批判和政治经济批判。在唯物史观与辩证法的内在统一中，马克思建立起本质上既是客观的，又是批判和革命的辩证法。

其次，祛除辩证法的神秘形式、建立"合理形态"的辩证法离不开对劳动的分析。"黑格尔的《现象学》及其最后成果——辩证法，作为推动原则和创造原则的否定性——的伟大之处首先在于，黑格尔把人的自我产生看做一个过程，把对象化看做非对象化，看做外化和这种外化的扬弃；可见，他抓住了劳动的本质，把对象性的人、现实的因而是真正的人理解为人自己的劳动的结果。"[①] 在马克思看来，黑格尔辩证法的优点就在于抓住了人的异化及其扬弃，从而抓住了劳动的本质。正因如此，黑格尔辩证法潜在地包含一切批判的要素。但同时，黑格尔由于对劳动理解的两方面的错误使得其辩证法

[①] 《马克思恩格斯文集》第1卷，人民出版社2009年版，第205页。

应有的批判性和否定性被体系的封闭性和圆满性所取代。一方面，黑格尔"只看到劳动的积极的方面，没有看到它的消极的方面"①；另一方面，"黑格尔唯一知道并承认的劳动是抽象的精神的劳动。因此，黑格尔把一般说来构成哲学的本质的那个东西，即知道自身的人的外化或者思考自身的、外化的科学，看成劳动的本质"②。由于将劳动的本质理解为哲学上升为科学过程中的自我意识的外化本质，黑格尔理解的劳动只能是积极的活动。这种劳动的理解正是为资产阶级意识形态背书。因此，异化劳动及其扬弃"这个运动在其抽象形式上，作为辩证法，被看成真正人的生命，然而因为它毕竟是人的生命的抽象、异化，所以它被看成神性的过程"③。

正是通过对黑格尔辩证法所蕴含的异化劳动概念的批判性分析，马克思意识到要真正建立作为"推动原则"和"创造原则"的否定性的辩证法，就必须阐明异化劳动的现实意义。在马克思看来，异化劳动并不是抽象的精神活动，而是人的现实的、对象化的实践活动。人通过劳动不断否定对象，并赋予对象新的内涵与形式。因此，劳动是辩证法否定性原则的来源。同时，劳动的对象化在一定社会历史条件下是处于异化状态的，因而具有消极的力量。辩证法的"活动"原则是劳动异化或对象化及其扬弃的运动。辩证法的否定性根源于劳动的对象化；辩证法的批判性和革命性源于劳动的异化。正是通过对劳动的分析，马克思将辩证法从抽象主客二元对立以及思想和关于存在的思想的对立转向社会历史中劳动所引起的丰富的现实的矛盾对立关系。正是以社会历史存在为对象，马克思建立起本质上批判的和革命的辩证法。

再次，马克思建立能够"描绘这个能动的生活过程"的历史观也离不开对劳动的分析。人与动物的区别不是人有意识，而是人通过劳动生产自己的物质生活。这种劳动是人类历史的第一个活动。因此，不能从观念或迷信出发去解释历史，而需要从劳动出发深入社会历史。

马克思通过对劳动的历史发展过程的考察（特别是农业劳动与工商业劳动、精神劳动与物质劳动的分离），揭示了生产力决定生产关系、生活决定意

---

① 《马克思恩格斯文集》第1卷，人民出版社2009年版，第205页。
② 《马克思恩格斯文集》第1卷，人民出版社2009年版，第205页。
③ 《马克思恩格斯文集》第1卷，人民出版社2009年版，第217页。

识的基本原理，创立了唯物史观。第一，在起初的劳动中，"由于天赋（例如体力）、需要、偶然性等等才自发地或'自然地'形成的分工"①，究其根源，这是由于自然力占统治地位时期的生产和生活的限制。第二，伴随着"精神劳动与物质劳动的分离"，"意识**才能**现实地想象：它是和现存实践的意识不同的某种东西；它不用想象某种现实的东西就能现实地想象某种东西"②。正是由于劳动的发展，意识才能够去构造"纯粹的"理论、神学、哲学；与此同时，农业劳动同工业、商业劳动的对立与分离造成了城乡利益的对立。第三，由古代农业社会的农业、手工业、商业等为主的分工转向资本主义社会精细的、受资本限制而形成的世界市场性的分工。这一时期的分工受到资本逻辑的统治，人们为了生存必须出卖劳动力，从而受到作为资本人格化的资本家的奴役和剥削。在资本主义生产方式中，劳动者与劳动资料、工具和产品分离了，这意味着劳动方式造成了"劳动力同他的个性相分离"，"破坏了人的人类本性"③。由此可见，分工决定了个人在劳动材料、工具和产品上的相互关系，决定了所有制形式和政治国家的发展。伴随着劳动分工的发展，相继出现了部落所有制、古代的公社所有制和国家所有制、封建的或等级的所有制形式的国家或共同体。在部落所有制形式下，部落和家庭是基本的共同体形式，部落表现为父权制和奴隶制，家庭表现为奴隶制。在古代的公社所有制和国家所有制形式下，城市是共同体的基本形式，除公社所有制外，私有制发展起来了，城乡利益的对立日益凸显。随着劳动分工的改变，资本主义私有制的政治国家诞生了。由此可见，"以一定的方式进行生产活动的一定的个人，发生一定的社会关系和政治关系"④。通过对劳动的纵向分析，马克思揭示了生产力决定生产关系的原理。

与此同时，马克思通过对劳动的横向分析提出了生活决定意识的观点，从而彻底变革了黑格尔唯心史观以及费尔巴哈的"半截子的唯物主义"。马克思依次考察了劳动的基本内容和形式：物质生活资料生产、新的需要的生产、人的生产和社会关系的生产。在马克思看来，"任何历史观的第一件事情就是

---

① 《马克思恩格斯文集》第1卷，人民出版社2009年版，第534页。
② 《马克思恩格斯文集》第1卷，人民出版社2009年版，第534页。
③ ［匈］卢卡奇：《历史与阶级意识》，杜章智等译，商务印书馆1999年版，第163页。
④ 《马克思恩格斯文集》第1卷，人民出版社2009年版，第523—524页。

必须注意上述基本事实的全部意义和全部范围,并给予应有的重视"①。只有在考察完"原初历史的四个要素、四个方面之后,我们才发现:人还具有'意识'"②。思想、观念和意识只不过是物质生产活动的产物。因此,"不是意识决定生活,而是生活决定意识"③。正是通过对劳动的分析,马克思创立了唯物史观。"这种历史观和唯心主义历史观不同,它不是在每个时代中寻找某种范畴,而是始终站在现实历史的基础上,不是从观念出发来解释实践,而是从物质实践出发来解释各种观念形态。"④

最后,马克思通过对资本主义劳动及其二重性(具体劳动与抽象劳动)的分析,将历史观深入政治经济学批判之中,是唯物史观的具体化。在《政治经济学批判序言》中,马克思不仅写下了唯物史观的经典论述,而且也指明法的关系正像国家的形式一样"根源于物质的生活关系,这种物质的生活关系的总和,黑格尔按照18世纪的英国人和法国人的先例,概括为'市民社会',而对市民社会的解剖应该到政治经济学中去寻求"⑤。同时,理解政治经济学的枢纽是"商品中包含的劳动的这种二重性"⑥。正是从"商品中包含的劳动的这种二重性"入手,马克思揭示了社会历史发展的内在矛盾及其发展趋势,进一步推动了唯物史观的升华。

综上所述,劳动作为实践的历史的具体的基本形式是马克思变革传统辩证法和历史观的关键切入点,构成了辩证法与唯物史观对象一致性的基础。

三 人的现实发展:辩证法与唯物史观的共同主题

以实践活动为基础,唯物史观和辩证法有着相同的主题。一方面,黑格尔辩证法的伟大之处在于"把人的自我产生看做一个过程"⑦;另一方面,"这种历史观就在于:从直接生活的物质生产出发阐述现实的生产过程"⑧,

---

① 《马克思恩格斯文集》第1卷,人民出版社2009年版,第531页。
② 《马克思恩格斯文集》第1卷,人民出版社2009年版,第533页。
③ 《马克思恩格斯文集》第1卷,人民出版社2009年版,第525页。
④ 《马克思恩格斯文集》第1卷,人民出版社2009年版,第544页。
⑤ 《马克思恩格斯文集》第2卷,人民出版社2009年版,第591页。
⑥ 《马克思恩格斯文集》第5卷,人民出版社2009年版,第54—55页。
⑦ 《马克思恩格斯文集》第1卷,人民出版社2009年版,第205页。
⑧ 《马克思恩格斯文集》第1卷,人民出版社2009年版,第544页。

即"人的现实生活过程"。从本质性内容和理论主题上来说,马克思辩证法与历史观是内在统一在一起的,它们都是关于现实的人及其历史发展的科学。

实践作为人的自由自觉的类活动蕴含着发展维度。实践活动本身是一个不断改造实践主体自身与对象的无限发展的过程。这是因为,就实践的主体而言,实践活动总是蕴含了人的目的和需要。而人的目的具有多样性和历史性的特点。从同时态看,人的目的和需要具有各种各样的差异,因而包含丰富的价值诉求和实践内容;从历时态来看,实践活动是在不断生成的实践主体运作下进行的,具有接续性和不断自我否定的特征。因此,从社会历史的具体的总体来看,实践活动没有一个最终的目标,其目的具有阶段性和暂时性的特点。所以实践活动蕴含着不断发展的维度。这是人与动物的根本区别。就实践的对象而言,实践活动的物质条件基础既是实践活动的前提,也是实践活动的结果。本身也不是费尔巴哈所直观到的不变的"感性对象",而是由于"感性活动"而发生变化的对象。这种客观物质条件的变化是向前发展,还是向后退化,一方面决定自身的客观性质是否丰富与优化;另一方面也受到人的价值判断的影响。因此,动物不发生任何关系,自在之物也不会有任何发展,只有在实践活动中产生的"为我之物"才具有发展的维度。由此可见,发展是实践活动特有的维度,只有在实践中才有发展。

观念的能动性和发展性完全取决于实践的发展性。然而,在古典哲学那里,这种发展性再次获得了颠倒并神秘化了。在黑格尔辩证法中,思维运动的发展才具有现实性。人的存在只是为了证明最终的真理。因此,"历史也和真理一样变成了特殊的人物,即形而上学的主体,而现实的人类个体倒仅仅是这一形而上学的主体的体现者"[1]。主体变成了实体,即"绝对的人格"。黑格尔的辩证法与历史观在环节之中蕴含着一定的发展,但却是以绝对精神为目标。在马克思看来,黑格尔法哲学、现象学、精神哲学、历史哲学和自然哲学中所蕴含的发展也只不过是过去现实的历史活动发展的抽象的、思辨的总结和概括。虽然,黑格尔辩证法强调作为"创造原则"和"推动原则"的否定性,已经包含发展的必要要素,但却在其绝对真理的唯一发展路标中流产了。正是在此意义上,恩格斯的论述直击了黑格尔哲学的要害。黑格尔

---

[1] 《马克思恩格斯文集》第1卷,人民出版社2009年版,第284页。

辩证法与唯物史观的内在统一

虽然将自然和精神的历史看作一个过程,并试图寻找其内在发展和联系,"尽管如此强调这种永恒真理不过是逻辑的或历史的过程本身,他还是觉得自己不得不给这个过程一个终点,因为他总得在某个地方结束他的体系"①。绝对真理的设定终结了发展。由于"自然界"的外化也不过是观念的外化并回归自身的环节,因而也就不是"时间上的发展"。因此,黑格尔辩证法和历史观本质上是思想体系的"过程观",而不是"发展观"。

由此可见,发展性只存在于实践活动中,并且决定观念所蕴含的发展性。脱离实践活动来谈观念的发展必然走向封闭的逻辑过程。所谓的发展只是关于现实的人及其历史的发展。除此以外,便谈不上发展。因此,一方面,以实践为基础的唯物史观和辩证法就拥有了共同的主题:现实的人及其历史发展;另一方面,作为发展的学说,马克思的唯物史观和辩证法都是以发展的眼光理解人及其世界。

(1) 辩证法的性质与主题。一般来说,马克思辩证法是以发展的眼光看问题。那么,辩证法为什么是以发展的眼光看问题,为什么能以发展的眼光看问题?原因在于辩证法是以实践为基础,并且是以实践观点的思维方式理解人及其世界。

实践活动的发展性决定了辩证法的发展观。发展是向前的运动。那么,谁来决定这个运动的方向?在黑格尔那里,辩证法预设了一个神学的总体视域。正是绝对精神的设定使得概念的辩证运动有了前进的方向。与此相应,马克思的辩证法是否也设定了一个终极目标和完满的社会形态作为辩证法运动的动因和方向?这一个问题蕴含的现实问题是人类的发展是否有一个共同的终极目标?显然,答案是否定的。从实践活动出发,发展是人的现实发展。从时间上看,人的发展一个无限的、不断展开的过程。从内容上看,人的发展包含无限多的可能性和差异化、多元化的内容。因此,发展并不走向一个确定终极目标,而是不确定的可能性的开展。正是基于实践的发展性,辩证法才能以发展的观点看问题,对现存事物肯定理解的同时包含否定的理解,对现存事物作出必然灭亡的理解。正是实践活动的发展性为这种理论思维提供了合法性。

---

① 《马克思恩格斯文集》第 4 卷,人民出版社 2009 年版,第 271 页。

实践活动的发展性决定了以实践为基础的辩证法不是价值中立的认识工具，也不是关于客体运动的自然规律，而是蕴含了人的现实发展的内涵逻辑。一直以来，马克思辩证法要么在认识论范式中得到确认，要么在自然主义范式中得到理解。这两种理解都是在抽象的主客、唯物唯心的二元对立中，确认马克思辩证法的唯物性质与客观性。其结果是导致了对马克思辩证法的退行性理解，将辩证法阐释为一种直观或客体的思维方式。"在一切形而上学中，客体，即思考的对象，必须保持未被触动和改变，因而思考本身始终是直观的，不能成为实践的；对于辩证方法来说，问题的中心是改变现实。"①从实践活动出发，辩证法真正与形而上学的直观分道扬镳。辩证法与直观的根本区别在于"当作实践去理解、从主体方面去理解"。由于主体是现实的人，而实践是人的存在方式。当作实践去理解与从主体方面去理解具有一致性。实践活动与实践主体的核心就是"改变世界"和人的现实发展。因此，辩证法的本质是通过批判现存的一切来描绘并推动现实的人及其历史发展的矛盾运动过程。

（2）唯物史观的性质和主题。从实践出发，马克思的唯物史观既是关于现实的人及其历史发展的"历史科学"，也是"消解人的非神圣形象自我异化"的"为历史服务的哲学"。作为"历史科学"，唯物史观的任务是在历史具体中把握历史发展的规律；作为"为历史服务的哲学"，其特点在于不是"教条地预期未来，而只是想通过批判旧世界发现新世界"②。

第一，历史不是无目的的活动，但其目的不在于证明几条简单的真理。"历史不过是追求着自己目的的人的活动而已。"③ 历史的目的就是人的目的。这里的人不能被理解为绝对的人格或"鲁滨逊式"的抽象个体，而是现实的个人。一方面，人以实践作为存在方式，因而是自由自觉的"类存在物"；另一方面，人的本质的现实性在于其是一切社会关系的总和。人的本质与社会生活的本质是统一于实践的。因此，历史的目的既是个体的发展，又是社会的向前发展。在现实的历史发展过程中，二者往往处于紧张的关

---

① ［匈］卢卡奇：《历史与阶级意识》，杜章智等译，商务印书馆1999年版，第51页。
② 《马克思恩格斯文集》第10卷，人民出版社2009年版，第7页。
③ 《马克思恩格斯文集》第1卷，人民出版社2009年版，第295页。

系之中。因此，历史目的是人的价值与社会价值的否定性统一。唯物史观的目的在于揭示了个体发展与社会发展的矛盾运动关系，从而推动现实的人及其历史发展。

第二，历史规律与自然规律虽然都以必然性作为基础，但二者的必然性有着本质的区别。自然的规律是客体运动的规律，而历史规律是主体发展的规律。自然规律完全排除主观的因素，具有普遍有效性特征。与之不同，历史规律是通过主体的活动表现出来而又不以单个人的意志为转移的一定时空联结中的规律。换言之，历史规律具有历史具体性的特征。唯物史观认为，生产力决定生产关系、经济基础决定上层建筑是历史发展的规律。但是，社会存在不过是人的现实生活过程的总和，而生产力与经济基础也是人的社会历史活动创造的。因此，所谓的历史规律本身就已经打上了人的烙印。因此，这些历史规律的必然性是通过人的实践活动发生效用的。生产方式"是这些个人的一定的活动方式，是他们表现自己生命的一定方式、他们的一定的生活方式"[1]。生产力决定生产关系的历史规律是在"一定的"具体历史条件中发生的。"以一定的方式进行生产活动的一定的个人，发生一定的社会关系和政治关系。"[2] 由此可见，与自然规律的普遍有效性不同，历史规律具有历史的具体性。

第三，正是从实践活动的发展性来看，历史是合规律性与合目的性辩证统一的发展过程。正是基于这一认识，唯物史观既不是对以往历史旁观的实证主义研究，也不是教条式地预测未来，而是在批判旧世界中发现新世界。一方面，唯物史观是在历史具体之中把握历史发展规律的"历史科学"；另一方面，唯物史观是不断揭露人的异化的生存状态和个体与社会的矛盾运动关系的"为历史服务的哲学"。其核心主题是现实的人及其历史发展。

总而言之，从实践活动出发，人的现实发展构成了唯物史观与辩证法的共同主题，这决定了唯物史观与辩证法都是关于现实的人及其历史发展的学说。从性质、对象和主题三个维度来看，实践构成了唯物史观与辩证法内在统一的基础，因而也是马克思实现对辩证法理论变革的理论根基。

---

[1]《马克思恩格斯文集》第1卷，人民出版社2009年版，第520页。
[2]《马克思恩格斯文集》第1卷，人民出版社2009年版，第523—524页。

第三章　现实的人及其历史发展的内涵逻辑：马克思辩证法理论变革的理论内涵

我们说马克思实现了对以往辩证法理论的变革，从理论路径来看是在实践基础上辩证法与唯物史观的内在统一。那么，马克思辩证法变革的理论内涵是什么？辩证法在哪些方面获得新的涵义？关于马克思辩证法变革的研究，存在两种截然对立且影响持久的外在性的割裂理解：旧唯物论式的和黑格尔式的。在这两种理解的强力影响之下，马克思所实现的辩证法的理论变革被简单化和片面化了。前者在客观性和唯物论的意义上将辩证法理解为"见物不见人式"的"无人身的客体"运动；后者则在主体性和批判性的意义上将辩证法理解为"阶级意识"的总体观点。二者都脱离唯物史观理解马克思的辩证法，遮蔽了马克思辩证法理论变革的真实内涵。

在唯物史观与辩证法的内在统一中，马克思辩证法理论变革的理论内涵得以真正展开，马克思辩证法成为现实的人及其历史发展的内涵逻辑。这体现在辩证法的理论性质、思想观点和理论范式三个方面。第一，辩证法作为一种内涵逻辑，其关键的问题不是形式，而是本质性内容。从理论性质上看，马克思辩证法实现了从"精神活动"到"社会生活"的变革。在辩证法客观性和唯物论基础方面，唯物史观完成了对辩证法与唯物论的双重变革，使辩证法与唯物论结合得以可能，为辩证法提供了"物质生活的关系"的唯物论基础，从而赋予了辩证法真实的客观性；在辩证法的主体性与批判性方面，唯物史观的创立揭示了辩证法批判性的根源在人的现实活动过程，从而恢复了辩证法本有的主体性与否定性维度，建立起作为"社会历史前提批判"的辩证法。第二，从辩证法与唯物史观的内在统一理解马克思辩证法的理论变革，其变革具体体现为对辩证法思想观点的革新：从思辨具体性到历史具体性。从"联系"上看，实现了从思辨的总体观到社会生活的联系观的变革；

从"发展"上看,实现了从抽象时间的过程观到人及其历史的发展观的变革。第三,从辩证法与唯物史观的内在统一探讨马克思辩证法的理论变革,其变革还特别深刻地体现为对辩证法理论范式的变革。具体而言,唯物史观与辩证法的内在统一推动辩证法的内涵逻辑从"存在"到"现实的人生活过程"转变,建立了关于现实的人及其历史发展的内涵逻辑,从而实现了辩证法的生存论转向。在辩证法与形而上学的关系方面,唯物史观的创立消解了辩证法的形而上学阴影,祛除了辩证法的"神秘形式",建立起后形而上学意义上的辩证法。

第一节　理论性质的改变:从"精神活动性"到"社会生活性"

通过历史观领域的变革,马克思完成了对辩证法理论危机的拯救,并为辩证法提供了新的理论内涵和根基。正是在唯物史观与辩证法的内在统一中,马克思辩证法的客观性、唯物性与主体性、批判性获得了真正的统一。从理论性质层面看,这种变革体现为传统辩证法理论中的主观性与消极性得到了消解,辩证法不仅确立起客观性,而且发展出彻底的批判性和革命性。

一　辩证法的客观性与唯物性:从"客观的自然"到"物质的生活关系"

辩证法与唯物史观的内在统一是马克思实现的对传统辩证法理论变革的实质性内容。唯物史观所确立的"物质的生活关系"的基础性地位,第一次为辩证法提供了现实的唯物论基础,改变了辩证法在历史上长期的唯心主义状态。

如前所述,旧唯物主义从本质上无法吸收辩证法,也不能为辩证法提供一个唯物论基础。那么,马克思是如何使辩证法与唯物论结合起来的呢?马克思的唯物史观成了这里的关键。唯物史观的创立实现了唯物论与辩证法的双重变革,并使二者结合成为可能。在《资本论》的第二版跋中,马克思在回应伊·伊·考夫曼《卡尔·马克思的政治经济学批判的观点》一文对其辩证方法的批判时提到,"这位作者先生从我的《政治经济学批判》序言(1859年柏林版第4—7页,在那里我说明了我的方法的唯物主义基础)中摘

第三章 现实的人及其历史发展的内涵逻辑：马克思辩证法理论变革的理论内涵

引一段话后说……那他所描述的不正是辩证方法吗？"① 从马克思自身的学术发展来看，马克思是通过唯物史观建构辩证法的唯物论基础完成了对辩证法内涵的置换。

"我的辩证方法，从根本上来说，不仅和黑格尔的辩证方法不同，而且和它截然相反。在黑格尔看来，思维过程，即甚至被他在观念这一名称下转化为独立主体的思维过程，是现实事物的创造主，而现实事物只是思维过程的外部表现。我的看法则相反，观念的东西不外是移入人的头脑并在人的头脑中改造过的物质的东西而已。"② 马克思的表述看上去如此简单，以至于长期以来人们通常在简单的"颠倒"意义上理解马克思对以黑格尔为顶峰的辩证法理论的变革与超越。这种简单化理解，在苏联教科书体系中被固化，并对后世产生了深远持久的负面影响。如前所述，这是一种割裂性的和外在性的理解，即在旧唯物主义的立场上，脱离唯物史观理解唯物辩证法对唯心辩证法的颠倒。这种庸俗化和简单化的理解遭到许多西方马克思主义者的批判。在阿尔都塞看来，用"颠倒"的比喻来描述马克思辩证法同黑格尔辩证法的区别是不恰当的。"关于辩证法颠倒过来这个不确切的比喻，它所提出的问题并不是要用相同的方法去研究不同对象的性质（黑格尔的对象是观念世界，马克思的对象是真实世界），而是从辩证法本身去研究辩证法的性质即辩证法的特殊结构。"③ 当然，马克思对黑格尔辩证法的颠倒不可能是简单地用"物质决定意识"来颠倒"意识决定物质"完成的，否则在以费尔巴哈为代表的旧唯物主义者那里应该早已实现这样的颠倒。事实与此相悖，旧唯物主义者不仅没能完成这种颠倒，而且从本质上与辩证法相对立。

在这里，关键的问题在于"改造过的物质的东西"能否等同于旧唯物主义所理解的"物质"。④ 对此，马克思的唯物史观有着详尽的批判性分析和论述。旧唯物主义的"物质观"或"自然观"是抽象的、直观的和机械的。与以往的旧唯物主义相比，费尔巴哈有很大的优点，即承认"感性对象"，但是

---

① 《马克思恩格斯文集》第5卷，人民出版社2009年版，第20—21页。
② 《马克思恩格斯文集》第5卷，人民出版社2009年版，第22页。
③ ［法］阿尔都塞：《保卫马克思》，顾良译，商务印书馆1984年版，第71页。
④ 参见孙利天《马克思的唯物史观对黑格尔辩证法的颠倒》，《马克思主义与现实》2008年第2期。

他不能理解"感性活动"。费尔巴哈所理解的物质是"感性确定性"所感知的对象。然而,"樱桃树只是由于一定的社会在一定时期的这种活动才为费尔巴哈的'感性确定性'所感知"①。在马克思看来,物质并不是直观的对象,而是感性活动的过程和结果。"这种活动、这种连续不断的感性劳动和创造、这种生产,正是现存的感性世界的基础,它哪怕只中断一年,费尔巴哈就会看到,不仅在自然界将发生巨大的变化,而且整个人类世界以及他自己的直观能力,甚至他本身的存在也会很快就没有了。"②从古希腊自然哲学的朴素唯物论到培根的"物质带着诗意的感性光辉对整个人发出微笑"的物质观、霍布斯的"漠视人"的机械物质观、法国唯物主义的机械唯物论再到费尔巴哈的感性直观的物质观,本质上都是一种抽象的物质观念,其实质仍然是一种唯心主义。黑格尔就曾明确指出,"唯物论认为物质的本身是真实的客观的东西。但物质本身已经是一个抽象的东西,物质之为物质是无法知觉的……抽象的物质观念却被认作一切感官事物的基础"③。旧唯物主义的物质观是与直观的思维方式绑定在一起的。所谓的"物质"是一切感官事物的基础。直观就是将现存的理解为现实的。与之不同,辩证法则是要在肯定的同时包含否定的理解,现实是事物运动的开展过程。显然,这种抽象的物质观念只能是无法与辩证法兼容在一起的。

正因如此,马克思对黑格尔辩证法的克服不是回到旧唯物论"以直观或客体的方式"反对辩证法,而是"当作实践、从主体方面去理解",既克服辩证法的思辨唯心性质,又继承黑格尔辩证法的主体性和否定性并赋予其现实的唯物论基础。因此,这里蕴含的深层次问题是辩证法如何既不同于旧唯物主义的直观,又不同于唯心辩证法的思辨性质?如何既是批判的、能动的又是唯物的?在辩证法中主体性与唯物论如何吻合?正是基于这一问题意识,马克思在批判黑格尔辩证法时指出,"思维过程"只不过是"改造过的物质的东西"④。

在唯物史观看来,"物质"绝不是现成的直观的对象,它应当是"改造过的物质的东西",即"感性活动"、实践活动的产物和社会活动的存在。从

---

① 《马克思恩格斯文集》第 1 卷,人民出版社 2009 年版,第 528 页。
② 《马克思恩格斯文集》第 1 卷,人民出版社 2009 年版,第 529 页。
③ [德] 黑格尔:《小逻辑》,贺麟译,商务印书馆 1980 年版,第 115 页。
④ 参见《马克思恩格斯文集》第 5 卷,人民出版社 2009 年版,第 23 页。

第三章 现实的人及其历史发展的内涵逻辑：马克思辩证法理论变革的理论内涵

马克思对唯物论的变革角度来说，唯物史观本质上是一种"历史的物质观"。在《德意志意识形态》中，马克思对费尔巴哈物质观或自然观的批判表明：物质是人的实践活动中的、具体的、社会历史性的存在。它既是人类社会历史活动的产物和结果，也是社会历史的客观物质条件。正如马克思提到的，自然是工业和商业的产物，是人的实践活动的产物。樱桃树也不是与生俱来就出现在费尔巴哈的直观中的。

物质是一个生活实践范畴。物质不是在与意识的主客二元对立中静态地、抽象地被确立的，而是在社会历史的生活实践中成了现实性维度的代名词。旧唯物主义的抽象物质观造成了客观自然和属人自然的二元对立，这是在近代哲学主客二元对立的基本框架中抽象地理解物质概念的结果。抽象物质观承认一个不以人的意志为转移的客观物质世界的存在，承认一个与人类社会领域截然分离的客观自然领域。因此，抽象物质观实际上仍然是在主客、心物二元对立的框架之内去探究世界的统一性问题。在此框架之内，仍然存在人的主观意识如何切中不以人的意志为转移的、脱离人而存在的客观自然的问题。苏联教科书体系通过"被知识化的实践"来回答这个问题。同时，将客观自然与属人自然、物质运动与实践活动的关系描述为包含与被包含的关系。这样既"解决了"本体问题，又解决了认识问题，但这仍然存在无法解释的地方。既然客观自然的范围大于属人自然的范围，属人自然仅是客观自然的一种特殊存在形式，那么客观自然与属人自然的交集才是真正人所属的世界。即使以此为前提，按照康德的话说，交集以外的"物自体"可以思考，但无法被认识。与此同时，抽象物质观导致宿命论，掩盖人的主体性。抽象物质观认为存在在人之外的、不以人的意志为转移的客观自然，并且相比人类社会具有本原地位。既然属人自然相比客观自然只具有从属地位，那么人类社会也同客观自然一样具有不以人的意志为转移的客观规律，历史如同一辆自动行驶的火车，作为乘客的人无法改变火车的方向。人只不过是社会历史规律的表现者，也就无所谓主体性可言。因此，悬设一个客观自然本体，并以此说明作为客观自然特殊形式的人类社会，必定会掩盖人的主体性。那为什么要从一个不可认识的、不以人的意志为转移的世界的本质及其规律出发去探究人类社会的规律（或者认为人类社会的规律无非是自然规律的特殊形式并包含于其中），而不从可被认识和改造的属人自然（人类社会）本身出

149

发去认识和改造人所处的世界？另一种合理的解释是，并不存在脱离于人的自然，人所认识和改造的自然不是单纯客观的自然，而是客观自然和人类社会二者的统一体，即"人化了的自然"。自然不过是"人的无机身体"。相反，"抽象地理解的、自为的、被确定为与人分隔开来的自然界，对人来说也是无"①。

相比这种抽象的物质概念，马克思在表述自己唯物论的思想时，更多的是运用现实的概念。在马克思的语境中，物质概念的根本内涵就是现实性。"物质"与"精神"的对立只有在"天国"与"人间"、"臆想"与"现实"、"神圣"与"非神圣"、"此岸"与"彼岸"、"抽象"与"具体"、"市民社会"与"政治国家"、生产力与生产关系、经济基础与上层建筑的语境中才具有现实的、具体的意义。由此可见，马克思的物质概念的内涵是在社会生活的领域发生的。"主观主义和客观主义，唯灵主义和唯物主义，活动和受动……这种对立的解决绝对不只是认识的任务，而是现实生活的任务，而哲学未能解决这个任务，正是因为哲学把这仅仅看做理论的任务。"② 马克思的物质概念绝不是在抽象的主客二元对立中确认的，不是首先在认识论领域确立的，而是首先在社会生活领域中确立的。第一，物质概念意在反对脱离社会生活实际的哲学意识形态，剥离意识形态的迷雾，直面社会历史中的"个体""他们的活动"以及"他们的物质生活条件"，为推动人的自由而全面发展提供着力点；第二，物质概念是为了转向人的社会现实生活，提供考察社会历史根本动力、主体、目的和规律的方式；第三，物质的基本存在方式是社会生活（运动）。在人的生活实践的社会历史活动中，旧唯物主义直观下的"物质"才具有存在的基本方式，即人的实践活动。无论是"樱桃树"还是自然界都是在实践活动中才成为对于人来说现实的对象。因此，马克思的物质概念所蕴含的物质性和客观性是实践的物质性和实践的客观性，正如马克思在历史观和辩证法中强调的主体性也只能是实践的主体性。这本质上不同于近代哲学中的物质和主体性观念。

物质不仅仅是一个生活概念，而且是一个关系概念。在马克思这里，关

---

① 《马克思恩格斯文集》第1卷，人民出版社2009年版，第220页。
② 《马克思恩格斯文集》第1卷，人民出版社2009年版，第192页。

第三章　现实的人及其历史发展的内涵逻辑：马克思辩证法理论变革的理论内涵

系是相对实体而言的，而实体是一个形而上学范畴。亚里士多德将实体定义为区别于属性的九种范畴而独立自存的、第一性的东西。实体是万物的最高原理的基本原因，旧唯物主义正是在此意义上将抽象化的物质实体作为感觉对象的基础。这种理解蕴含的仍然是"以一驭万"的形而上学。在唯物史观中，物质不再是实体性的范畴，而是演变为物质变换的关系性范畴。它蕴含的是物与物（资本、商品、货币）、人与物（生产）、人与人的社会关系（生产关系）。然而，无论是旧唯物论还是生活常识都难以理解物质作为一种关系的存在。这是因为其蕴含的是知性的对象性的思维方式（海德格尔）。物质只能是相对于主体的客体。正因如此，这种物质观本质上是与辩证法冲突的。与之不同，在马克思看来，物质是存在于物质生活关系中，是在实践活动关系中展开的客观实在性。这种关系性的物质概念打破了物质的抽象的实体性定义，从而赋予了其现实性内涵。因此，在《政治经济学批判序言》中为辩证法提供唯物主义基础之时，马克思指出其"一经得到就用于指导我的研究工作的总的结果"是"人们在自己的生活的社会关系中产生一定的、必然的、不以他们的意志为转移的关系"，即"物质的生活关系"①。"物质的生活关系"构成了辩证法的新根基。正因如此，在探讨"物"的时候，马克思不能使用"显微镜"（直观——"感性对象"）与"化学试剂"（还原——"帽子"），而需要使用"抽象力"②，即辩证法。在"物"和"物"的关系中探讨"人"与"人"的关系。在生产关系与生产力中探究资本主义社会的"物"与"人"的内在矛盾关系，揭开其"物化"面纱。正是在此意义上，奥尔曼提出马克思的辩证法是一种"内在关系的辩证法"。③

马克思的唯物史观不仅变革了旧唯物论的抽象物质观与辩证法的对立状况，而且实现了对黑格尔辩证法的历史性颠倒，赋予了辩证法以新的根基。对黑格尔唯心辩证法的颠倒并不是在主客二元抽象对立的形而上学框架内完成的，而是通过对旧唯物论的变革而完成的。根据这种辩证法的唯物主义基础，黑格尔辩证法所蕴含的历史性是"精神的戏法"，而马克思辩证法所蕴含

---

① 参见《马克思恩格斯文集》第2卷，人民出版社2009年版，第591页。
② 参见《马克思恩格斯文集》第5卷，人民出版社2009年版，第8页。
③ 参见［美］伯特尔·奥尔曼《辩证法的舞蹈——马克思方法的步骤》，田世锭、何霜梅译，高等教育出版社2006年版，第60页。

的历史性是现实的人及其发展的历史。因而，思想的客观性问题从一个理论问题转变为一个实践问题。辩证法的客观性不再来源于"思辨的总体性"所赋予的概念辩证运动过程开展出的环节的必然性，而是根源于生活实践中所建立的"物质的生活关系"，即人与自然、人与社会的否定性统一关系。在这种人的实践活动所推动的"物质的生活关系"的辩证发展过程中，辩证法的客观性真正确立起来。长期存在于辩证法历史上的主观性和消极性的迷雾得以祛除。

二 辩证法的主体性与批判性：从意识主体性到实践主体性

从马克思辩证法批判性与主体性方面来看，唯物史观的创立使得马克思的辩证法指向一种"社会历史前提批判"。从作为社会历史前提的实践主体及其实践活动出发，马克思完成了对辩证法思想的历史性革新。"本体论辩证法向历史辩证法的转变，把作为批判性、否定性思维的双向哲学思想保存下来了。"[1]

如前所述，黑格尔辩证法的本体论预设是"实体即主体"，因而在黑格尔辩证法中"主体"包含两个方面的要素：第一，设定人＝自我意识；第二，把"思维同主体分隔开来"[2]。根据第一个设定，人及其本质被等同于自我意识，而自我意识是意识的对象化。于是，人的本质的异化被等同于自我意识的异化，也就是意识的对象化的扬弃。因此，黑格尔辩证法的第一个错误就是对现实的异化（财富、国家权力等）仅从思维形式上考察，将现实的异化视作"抽象的哲学的思维的异化"。根据第二个设定，将思维同真正的主体（活生生的现实的人）分割开来，思想通过概念的辩证运动超越自我意识达到"绝对精神"。对此，马克思批判道："否定的否定是作为在人之外的、不依赖于人的对象性本质的这种假本质，并使它转化为主体。"[3] 因此，黑格尔辩证法的第二个错误在于，"把对象世界（抽象的精神世界）归还给人"，即将人性视作精神抽象的产品。正是基于上述原因，马克思提到，"黑格尔的虚假的实证主义或他那只是虚有其表的批判主义的根源就在于此"[4]。

---

[1] ［美］赫伯特·马尔库塞：《单向度的人》，刘继译，上海译文出版社2014年版，第128页。
[2] 《马克思恩格斯文集》第1卷，人民出版社2009年版，第220页。
[3] 《马克思恩格斯文集》第1卷，人民出版社2009年版，第214页。
[4] 《马克思恩格斯文集》第1卷，人民出版社2009年版，第213页。

第三章 现实的人及其历史发展的内涵逻辑：马克思辩证法理论变革的理论内涵

由此可见，黑格尔的辩证法将自我意识的能动性与绝对精神的完满性辩证地统一起来，建构为思维（主体—实体）的辩证运动过程。在此过程中，由于在精神层面的人的异化及其扬弃的过程和否定原则、创造原则，马克思指出，"《现象学》是一种隐蔽的、自身还不清楚的、神秘化的批判；但是，因为《现象学》紧紧抓住人的异化不放——尽管人只是以精神的形式出现——，所以它潜在地包含着批判的一切要素，而且这些要素往往已经以远远超过黑格尔观点的方式准备好和加工过了"①。但是，由于黑格尔辩证法及其"主体"设定的上述的两个错误，黑格尔的辩证法只是为历史找到了"抽象的表达"，只有一个"批判和否定的外表"。同时，在马克思看来，黑格尔辩证法抓住了"劳动的本质和异化"，但只是就精神活动性而言。要真正建立起批判和革命的辩证法就必须了解"'革命的'、'实践批判的'活动的意义"②。

因此，马克思要为历史找到真实的表达，确立批判和革命的"合理形态"辩证法，就必须诉诸社会历史的前提，从实践活动出发，重新确立辩证法的"主体"。与黑格尔辩证法的观念"主体"不同，马克思将"主体"与"实践"有机地统一在一起。主体是能动的、对象性的、现实的感性活动的实践主体。

从实践的一般形式来看，根据《关于费尔巴哈提纲》（以下简称《提纲》）的论述，马克思所指的实践概念是指人的感性的、现实的、对象性的活动。然而，非对象性的存在物是非现实和非感性的非存在物。因此，就实践活动的一般形式来看，对象性是实践活动的基本特征。费尔巴哈看到了人的思维的直观的对象性；黑格尔则捕捉到了人的思维的活动的对象性，但二者都没有看到，思想的对象性植根于实践活动的对象性。实践活动的对象性就表现为直接现实性，即实践活动是主体与他物或他者发生关系的活动。因此，从实践的一般形式来看，实践具有两方面的内容即人与人发生关系和人与物发生关系。

从马克思实践概念的价值内涵来看，实践是人的自由自觉的活动。人的

---

① 《马克思恩格斯文集》第1卷，人民出版社2009年版，第204页。
② 参见《马克思恩格斯文集》第1卷，人民出版社2009年版，第499页。

活动不同于动物的活动。动物的活动只是由于生存需要的生物必然性强制，而人除了受到自然生命的限制，还能够根据自己的需要、审美改变世界。因此，同西方实践哲学传统一样，马克思将自由自觉视作实践的根本规定性。但西方实践哲学传统只是在道德实践或精神活动的意义上强调绝对的自由；而马克思的实践则是在现实的、对象性的活动中，确认人的自由本质。然而，在过往的现实社会中，人的现实的实践活动反而是不自由的，只有在天国的生活、伦理政治生活和精神生活中才是自由的。西方实践哲学传统没有去反思这种现象的根源，而是去正面迎合和阐释了这种实践的二重分裂。

从实践概念的哲学史渊源来看，实践概念总是被分解为事实性和价值性两个维度。康德将其区分为"自然概念的实践"和"自由概念的实践"。前者对应人和物的关系，人通过理性认识世界的客观物质规律，应用科学技术改造他物；后者对应人和人的关系，人通过伦理规范和政治制度的设计与安排，改善与他人的关系。亚里士多德区分了理论、制作和实践。理论是追求"终极实在"，制作是人对物的改造活动，实践是人与人之间的伦理道德行为。在亚里士多德、康德看来，只有道德实践才是人的主体性和自由的领域，才是真正的实践。与之相反，在培根、霍布斯、洛克以及18世纪法国唯物主义者看来，实践主要是指按照必然性知识改造客观事物获得物质利益的活动。由此可见，物质生产实践属于必然性的领域，只有道德和伦理实践才是主体性和自由的领域。这两种实践哲学传统使得对实践活动的理解片面化了，都没能真正理解实践活动的真实含义。费尔巴哈从感性出发，把实践当作人的"主观的、利己主义"的活动，而把理智直观视作对客体的正确反映；黑格尔则从理性出发，将人的活动视作精神的活动，自由和主体性只能属于精神活动的领域。

在马克思看来，他们都各自夸大了实践的两个方面，并将二者对立起来，要么强调实践活动的对象性，要么强调实践活动的主体性和自由自觉性。将实践两方面特性片面化和极端化的做法植根于实践活动的社会历史性。自然和资本实践是自然与自由的统一。受到自然的限制，实践活动作为主体性彰显的活动只能在道德伦理行为中得以展开；受到资本逻辑的控制，实践活动作为主体性彰显的活动只能在"物化"的功利行为或天国的生活中得以展开。在资本主义市民社会中，一方面，资本逻辑正是以必然性和宿命论为特征的

第三章　现实的人及其历史发展的内涵逻辑：马克思辩证法理论变革的理论内涵

物质生产实践将主体间的关系置换为主客关系，使人和人的关系物化；另一方面，又是以政治伦理实践构建人的天国的生活，使人在"非现实性"的地方寻找人，在"真正现实性的地方寻找非人"。因此，两种实践哲学传统只是从正面或反面反映了人的实践活动的现实状态。

从社会历史维度看，实践活动开展为一个趋向自由的过程。实践活动的两方面特性则统一于这一社会历史过程。一方面，实践属于必然的领域。"一切人类生存的第一个前提，也就是一切历史的第一个前提，这个前提是：人们为了能够'创造历史'，必须能够生活。但是为了生活，首先就需要吃喝住穿以及其他一些东西。因此第一个历史活动就是生产满足这些需要的资料，即生产物质生活本身。"[①] 实践首先是满足人的生存需要的必然性的物质生产活动。另一方面，社会历史不同于自然过程的地方在于实践是人的"自由自觉"的活动，人根据自己的理想和需要改变现存的世界。随着人类社会实践的发展，人类的实践活动将越来越摆脱异化的形式回归对象性的一般形式和自由自觉的价值理想。费尔巴哈乃至以往的旧哲学都忘记了社会历史构成实践的理论本性，因而不懂得"'革命的'、'实践批判的'活动的意义"[②]。

基于实践活动，马克思变革了以往哲学的主体性观念，确立了实践主体。主体性就是实践性，主体只有在实践中才成为主体。实践活动决定了主体是对象化的、现实的存在物、类存在物和社会历史的存在物。首先，实践是现实的、感性的、对象性的活动，因而主体也是通过其对象化的活动彰显其本质。康德论证人在实践理性领域的自由即自律的道德行为只能悬设一个"纯粹理性者"的主体。黑格尔将主体导向绝对（无对）的思维活动实际上将主体虚无化了。实体成了主体，而主体成了确证实体的环节。脱离了实践活动的思维主体也就丧失了对象化因而也是现实的存在属性。因此，只有在对象化的活动中，主体的存在才具有现实意义，否则就只能被抽象地发展，陷入主观主义的窠臼。其次，实践活动的自由自决属性决定了主体是一种"类存在物"。"自由而有意识的活动恰恰就是人的类特性"，"通过实践创造对象世

[①]《马克思恩格斯文集》第 1 卷，人民出版社 2009 年版，第 531 页。
[②] 参见《马克思恩格斯文集》第 1 卷，人民出版社 2009 年版，第 499 页。

界，改造无机界，人证明自己是有意识的类存在物"①。在实践活动中，人作为主体不仅是按照"物种的尺度"进行生产，更为重要的是按照美的规律进行创造。因此，实践活动决定主体是自由意志的主体。最后，实践活动塑造的主体是社会历史的存在物。主体不是超越现实生活之上的主观预设，相反，客体也不是脱离现实生活的"纯粹自然"。实践活动的社会历史性决定了主体的产生和发展、主体的内涵和定义都有着社会历史的特征。一方面，"黑人就是黑人，只有在一定的关系下，他才成为奴隶"②，主体具有社会属性；另一方面，"手推磨产生的是封建主的社会，蒸汽磨产生的是工业资本家的社会"③。主体的社会属性随着生产实践的发展而发展，具有历史性的特征。

从实践活动出发，马克思所确立的主体是实践主体，主体性是实践性。只有在实践中，主体的对象化和自由自觉活动的特性才能得以开展。在以黑格尔为代表的传统唯心主义哲学看来，"人兽之别就由于思想，这句话在今天常常需要记住"④。即使在费尔巴哈的唯物主义看来，人与动物的区别也在于宗教。因而，传统形而上学的主体性指称的是主观意识或者客观意识。与之不同，马克思则认为人与动物的区别在于实践，"动物和自己的生命活动是直接同一的。动物不把自己同自己的生命活动区别开来。它就是自己的生命活动。人则使自己的生命活动本身变成自己意志的和自己意识的对象。他具有有意识的生命活动"⑤。实践活动作为主体性的开展其本身就是自由自觉的活动，是通过对象化活动确证主体的本质。因此，在实践性的意义上，主观性也不能被等同于主体性。主观性仅仅围绕着意识中的"自我"，而主体性则通过实践的对象化活动得以彰显。实际上，马克思变革了主体性观念的视域，将主体从意识领域转向了实践领域，将传统形而上学的意识主体变革为实践主体。

"凡是有某种关系存在的地方，这种关系都是为我而存在的；动物不对什么东西发生'关系'。"⑥ 动物不开展不断自我超越和改变世界的感性的客观

---

① 《马克思恩格斯文集》第1卷，人民出版社2009年版，第162页。
② 《马克思恩格斯文集》第1卷，人民出版社2009年版，第723页。
③ 《马克思恩格斯文集》第1卷，人民出版社2009年版，第602页。
④ [德]黑格尔：《逻辑学》上卷，杨一之译，商务印书馆2019年版，第7—8页。
⑤ 《马克思恩格斯文集》第1卷，人民出版社2009年版，第162页。
⑥ 《马克思恩格斯文集》第1卷，人民出版社2009年版，第533页。

第三章　现实的人及其历史发展的内涵逻辑：马克思辩证法理论变革的理论内涵

物质活动，因而不发生任何关系；相反作为实践主体的人凭借感性存在的自身，通过能动的、对象性的、现实的感性活动，改造感性世界和自身，因而一切关系都是为我而存在的。"为我而存在"意味着主体性从本质上而言是一种主体之于客体的实践关系。黑格尔的思维活动虽然也提到对象性，但这个对象仍然局限于封闭的、抽象的精神世界，没有超出自身，因而主体被"实体化"了。与之不同，在马克思看来，"为我而存在"的主体观念必须通过人的能动的、现实的、对象性活动才具有现实意义。主体只有在实践的意义上才存在。实践活动构成主体的根本特性。按照此种设定，辩证法所蕴含的"主体"性质就不是精神活动性，而是包含能动性、对象性和现实性在内的感性活动性。正是从人的不断自我否定和改变世界的感性实践活动出发，马克思的辩证法获得了"'革命的'、'实践批判的'活动的意义"。主体性就是实践性，主体只有在实践中才成为主体。从实践观点出发，马克思将辩证法的"主体"革命性地设定为"感性活动的人"。既不同于黑格尔的自我意识，也不同于费尔巴哈作为"感性确定性"的抽象的"单子式的个体"和"悄无声息的类"，马克思辩证法的"主体"是"感性活动"的存在物、社会性的存在物。

在"'革命的'、'实践批判的'活动的意义"上，马克思辩证法的"主体"有三个层次的内涵。

第一，马克思辩证法的"主体"是作为"前提的主体"的"现实的个人"。"人类历史的第一个前提无疑是有生命的个人的存在。"[①] 黑格尔辩证法"在臆想中撇开了现实的前提"，因而迷恋于形而上学的体系性，既不能真实地表达历史，也无法成为本质上是批判和革命的辩证的方法。对于考察现实的人及其历史活动的辩证法，马克思指出，"这种考察方法不是没有前提的。它从现实的前提出发，它一刻也不离开这种前提。它的前提是人，但不是处在某种虚幻的离群索居和固定不变状态中的人，而是处在现实的、可以通过经验观察到的、在一定条件下进行的发展过程中的人"[②]。按照"前提的主体"的设定，辩证法就不是思想内容自身运动的逻辑，而是人的社会历史活

[①] 《马克思恩格斯文集》第1卷，人民出版社2009年版，第519页。
[②] 《马克思恩格斯文集》第1卷，人民出版社2009年版，第525页。

动的内涵逻辑,即"立足于人类主体的现实的具体的历史地位的实践辩证法逻辑"①。

以"现实的个人"作为辩证法的"主体",马克思革新了对辩证法否定性根源的理解。辩证法的否定性源于人的存在方式,即人的不断自我超越和创造的实践活动,而非主观精神或客观精神。辩证法之所以以否定性作为根本原则,就在于人是一种自然性与超自然性并存的悖论式的存在物。一方面,人同动物一样受到自然生命的限制;另一方面,与动物的有限性和被动性不同,人能够凭借自己的存在活动使自然界满足人的需要,生成无限的可能性。因此,人的实践活动构成辩证法否定性的真实根源。在本质上,辩证法与人的存在具有同构性,即都是在对现存事物肯定的理解中包含否定的理解。由于实践活动中的人构成辩证法的主体,"现实的否定变成了一个不能被作为形而上学关系状态的而具体化的历史条件","辩证法因此由于其性质而成为一个历史方法"②。辩证法指向现实个人的不断自我否定和自我超越的历史,成为对历史"真实的表达"。从人的不断自我否定和改变世界的感性实践活动出发,马克思的辩证法获得了"'革命的'、'实践批判的'活动的意义"。正是在辩证法否定性根源这一问题上,通过对辩证法"主体"的重新设定,马克思完成了对黑格尔辩证法的"颠倒",实现了对以往辩证法的变革。

第二,马克思辩证法的"主体"是作为"实在主体"的"社会"。现实的个人是辩证法的"前提的主体",且人的现实性本质是一切社会关系的总和。因此,社会构成了辩证法的"主体"的现实性指向。马克思指出,在黑格尔的辩证法中,"实在主体仍然是在头脑之外保持着它的独立性;只要这个头脑还仅仅是思辨地、理论地活动着。因此,就是在理论方法上,主体,即社会,也必须始终作为前提浮现在表象面前"③。把"社会"当作辩证法的"主体",这意味着辩证运动不再是思维主体的自我活动,而是社会作为主体的自我活动。社会生活在本质上是实践的。社会作为一个自我活动的有机整体汇集的是人的不断自我否定和超越的实践活动。因此,社会历史不是一个

---

① 张一兵:《马克思历史辩证法的主体向度》,北京师范大学出版社2017年版,第15页。
② [美]马尔库塞:《理性和革命》,程志民等译,重庆出版社1993年版,第284页。
③ 《马克思恩格斯文集》第8卷,人民出版社2009年版,第25—26页。

第三章　现实的人及其历史发展的内涵逻辑：马克思辩证法理论变革的理论内涵

"纯粹客体"的自在活动。相反，社会历史是社会作为主体的否定和革命的自我活动。"社会"不再被当作一个"客体"去理解，而被"当作实践去理解、从主体方面去理解"，这构成马克思辩证法的独特性。因此，在考察既定社会时，马克思辩证法是将其当作一个自我活动者去予以考察[①]。作为《资本论》的方法，马克思辩证法是揭示资本作为一种特殊的社会关系的自我活动及其革命因素，而非将其作为客体予以实证分析。在此意义上，辩证法是对社会作为主体的否定和革命的自我活动的真实表达。辩证法的批判性和革命性就在于将"社会"作为自我活动的主体，而"社会"的自我活动本身具有批判性和革命性。与此同时，社会作为辩证运动的主体是以"物质的生活关系"作为其基石的。因此，以主体性为特殊规定性的辩证法，其客观性在于"人们在自己生活的社会生产中发生一定的、必然的、不以他们意志为转移的关系"[②]。由此，辩证的否定不是主观任意的否定，也不是基于思辨总体的"规定了的否定"，而是基于"物质的生活关系"的历史的具体的否定。因此，"在唯物史观中获得积极生存的辩证法，其主旨和任务无非就是把握并描述既定社会的自我活动"[③]。根据辩证法"实在主体"的设定，辩证法就是关于既定社会历史发展的现实逻辑。

第三，马克思辩证法的"主体"还进一步体现为作为"立脚点"的"人类社会"。"社会"是辩证法的"实在主体"，但辩证法不是对既定社会的直观反映，而是对现存事物肯定理解的同时包含否定的理解。在以社会为主体的辩证运动中，辩证法的立脚点不是既定社会，而是不断发展的人与社会的关系。"旧唯物主义的立脚点是市民社会，新唯物主义的立脚点是人类社会或社会的人类。"[④]"人类社会"构成辩证法的"主体"的解放性指向。"人类社会"是"人类"与"社会"在辩证运动中的否定性统一。由此，"实体即主体"被变革为"人即社会"，辩证运动成为"人即社会"的自我活动。与此同时，由于不断自我否定和超越的实践活动构成人的存在方式和社会生活的本质，因而"人类社会"蕴含着"人类"与"社会"内在统一的理想性追

[①] 参见吴晓明《论马克思辩证法的"实在主体"》，《哲学研究》2020年第8期。
[②] 《马克思恩格斯文集》第2卷，人民出版社2009年版，第591页。
[③] 吴晓明：《论马克思辩证法的"实在主体"》，《哲学研究》2020年第8期。
[④] 《马克思恩格斯文集》第1卷，人民出版社2009年版，第502页。

求。在人类性意义上，人是一种"类存在物"，并且具有自由创造的人类性价值。在社会性意义上，人是社会存在物，并且具有在社会性规范中活动的特殊本性。人的社会本性体现了人之存在的交往性、合作性、群体性的价值观念。社会是人的存在的寓所，构成人的活动的真实场域。社会性构成了人的特殊性和现实性。然而，在既定的"市民社会"中，"人类"与"社会"处于异化或分裂状态。资本作为特殊的社会关系是对人的自由自觉的"类特性"的否定。资本逻辑为主导的单一化和同质化社会造成了人的片面性和狭隘性。人被资本逻辑所"物化"和种种抽象力量所统治，成为"拜物教"的忠实而虔诚的信徒。因此，不同于旧唯物主义将既定"市民社会"视作永恒的客体，马克思辩证法将社会理解为一个不断自我变革的"主体"。随着"人即社会"作为主体的自我活动的演进，人的自由创造的"类特性"与规定人的现实性的"社会性"在不断的自我否定中统一起来。在批判和革命的意义上，辩证法指向人的自由个性和社会生活的丰富总体。立足于"人类社会"，辩证法是关于人类解放的批判和革命逻辑。

通过对辩证法的"主体"的重新设定，马克思改变了以往辩证法思想的理论形态。辩证法既不是主观性、消极性的形式方法，也不再是追求终极真理的思想逻辑，而是关于人的社会历史活动的内涵逻辑。以"现实的人"作为"前提的主体"，意味着"人的现实生活过程"成为辩证法的实践论基础和否定性根源；以"社会"作为"实在主体"，通过主体的现实性指向勘定了辩证法及其否定性的客观性和唯物论基础，即"物质的生活关系"；以"人类社会"作为"立脚点"，通过主体的解放性指向确立了辩证法的批判和革命本质，即"社会历史前提批判"。以往辩证法的主观性和消极性被实践主体性所瓦解，辩证法的批判性和革命性得以真正确立。通过重新设定辩证法的"主体"，面向现实生活本身，马克思克服了以往辩证法的局限性，塑造了辩证法的"合理形态"，即作为"社会历史前提批判"的辩证法，维护了辩证法思想的合法性。辩证法成为捍卫社会生活的丰富总体和自由个性的自觉意识。

由此可见，通过对辩证法的"主体"的重新设定，马克思辩证法实际上已经摆脱了与形而上学的纠缠，改变了传统辩证法思想的理论形态。辩证法既不是简单的"对话"方法，也不再是追求终极真理的思想逻辑，而是关于人的社会历史活动的内涵逻辑、客观逻辑、批判和革命逻辑。从主体性观念变革的

第三章　现实的人及其历史发展的内涵逻辑：马克思辩证法理论变革的理论内涵

视角出发，摆脱了仅从"形式"上理解以黑格尔为代表的传统辩证法的错误，而是深入了"本质"。在本质上，马克思实现了对辩证法思想的历史性革新。

"全部人类历史的第一个前提无疑是有生命的个人的存在。"① 现实的个人及其历史活动构成了社会历史的前提。与传统辩证法理论相比，马克思在社会历史前提的意义上，承认了生活实践相较于思想观念的优先性和无限性，思想观念相较于生活实践的有限性。因此，辩证法不是追求绝对真理的概念运动过程，"在实质上，辩证法区别于其他类型的批判思维的地方，就在于……人在历史中的自我实现"②。由于现实历史的感性活动的人构成辩证法内涵逻辑的主体，而在实践活动中，"现实的否定变成了一个不能被作为形而上学关系状态的而具体化的历史条件……辩证法因此由于其性质而成为一个历史方法"③。

人是"人类历史的经常前提，也是人类历史的经常的产物和结果，而**人只有作为自己本身的产物和结果才成为前提**"④。在马克思看来，如果人是自然的慑服下的产物、资本逻辑的产物或抽象统治下的产物和结果，那么人就不是社会历史真正的前提，历史也还是马克思所说的"史前史"，而不是人类史。因此，马克思辩证法所指向的"社会历史前提批判"就是要对人的生存状态进行反思、批判和治疗，为社会历史寻求真正的主体。人、社会和人类社会的辩证法"主体"的设定实际上包含着马克思对既定社会历史前提的批判，其目的是导向人成为自己的产物和结果而非自然、资本、抽象统治下的存在物，人成为真正的社会历史前提。从批判和革命的意义上看，马克思阐释了社会历史前提的否定之否定运动，也即关于三种主体的理论：第一，现实的既定的以"物的依赖性为基础的人的独立性"的主体构成"史前史"的社会历史前提；第二，无产阶级构成社会革命阶段的社会历史前提，正如科尔施所言，"历史的真实主体在当前发展阶段是无产阶级"⑤；第三，联合的

---

① 《马克思恩格斯文集》第1卷，人民出版社2009年版，第519页。
② [前南]马尔科维奇、彼德洛维奇编：《南斯拉夫"实践派"的历史和理论》，重庆出版社1996年版，第32页。
③ [美]马尔库塞：《理性和革命》，程志民等译，重庆出版社1993年版，第284页。
④ 《马克思恩格斯全集》第35卷，人民出版社2013年版，第350页。
⑤ [德]柯尔施：《卡尔·马克思》，熊子云、翁廷真译，重庆出版社1993年版，第121页。

自由人是真正人类史的社会历史前提。因此，作为"社会历史前提批判"的辩证法就是人的自我批判和革命的实践活动的解放逻辑。

"'社会历史前提批判'的真实意义就在于抓住了'人的根本就是人本身'。人只有成为自己本身的产物才能成为历史的前提。正是在此意义上，马克思的'社会历史前提批判'意在揭示历史的真正前提，同时为人类解放提供切入点——改变人的生存状态。"① 正是在社会历史前提批判的意义上，马克思完成了对辩证法思想的历史性革新。这体现在：祛除了辩证法的"神秘形式"，摆脱了长期笼罩在辩证法思想上的形而上学阴影。

马克思辩证法的"社会历史前提批判"将矛头直指"主体"，从而戳穿了传统辩证法理论的否定性因素的虚幻根源，真正揭示了辩证法的否定性根源于人的存在方式，即人的不断自我超越和创造的实践活动。辩证法之所以以否定性作为根本原则，就在于人是一种自然性与超自然性并存的悖论式的存在物。人不同于动物那样被动地适应自然界，而是在适应自然界的同时，使自然界满足自己的需要。一方面人是现存物，另一方面人又能够凭借自己的存在活动超越现存状态将理想变成现实。因此，从本质上来说辩证法与人的存在具有同构性，辩证法指向现实的个人的不断自我否定和自我超越的历史，成为对历史"真实的表达"。正是在辩证法否定性根源这一问题上，马克思将辩证法从唯心主义窠臼中拯救出来，从而改变了哲学史上辩证法长期的唯心主义状态。在社会历史领域实现了唯物论与辩证法的有机结合。因此，"黑格尔和马克思是在现实本身上分道扬镳的。黑格尔不能深入理解历史的动力"②，也就无法理解辩证法否定性的真正根源。通过对辩证法"主体"的重新设定，马克思完成了对黑格尔辩证法的"颠倒"，实现了对辩证法的历史性革新。

辩证法与唯物史观的内在统一实现了对辩证法的内涵逻辑的置换，从而改变了辩证法的性质。辩证法不再是"主观的"或"消极的"认识界限，也不再是思辨的科学体系，而是唯物的和批判的方法。以实践为基础，辩证法

---

① 贺来、彭双贞：《如何理解"不再是哲学的世界观"——"理论思维前提批判"与"社会历史前提批判"》，《社会科学战线》2020年第7期。
② ［匈］卢卡奇：《历史与阶级意识》，杜章智、任立等译，商务印书馆1999年版，第69页。

的客观性、主体性和否定性得以确立并获得了真实的根基。对辩证法客观性的强调不至于陷入直观或思辨，对辩证法主体性和否定性的强调不至于陷于不可知论和诡辩。

第二节　思想观点的革新：社会生活的联系观与人及其历史的发展观

辩证法是以联系的观点和发展的观点看问题。辩证法自诞生以来就蕴含着对联系观与发展观及其蕴含的诸多范畴的不同理解。从变革的意义上，马克思对辩证法的变革不仅仅是改变了辩证法的理论性质，而且进一步体现为通过对辩证法范畴进行重新理解完成了对以往对辩证法思想观点的革新，建立以"物质的生活关系"为基础的"社会生活联系观"和以"社会历史前提批判"为本质的"人及其历史的发展观"。

一　从思辨的总体观到社会生活的联系观

联系是辩证法的基本范畴和观点之一。我们常说，辩证法是以联系的观点看问题。在辩证法的历史上，关于联系这一范畴有着截然不同的理解。早在两千多年前，柏拉图就指出，辩证法研究各种知识"相互间的联系以及它们和事物本质的联系。这是获得永久知识的唯一途径"[1]。能在联系中看事物是一个"辩证法者的试金石"[2]。由于在柏拉图那里，"从一个理念到另一个理念，并且最后归结到理念"，而理念又是事物背后的普遍联系或同类事物背后的共相，所以普遍联系的原理成为辩证法的重要内涵。联系就是个别事物通过分有和模仿普遍理念而产生的相似关系、隶属关系、通种关系。在此语境中，从联系的观点看问题就是从共相和普遍理念出发去理解事物。那普遍的理念如何而来？人先天本有，通过灵魂回忆即可获得。柏拉图的联系观蕴含了两方面的要素：总体的和先验的。在康德的辩证法中，联系的观点演变成了先天的认识形式，通过4对12组的先天知性范畴把握感性认识的杂多经

---

[1] ［古希腊］柏拉图：《理想国》，郭斌和、张竹明译，商务印书馆1986年版，第309页。
[2] ［古希腊］柏拉图：《理想国》，郭斌和、张竹明译，商务印书馆1986年版，第309页。

辩证法与唯物史观的内在统一

验的内在联系,并赋予其普遍必然性。对康德来说,联系的观点就是先验的观点。在黑格尔的辩证法中,联系观是神学视域的思辨的总体观,即思维主体辩证运动的自在自为的全体构成了环节必然性的根据。"在黑格尔辩证法中,总体性是一个普遍的、无时间的实体,它包括了现实的所有特殊形式和发展的各个阶段,而且在和它的关系中,任何一个个别事件都获得了其意义。而在马克思看来,总体性就是人的历史,其存在着更为特殊的整体,如一定时期的历史状况、一定的生产方式、一定历史时期的全部社会关系,等等。"①

既然自古以来,关于辩证法所蕴含的联系观存在着不同的阐释。那么,我们如何理解马克思辩证法的联系观及其对此范畴的重塑?对此,马克思主义哲学史上存在着两种影响深远且持久的观点。第一种观点是从旧唯物主义立场出发将联系理解为自然界发生的客观的东西。联系的观点就是把"自然界看作有联系的统一整体,其中各个对象或现象有机地联系着、互相依赖着、互相制约着"②。相比之下,旧唯物主义的直观认为世界是一架"大机器",其中各个对象或现象是大机器里的小零件,相互制约、相互依赖。按照此种观点,马克思辩证法与旧唯物主义的直观的根本区别就在于如何理解"有机"联系。第二种是从具有浓厚黑格尔主义色彩的立场出发,在黑格尔的意义上,将马克思辩证法的联系观理解为思辨的总体观。在卢卡奇看来,总体的观点是马克思辩证法的核心,"总体的观点……是马克思取自黑格尔并独创性地改造成为一门全新科学的基础的方法的本质……总体范畴的统治地位,是科学中的革命原则的支柱"③。这门全新的科学就是"一门唯一的、统一的——历史的和辩证的——关于社会(作为总体)发展的科学"④。根据此种观点,马克思与黑格尔共享着总体的观点。唯一的不同是:马克思总体观点的对象是社会,而黑格尔总体观点的对象是思维。一个是关于社会(作为总体)发展的科学,一个是关于思维(作为总体)发展的科学。以上这两种观点长期存

---

① [前南]米哈依洛·马尔科维奇:《当代的马克思》,曲跃厚译,黑龙江大学出版社2011年版,第32页。
② [苏]联共(布)中央特设委员会编:《联共(布)党史简明教程》,人民出版社1975年版,第117页。
③ [匈]卢卡奇:《历史与阶级意识》,杜章智、任立等译,商务印书馆1999年版,第79页。
④ [匈]卢卡奇:《历史与阶级意识》,杜章智、任立等译,商务印书馆1999年版,第78页。

第三章　现实的人及其历史发展的内涵逻辑：马克思辩证法理论变革的理论内涵

在于马克思主义研究中，成为持续影响马克思辩证法研究的两股源头。从根本上来说，两种观点分享着共同的理论前提：在唯物史观与辩证法的割裂中理解马克思辩证法及其理论变革。对于前者我们必须追问"有机"相对于机械到底多了些什么要素？对于后者则需要思考思辨的总体观是否可以平移到社会历史领域？马克思对联系观的重塑仅仅是通过对象的改变吗？从实践观点出发，马克思实现了唯物史观与辩证法的内在统一，因而从根本上重塑了辩证法的联系范畴。

第一，联系是客观的，马克思关注的是"物质的联系"。"人们之间一开始就有一种物质的联系。这种联系是由需要和生产方式决定的，它和人本身有同样长久的历史。这种联系不断采取新的形式，因而就表现为'历史'，它不需要用任何政治的或宗教的呓语特意把人们维系在一起。"[①]

首先，物质的联系包括自然关系和社会关系两个维度。在人的实践活动中这两个方面是统一起来的。在物质生产活动中，自然物已经纳入社会生产关系之中，而人创造的社会关系则以自然关系作为载体。以"生命的生产"为例，血缘关系是自然关系，这是动物和人兼具的关系。这种关系的特征不存在价值取向，其形式也无法得到更新。换言之，自然关系是不能向前发展的。如果，人同动物一样都是自然物，存在的关系也只是自然关系。若仅是如此，旧唯物主义的直观就是有效的。然而，人不仅仅是自然存在物，而且是社会性的存在物。因此，"生命的生产"不仅会产生无法向前发展和不断更新的自然关系，而且会产生社会关系。在繁殖中，父子的亲缘关系就会是劳动力的再生产关系。所谓的"物质的联系"必然表现为自然关系和社会关系双重的关系，二者是统一起来的。因此，仅仅以自然界为对象的联系观是无法平移运用到理解社会历史中来的，因为纯粹的自然关系本质上是不会发生形式更新的。以此种联系观理解历史得到的是僵化且机械的历史观，最终会陷入唯心主义历史观。

其次，物质的联系形式的不断更新就是"历史"。仅仅以自然界为对象的联系观其理解的联系是自然关系，因而压根就不会产生历史。历史不会成为唯物史观和辩证法的对象和解释原则。只有从"物质的联系"双重性质出发，

[①]《马克思恩格斯文集》第1卷，人民出版社2009年版，第533页。

历史才能真正成为现实的研究对象。因为没有物质的联系形式不断更新就没有历史。在此意义上，马克思认为在费尔巴哈那里存在着深层次矛盾。一方面，由于费尔巴哈仅仅在自然意义上理解物质的联系，因而在费尔巴哈那里压根没有历史，"唯物主义和历史是彼此完全脱离的"①；但另一方面，费尔巴哈确实看到了非自然关系以外的社会关系，从自然关系出发，这种社会关系只能被理解为主观的、利己主义的实践关系。同时，在费尔巴哈的理想中，"爱的宗教"的关系占据重要位置。因此，费尔巴哈只能诉诸"双重的直观"，本质直观和高级直观来调和这一矛盾。在费尔巴哈那里，只有抽象直观，没有辩证法，因为历史性是辩证法的根本维度。以费尔巴哈为代表的旧唯物主义所理解的"物质的联系"仍然是在主客二元对立中被确立的，因而他们都不能理解感性的、对象性的、能动的、现实的实践活动。

最后，正是从"物质的联系"出发，马克思根除了黑格尔辩证法思辨的总体观。黑格尔辩证法的伟大之处在于把自然界、人类社会和精神描绘为一个过程，并试图揭示其内在联系。然而，黑格尔却未能正确揭示这种内在联系。究其根源，黑格尔认为联系存在于概念的辩证运动中，而联系的发生及其必然性质是由最后的绝对精神标定的。这样的联系看似是不断发展的过程，实际上已经终结了发展。从精神的联系出发，其辩证法只能是关于现实合乎理性、存在即合理的意识形态。在自然关系层面，精神的联系只是自然的联系一种反映；在社会关系的层面，意识只是社会的产物，由于生产和交往的需要产生的。"意识起初只是对直接的可感知的环境的一种意识……它也是对自然界的一种意识，自然界起初是作为一种完全异己的、有无限威力的和不可制服的力量与人们对立的，人们同自然界的关系完全像动物同自然界的关系一样，人们就像牲畜一样慑服于自然界，因而，这是对自然界的一种纯粹动物式的意识（自然宗教）。但是，另一方面，意识到必须和周围的个人来往，也就是开始意识到人总是生活在社会中的。"② 正是由于人生产实践活动，推动了意识从自然意识到社会意识的发展。因此，从物质的联系出发，马克思将历史观从天国拉回了人间，也使辩证法的联系观脱离了抽象的思辨总体

---

① 《马克思恩格斯文集》第1卷，人民出版社2009年版，第530页。
② 《马克思恩格斯文集》第1卷，人民出版社2009年版，第533—534页。

结构，而成为社会生活的联系。

第二，联系是"为我而存在"的。"凡是有某种关系存在的地方，这种关系都是为我而存在的；动物不对什么东西发生'**关系**'，而且根本没有'**关系**'。"① 在这里，马克思强调的是自然关系与社会关系的根本区别。动物同人一样也会发生联系，例如繁殖。这里发生的联系是自然关系，其属性是自在的。社会关系与之不同，其根本属性是"为我而存在"。也就是说，在人的实践活动中，社会关系所蕴含的是实践主体性。如果将历史比作舞台剧，那社会关系就是舞台，而人既是剧作者又是剧中人。人作为剧中人受到舞台布景的限制，而作为剧作者也不断重新布置着舞台。所以"物质的联系"不是一成不变的自然关系，而是始终处于不断变化和发展中的社会关系，即人化了的自然关系。因此，联系的观点就是从"为我而存在的关系"理解人及其世界。"为我而存在的关系"是在人的实践活动中产生的物和物的关系、人和物的关系以及人和人的关系。

在此意义上，我们可以重新表述"苏联教科书体系"的观点：辩证法的联系观点就是在"有机"的联系中理解自然界和人类社会。在这里重点在于"对象"和"有机"。联系观的理解对象不是"推广论"中脱离人类社会分割出的自然界，而应当是"人化了的自然"，联系的范畴和观点也不是在自然界的认识中形成的，而是在社会生活中形成的。旧唯物主义的自然主义联系观带来的是"直观"而不是辩证法。在实践活动中自然界是"人的无机的身体"。"联系"之所以是"有机"的，就在于人的实践活动使"联系"成为动态发展的，成为人类社会与自然界、人与自然的紧密统一的"为我存在"。因此，辩证法的联系观不是把单纯的自然界看作一个有联系的统一整体，而是把实践中有机统一的、动态发展着的自然界和人类社会看作有联系的统一的整体。不理解实践、割裂二者导致的是机械的联系观。因此，辩证法从联系的观点看问题就是从"为我而存在"的关系去看问题。当然，这种"为我而存在"的关系不是意识能够产生和触动的，而是基于物质生活关系。因此，从"为我而存在"关系出发看问题不意味着忽视自然关系，而是要在自然关系与社会关系相统一的物质的联系的辩

---

① 《马克思恩格斯文集》第 1 卷，人民出版社 2009 年版，第 533 页。

证运动过程中理解人及其世界。

人是自然存在物与社会存在物的统一。在其现实性上，人的本质是一切社会关系的总和。黑人就是黑人，只有在一定的社会关系中才成为奴隶。而这种社会关系是由需要和生产方式决定的。与此相应，物作为人类实践活动的基础和对象也是自然属性与社会属性的统一。物的现实性本质也必须在物质生活关系的总和中确定。在资产阶级市民社会中，物基本的表现形式就是"商品"，这种特殊的物只有在资本主义生产方式中才能得到理解。一片原始森林、一件布衣只有在生产关系和交往关系中，才获得了社会属性。人和人、物和物的关系都是在人与物的对象化的实践关系中产生的。因此，人和物的关系都不是作为"感性对象"予以确定的，而是被当作"感性活动"。因此，理解人和自然界不能像费尔巴哈以直观的方式理解现存的看似自然的联系，而应当从人的动态发展的物质的生活关系去理解；也不能以思维的关系的绝对总体去将其把握为绝对真理扬弃的必然环节和对象，而应当在物质生活的具体的总体中予以把握。

第三，联系的观点是物质生活中具体的总体的观点，其内含的是实践的总体性。卢卡奇曾经提到马克思阶级的观点正是从总体观点出发形成的，而卢卡奇这一总体的观点是"黑格尔式"的意识总体，从意识总体出发去理解作为主体与客体辩证运动的无产阶级。无产阶级既是历史发展的主体，也是历史进一步向前发展的客观条件。阶级正是作为总体而存在的。正是顺着这一思路，社会历史的过程在无产阶级意识成为历史同一的主—客体时达到了顶点①。在阶级意识的意义上，马克思的辩证法正是关于社会历史的主体—客体的辩证运动，历史唯物主义就是无产阶级关于资本主义社会的自我意识。如卢卡奇自己后来的反思所言，这并不是克服唯心主义的唯物主义实现，而是"比黑格尔更黑格尔的产生尝试"②。卢卡奇的做法虽然想强调辩证法的社会历史性维度，但实际上正是脱离了唯物史观理解马克思辩证法，从而落入了唯心主义的阐释之中。所谓的总体的观点并不是意识的总体观点，而是物质生活关系中的具体的总体观点。阶级作为主体的总体并不是凭借阶级意识

---

① ［匈］卢卡奇：《历史与阶级意识》，杜章智、任立等译，商务印书馆1999年版，第18页。
② ［匈］卢卡奇：《历史与阶级意识》，杜章智、任立等译，商务印书馆1999年版，第18页。

而存在，而是作为一种物质生活关系，特别是经济关系而存在。因此，经济的观点恰恰与总体的观点是统一的。与此同时，这个经济关系、物质生活关系的总和恰恰是历史的具体的，是多样性的统一。因此，阶级体现的是一种物质生活关系中的具体的总体的观点。无产阶级正是在资本主义生产关系和交往关系中才成为一个阶级。由此可见，所谓的总体的观点并不是已经预设好终极实在的思辨总体的形而上学观点，而是在不断展开和发展物质生活关系的多样性统一的整体中去理解人及其社会历史。

除此以外，联系的观点作为物质生活中具体的总体观点指向了对资本主义社会所蕴含的专门化、分裂化、碎片化的知性思维和资本逻辑的解构，从而成为无产阶级的"批判的武器"。在这一点上，卢卡奇用思辨的方式，用它自己的话来说是用"激进的方式""黑格尔的方式"表述了出来。资本主义社会的逻辑和特征就是专门化、碎片化，人成为孤立的原子。而联系的观点恰恰与之相反，只有在物质生活关系的具体的总体中才能把握人的社会历史，才能刺破资本主义社会量化、精确性的科学思维的虚假面纱。只有坚持从整体的具体统一性中才能深入理解资本主义社会的政治经济结构。生产、分配、交换、消费"构成一个总体的各个环节、一个统一体内部的差别"①。"每一个社会中的生产关系都形成一个统一的整体。"② 在此意义上，科西克指出，马克思辩证法是一种"具体总体的辩证法"，即从抽象到具体的方法。"从抽象到具体通常是一个从部分到整体以及从整体到部分，从现象到本质以及从本质到现象，从总体到矛盾以及从矛盾到总体，从客体到主体以及从主体到客体的运动。"③ 孤立的经济事实看上去是具体的，但实际上是最抽象的，只有在从抽象到具体的运动中，才能成为具体。辩证法的批判性体现为对"伪具体"的摧毁。商品作为资本主义社会的经济形式，是通过对资本主义社会生产过程和结构的再现获得具体的阐释，并被揭开其二重性质。

因此，在唯物史观与辩证法的内在统一中，马克思重塑了联系的范畴和观点，使之真正成为辩证的、批判的和革命的。辩证法的联系观点不是自然

---

① 《马克思恩格斯文集》第8卷，人民出版社2009年版，第23页。
② 《马克思恩格斯文集》第1卷，人民出版社2009年版，第603页。
③ [捷克] 卡莱尔·科西克：《具体的辩证法：关于人与世界关系问题的研究》，刘玉贤译，黑龙江大学出版社2015年版，第20—21页。

主义的联系观或思辨的总体观，而是社会生活的联系观。

二 从抽象时间的过程观到人及其历史的发展观

辩证法是以发展的眼光看问题。何谓发展？什么的发展？发展意味着向前、向上。前和上是如何判定的？辩证法的发展观包含了"存在"与"时间"、可能性与现实性、偶然性与必然性、原因与结果等诸多范畴。唯物史观与辩证法的内在统一重塑了发展观的这些范畴，从而建立了人及其历史的发展观。

发展不等同于运动、变化，发展是向前、向上的；运动、变化可以是任意方向的。发展也不等同于进化。虽然发展和进化都有向好、向上方面变化的趋势，但是发展始终包含人的要素。我们可以说促进人的发展、社会的发展。但如果说促进自然的发展，那便是一种可笑的说法。因为，自然界只存在运动变化、新旧交替，而不存在发展。因为，发展具有目的性，蕴含着人的价值。所以谈到自然界的演进过程，最常用的是进化概念，其背后蕴含自然的丛林法则，即"物竞天择，适者生存"。如果说自然界也存在发展，那便是相对于人而言的，其本质是人化了的自然。

然而，关于马克思辩证法的发展范畴和观点，存在着一种旧唯物主义的阐释方式。从旧唯物主义的立场出发，将马克思辩证法的发展观理解为自然的必然发展过程。"辩证法不是把自然界看作静止不动、停滞不变的状态，而是看作不断运动和变化、不断更新和发展的状态，其中始终有某种东西在产生，在发展；有某种东西在破坏，在衰颓。"[1] 显然，这种观点有着如下的问题：将自然界的运动变化与"发展"相等同，落入了旧唯物主义的直观。旧唯物主义承认事物的运动变化，并且认为通过直观就能理解事物的运动变化。但是旧唯物主义是看不到发展的，不能以发展的眼光看问题。以物的运动去理解人的发展，显然只能将人的发展也纳入自然法则之中。当用此种方法去理解人的发展时，就会将合目的性与合规律性相统一的历史规律错误地理解为自然规律意义上的优胜劣汰的进化论法则。因而，这种对马克思辩证法发展观的理解从根上取消了发展的观点。马克思恩格斯的两位直接理论继承人

---

[1] [苏] 联共（布）中央特设委员会编：《联共（布）党史简明教程》，人民出版社1975年版，第118页。

第三章　现实的人及其历史发展的内涵逻辑：马克思辩证法理论变革的理论内涵

伯恩斯坦和考茨基，由于不懂得马克思辩证法，从而陷入了庸俗进化论，以进化论取代了辩证法。

与旧唯物主义的理解不同，马克思辩证法发展观所蕴含的第一对范畴就是"存在"与"时间"，一方面，发展是人的现实生活过程；另一方面，发展蕴含着"新"取代"旧"的历史性、未来性。在辩证法的创始人柏拉图那里，辩证法就是通往规定"存在者"之"存在"的方法。永恒不变的普遍理念（存在）统摄运动变化的事物（存在者），这是柏拉图为西方传统哲学奠定的底色。然而，如亚里士多德所批评的一样，柏拉图的理念论存在一个根本的难题：永恒不变的理念何以说明运动变化的事物？这是柏拉图的理念辩证法留给后世的难题，其蕴含的是运动与静止、一与多、普遍与特殊的矛盾。康德提供了一种解决方法。以现象主义的先验方法承认二者的界限，在认识论的意义上取消了永恒不变的"存在"，承认现象世界的存在者的运动、偶然性、特殊性，并通过先验的知性范畴赋予认识以普遍性、必然性。问题看似解决了，但是辩证法成了"幻相逻辑"，陷入了理论危机。在黑格尔看来，问题的关键在于"存在"不是永恒不变的非历史性，而应当是一个辩证运动的发展过程。换言之，"存在"与时间是统一在一起的。正因如此，黑格尔将辩证法与历史观统一起来。黑格尔通过"实体即主体"的辩证运动统一了"存在"与时间，实现了"思维与存在"的统一，完成了形而上学。辩证法的发展观就可以表述为"存在"的历史发展。由此，辩证法从通往"存在"的方法，变成了"存在"的历史发展逻辑。在此意义上，辩证法的发展观在形而上学的框架中被确立起来。

然而，黑格尔同柏拉图一样，承认普遍性对特殊性、无限性对有限性的统摄关系。因而，最终还是用作为绝对精神的"存在"取消了存在者的时间性。"发展的原则包含一个更广阔的原则，就是有一个内在的决定，一个在本身存在的、自己实现自己的假定作为一切发展的基础。这一个形式上的决定，根本上就是'精神'，它有世界历史做它的舞台……'精神'在本性上不是给偶然事故任意摆布的，它却是万物的绝对的决定者。"[①] 辩证法的发展观笼罩在形而上学的阴影之中，从而根本上取消了存在者的发展。黑格尔辩证法

[①] ［德］黑格尔：《历史哲学》，王造时译，商务印书馆1963年版，第57页。

所蕴含的发展观念是从普遍真理出发理解认识的过程或思维的运动。因此，这样的发展观念超越了旧唯物主义的运动和进化概念。以抽象的形式阐释了辩证法的发展范畴。在思维的辩证运动中既包含了向上的运动又包含了思维主体的价值悬设。发展范畴包含两方面的因素：向上（前）运动和主体活动。在黑格尔辩证法中，发展的方向由绝对的总体确认，而主体活动则是思维的外化活动。正是在黑格尔的意义上，卢卡奇将辩证法的发展观理解为阶级意识到达顶点的过程。顶点就是主体和客体的同一，是阶级意识的觉醒。为了突出马克思辩证法的批判性和革命性，卢卡奇陷入了对马克思辩证法发展观的"黑格尔式"理解。

从根本上来看，时间或历史不是精神的属性，不是作为永恒不变的普遍真理的"存在"的规定性，而是存在者的属性。旧唯物主义和朴素的辩证法观念虽然可以反映自然界的运动变化，却不能用于理解人的发展。人作为一种独特的存在者是时间性和历史性的存在物。在马克思看来，发展是人的存在与历史在实践活动中的统一。发展的未来性和历史性不能依靠作为普遍性实体的"存在"的悬设。因为，在这悬设中，时间定格于现在。按照海德格尔的说法，这是一种"现在时间"。由于在黑格尔那里，"时间没有凌驾概念的权能，相反概念'倒是时间的权能'"[1]。因此，黑格尔同西方传统哲学的基础一样是一种"看"或"直观"。"时间的存在是现在……如果时间的本质被规定为'被直观的变易'，这也就公开出：时间首要的从现在得到领会。"[2] 在此意义上，黑格尔辩证法与旧唯物主义的直观一样是将时间定格于现在。因此，无论是从黑格尔的立场出发，或是在"颠倒"的意义上从旧唯物主义、朴素的辩证法观念出发领会马克思辩证法都会消解辩证法的发展观点。

在马克思看来，发展既不是人以外的"存在"的发展，也不是与人无关的"存在者"的进化运动，而是人现实的历史发展。这主要体现在如下四个方面。

第一，辩证法的发展观念是人的存在活动的产物，是现代性的基本规定。

---

[1] ［德］海德格尔：《存在与时间》，陈嘉映、王庆节译，生活·读书·新知三联书店2006年版，第491页。

[2] ［德］海德格尔：《存在与时间》，陈嘉映、王庆节译，生活·读书·新知三联书店2006年版，第486页。

第三章 现实的人及其历史发展的内涵逻辑：马克思辩证法理论变革的理论内涵

在古代，人们是缺乏发展的观念的。在西方，要么将历史看作一种循环或在上帝创世的意义上了解历史，要么是在自然界的物质运动现象中理解历史。例如赫拉克利特"世界像是一团永恒燃烧的活火"的命题。在东方，也不乏复古倒退的历史观和历史循环论。例如印度佛教中"成、坏、住、复"的循环论，又如中国古代思想中孟子的历史循环论、邹衍的五德始终观、邵雍的"元会运世"的宇宙循环论和"皇帝王霸"的历史倒退论等。因此，发展的观念并不是思想中从来就有的，而是人的存在活动的产物。现代社会的现代性所蕴含的重要维度就是发展和进步。在世界各国政府关于经济社会运行的文件中，总会出现诸如"推动、提高、促进、增强、改善"等这样的动词，其背后蕴含的是发展和进步的观念。一方面，从主体方面看，随着人类生产力的发展，人们越来越摆脱自然和神的束缚，不断增强自己的自我意识。人能够改造自然，并不断改善自己的生存状况。另一方面，现代性的基本支柱之一就是资本逻辑。资本逻辑的本质是增殖。资本要实现增殖就必须不断提高相对和绝对剩余价值，这离不开技术的进步、劳动力的改善等。不断提高生产效率并进行"生产率总动员"是现代化的内在要求。资本逻辑主导的现代性不仅要求进步和发展，而且强调更快速的发展。在资本逻辑之下，现代社会成为一个被赋予"加速度"的"加速社会"。

恩格斯提到，"一方面是历史发展的无可争辩的事实，另一方面是人类本性的无可争辩的事实"[1]。历史发展的必然性与人类不断超越自身、自我否定的实践本性是一致的。古人之所以看不到历史的发展，正是由于人类本性、人的实践主体性没有觉醒。随着人类实践活动的发展，资本主义生产方式的诞生，人的实践主体性不断确证，因而发展的观念便诞生了。发展的观念本身取决于人的实践活动。正是在此意义上，马克思指出，"道德、宗教、形而上学和其他意识形态，以及与它们相适应的意识形式便不再保留独立性的外观了。它们没有历史，没有发展，而发展着自己的物质生产和物质交往的人们，在改变自己的这个现实的同时也改变着自己的思维和思维的产物"[2]。所谓发展只能是现实的人的活动过程。因此，马克思辩证法的发展观既是要理

---

[1] 《马克思恩格斯文集》第1卷，人民出版社2009年版，第497页。
[2] 《马克思恩格斯文集》第1卷，人民出版社2009年版，第525页。

解"发展过程中的人",又是要从人的现实活动的发展中理解历史。"在思辨终止的地方,在现实生活面前,正是描述人们实践活动和实际发展过程的真正的实证科学开始的地方。"① 马克思辩证法的发展观根本上改变了黑格尔辩证法从精神的发展出发理解世界历史的具体内涵,与此同时,也超越了旧唯物主义的直观(进化、事物运动)。旧唯物主义的直观虽然能够看到事物的运动变化乃至进化,但是却看不到事物和感性世界不是从来就有的,而只是历史的产物、是人的活动的产物。费尔巴哈的"'感性确定性'的对象也只是由于社会发展、由于工业和商业交往才提供给他的"②。"用**哲学的观点**来考察这种发展,当然就很容易产生这样的臆想:在这些个人中,**类**或**人**得到了发展,或者说这些个人发展了**人**;这种臆想,是对历史的莫大侮辱。"③

第二,发展观点所蕴含的可能性与现实性、有限性与无限性辩证统一于人的社会生活实践。在辩证法的发展观点中,可能性与现实性是一对十分重要的范畴。在黑格尔辩证法中,所谓现实性是关于思维在历史过程中展开的必然性;所谓可能性既是外在的偶然性,又作为环节蕴含于现实性之中。在自我意识达到绝对精神的过程中,可能性虽然是一种偶然性,但是作为环节的必然性,又具有了现实性。因此,在黑格尔辩证法看来,可能性与现实性是辩证统一在一起的。但是,黑格尔辩证法设定了现实性(思想的运动必然性)对可能性的优先性。"根据思想来考察,现实性倒是较广阔的范畴,因为作为具体思想的现实性是包含可能性在自身内作为一个抽象环节的……现实性较高于可能性。"④ 然而,发展是人的可能性的不断展开和实现,而不是必然性的绝对真理的确证过程。人作为独特的存在物就在于,他是一种可能性、生成性的存在物,而非现存的存在物,更不是普遍必然性的载体。因此,在马克思看来,现实性与可能性是统一于人的不断自我超越和展开的实践活动。

在《资本论》第一卷中,马克思论及自然资源与剩余价值产生的关系、资本主义内在矛盾和危机时,既区分了可能性与现实性,同时也指出通过人的生产活动可能性转化为现实性的辩证统一关系。"物的人格化和人格的物化

---

① 《马克思恩格斯文集》第1卷,人民出版社2009年版,第526页。
② 《马克思恩格斯文集》第1卷,人民出版社2009年版,第528页。
③ 《马克思恩格斯文集》第1卷,人民出版社2009年版,第570页。
④ [德]黑格尔:《小逻辑》,贺麟译,商务印书馆1980年版,第298页。

第三章　现实的人及其历史发展的内涵逻辑：马克思辩证法理论变革的理论内涵

的对立，——这种内在的矛盾在商品形态变化的对立中取得发展了的运动形式"所包含的"危机的可能性"① 要变为现实必须有一系列关系，而这些关系产生于生产活动之中。因此，可能性与现实性是在人的实践活动中统一起来的。

值得注意的是，在马克思文本中，没有过多地谈论现实性与可能性，即使少量论及的地方，也是间接阐释可能性转变为现实性的原理。在大多数情况下，马克思总是谈及现实和思想、意识、观念、概念、范畴、抽象、宗教、哲学的对立。根本的原因在于，在马克思看来，现实性与可能性统一于人的现实生活过程。在谈及人的本质时，马克思多次提到了现实性，并说明自己的方法是从"现实的人"出发。"宗教是人的本质在幻想中的实现，因为人的本质不具有真正的现实性。"② 人的本质的现实性不是在宗教中，也不是旧唯物主义直观到的"单个人固有的抽象物"或"类"，而是"一切社会关系的总和"，而社会关系产生于人的生产实践活动。人的本源性存在方式是实践，而社会生活在本质上是实践的。因此，按照马克思的观点，辩证法发展观所蕴含的现实性范畴不能在直观和思维的运动中确认，而必须在人的实践活动中确认。因为，人正是通过实践活动不断展开各种可能性。发展不是一个自然的必然过程，也不是一个思维的必然过程，而是人的实践活动不断发展出新的可能性，而无限的可能性构成了发展得以存在的根源。因此，发展观点的现实性和可能性范畴表明了这样一条原理：对现实，要当作感性的人的活动，当作实践去理解。人的实践活动构成可能性之源，也是发展的现实性之源。"改变世界"促进人的自由而全面的发展就是"改变现实"，创造出无限的可能性。所谓自由和全面就是无限的可能性的开展。

第三，发展观所蕴含的必然性与偶然性辩证统一于人的实践活动。从现实性与可能性范畴出发，我们会来到另外一对重要的范畴：必然性与偶然性。在黑格尔的语境中，偶然性意味着任意性。感性确定性看似是具体的，但是由于其偶然和任意的性质，反而是最抽象的。具体的东西必须在思维运动的过程中不断实现自身、丰富自身。因此，在黑格尔辩证法中偶然性被必然性所吞没。黑格尔辩证法的必然性就是思维从"纯存在"到"绝对精神"的环

---

① 参见《马克思恩格斯文集》第5卷，人民出版社2009年版，第135—136页。
② 《马克思恩格斯文集》第1卷，人民出版社2009年版，第1页。

175

节必然性以及结果的必然性。在旧唯物主义的语境，偶然性意味着感觉经验的特殊性以及事物运动的多样性；而必然性则是自然的必然性，就像自由落体运动一样是强制的，其背后蕴含的是不以人的意志为转移的客观规律。前者不仅脱离了自然的必然性，而且将世界历史化作真理的实现过程；后者以直观认识自然界时具有有效性，而到人类社会历史领域，则将自然的必然性等同于历史的必然性，从而抹杀了人的实践主体性以及人的发展。

与之不同，马克思不仅严格区分了自然的必然性与历史的必然性，而且在双重意义上使用自然的必然性范畴。在马克思看来，自然必然性是一种"永恒的"必然性①。动物和人一样都遵循这样的自然必然性和规律。即使在人类社会中，也存在这样的必然性，例如劳动以及有用价值的生产，"是不以一切社会形式为转移的人类生存条件，是人和自然之间的物质变换即人类生活得以实现的永恒的自然必然性"②。但是，与动物不同，人不是被动地适应自然界，而是在适应自然界的同时，也通过实践活动改造自然满足自己的需要。自然成了"人化了的自然"。因此，通过人的实践活动，实际上就产生了不同于自然必然性、自然规律的历史必然性和历史规律。历史的必然性是"暂时的、短暂的"必然性。就如同资本主义存在的必然性一样，是暂时的。"资本家只有作为人格化的资本，他才有历史的价值，才有像聪明的利希诺夫斯基所说的'没有任何日期'的历史存在权。也只有这样，他本身的暂时必然性才包含在资本主义生产方式的暂时必然性中。"③

与此同时，马克思在双重意义上使用自然的必然性范畴，这集中在《资本论》的论述当中。马克思不仅仅在如上所述的自然规律的意义上使用自然必然性范畴，而且还在批判的意义上使用自然必然性范畴来揭露资本主义社会的"恶"。马克思指出，"问题本身并不在于资本主义生产的自然规律所引起的社会对抗的发展程度的高低。问题在于这些规律本身，在于这些以铁的必然性发生作用并且正在实现的趋势"④。马克思的论述并不是说，社会规律等同于自然规律。在马克思看来，资本主义社会产生了一种特殊的自然必然

---

① 参见《马克思恩格斯文集》第5卷，人民出版社2009年版，第515页。
② 《马克思恩格斯文集》第5卷，人民出版社2009年版，第56页。
③ 《马克思恩格斯文集》第5卷，人民出版社2009年版，第683页。
④ 《马克思恩格斯文集》第5卷，人民出版社2009年版，第8页。

第三章 现实的人及其历史发展的内涵逻辑：马克思辩证法理论变革的理论内涵

性——资本逻辑——来压迫、剥削人的存在。在资本占有劳动者剩余价值以实现自身增殖的过程中，资本主义社会运行的内在逻辑具有强制性、压迫性，"工人就会感到一种残酷的自然必然性"①。在这种"残酷的自然必然性"之中，人成了资本增殖的工具或机器，丧失了自由而全面的发展。人成了自然物。人被物化了，而资本却变成了真正的人格。资本逻辑成了"铁的必然性""自然必然性"。"在政治经济学的资产阶级意识中，它们竟像生产劳动本身一样，成了不言而喻的自然必然性。"② 资本主义社会也由此永恒化了。

在马克思看来，政治经济学的形而上学（蒲鲁东的黑格尔辩证方法）一方面掩盖了资本主义社会所产生的"残酷的自然必然性"，另一方面以自然的必然性取代了历史的必然性。历史的必然性意味着既要看到资本主义生产方式存在的必然性，又要看到资本主义社会由于生产的社会化与生产资料私人占有的内在矛盾而灭亡的必然性。例如，"土地所有权的正当性，和一定生产方式的一切其他所有权形式的正当性一样，要由生产方式本身的历史的暂时的必然性来说明，因而也要由那些由此产生的生产关系和交换关系的历史的暂时的必然性来说明"③。正是在此意义上，马克思辩证法发展观蕴含的是历史的必然性范畴，而非永恒的自然的必然性、绝对真理的必然性范畴。也正是从历史必然性范畴出发，马克思的辩证法才能深入社会历史之中，以发展的眼光看问题，对人的生存状态进行反思、批判和治疗，推动人与社会的发展，人与自然的和谐相处。

与历史的必然性相应的是丰富的偶然性和个性。一方面，资本主义社会"残酷的自然必然性"压抑了个体生存的偶然性质。如同因重力而直线下落运动的原子取消了偏斜的可能。劳动时间的长短具有习惯的性质，"但是习惯本身也以生产规模作为物质基础，因此，只有在个别考察时才具有偶然性"④。在资本主义社会中，资本是同化一切的力量。人成为劳动力和产业后备军，在身体和精神两个方面受到资本逻辑的规训与惩罚。人不得不成为资本增殖的工具。因此，马克思只是分别提到了"偶然性的王国"与"必然性的王

---

① 《马克思恩格斯文集》第 5 卷，人民出版社 2009 年版，第 202 页。
② 《马克思恩格斯文集》第 5 卷，人民出版社 2009 年版，第 99 页。
③ 《马克思恩格斯文集》第 7 卷，人民出版社 2009 年版，第 702 页。
④ 《马克思恩格斯文集》第 6 卷，人民出版社 2009 年版，第 351 页。

国",例如公司股东利益的分配属于"偶然性的王国",而劳动力成为商品、扩大市场都是资本主义生产方式的内在必然性。马克思更多关注的是"必然王国"和"自由王国"对立。《资本论》的结尾集中论述了自由人的联合从"必然王国"到"自由王国"的飞跃。另一方面,对于资本主义社会的理解又不能仅仅从偶然性的个体生活的经验出发,而应当在偶然性的大量概括的基础上,理解"通过这些偶然性来为自己开辟道路并调节着这些偶然性的内部规律"①,并看到"生产过程突破资本主义界限的必然性"。这就是作为《资本论》方法的、具有批判和革命本质的辩证法的"抽象力"。

第四,发展观所蕴含的目的与手段、前提与结果辩证统一于人的实践活动。发展的历史必然性与丰富的偶然性进一步体现为历史发展的目的与历史发展的手段之间的辩证关系。从理论上看,自然的必然性取消了发展的目的性。从自然必然性出发,得到的是无目的的进化运动;从现实上看,资本主义社会产生的"残酷的自然必然性",颠倒了目的与手段的关系,发展成了资本的增殖逻辑。在发展观点中,目的与手段、前提与结果构成十分重要的范畴。这一点在黑格尔辩证法中得到了确认。

发展观内含着对目的、手段、前提或开端、结果及其辩证关系的理解。在强调思想的客观性时,黑格尔指出发展是无目的和开端的思想运动的全体;在强调发展的前进性和上升性时,黑格尔认为目的的达到是"绝对理念"。这里存在着在思维辩证运动领域无法解决的矛盾。对黑格尔而言,目的作为对开端或前提的否定,在观念性与环节性上,二者具有同一性。由于目的是对开始的否定,所以概念的辩证运动本身没有开端,也就否定了目的自身。在黑格尔那里,绝对理念是目的的最终表现形式,是自在的实践的理念与自为的理论的理念的统一,这一统一不是直接的统一而是以概念的辩证运动作为中介和手段来实现的。目的作为对开端的否定最初具有主观性,而只有在概念辩证运动的中介过程中,目的才获得了其客观性意义。"目的的达到只是消除了误认为开始似乎是直接的东西,理念似乎是最后成果那种假象。——这就达到了'理念是唯一全体'的认识了。"② 因此,严格来说,黑格尔辩证法

---

① 《马克思恩格斯文集》第 7 卷,人民出版社 2009 年版,第 938 页。
② [德] 黑格尔:《小逻辑》,贺麟译,商务印书馆 1980 年版,第 429 页。

第三章　现实的人及其历史发展的内涵逻辑：马克思辩证法理论变革的理论内涵

并未设定一个最终的目的和一个最初的开端。目的和开端仅仅是思想的辩证运动展开自己的表现形式，"全体"才是实质性内容。

然而，根据唯物史观对社会历史优先性的揭示，"道德、宗教、形而上学和其他意识形态，以及与它们相适应的意识形式便不再保留独立性的外观了。它们没有历史，没有发展"①。"思想运动的全体"相对于无限的生活实践的无限总体是有限的。发展自己生活实践的个人推进着人类思维的发展。因而思维的运动要想不停止就必须植根于生活实践。否则，无开端和无目的的"思想运动的全体"会僵化为从开端到绝对精神的封闭运动，从而失去发展的维度。"绝对理念由于在自身内没有过渡，也没有前提……因此它本身就是概念的纯形式，这纯形式直观它的内容，作为它自己本身。"②绝对理念成了"无对"，因而也就丧失了无限递进的因而也是对象化的矛盾运动。

思想运动的全体是无目的和无开端的，而生活实践的总体是有前提和有目的的。在马克思看来，目的不是对前提的否定，不能撇开现实的前提。历史的发展"不过是追求着自己目的的人的活动而已"③。目的蕴含的是人的生活实践的对象化要求。在实践活动中，人凭借对象化的活动改造世界以此来满足自己的需要。因此，需要的满足和新的需要的产生构成了历史发展的人的目的。与此相应，生产方式构成了推动人自身发展的手段。在马克思看来，历史发展的目的与手段是辩证统一的关系。一方面，生产方式作为人实现自身目的的手段，因而服从人的发展目的；另一方面，"人是什么样的"，"既和他们生产什么一致，又和他们怎样生产一致"④，作为手段的生产方式的发展，也塑造着人的生活、人的本质以及新的需求。在对象化的实践活动中，目的与手段是紧密统一在一起的。实践活动是主体客体化与客体主体化的双向辩证运动过程。主体受到客体的制约，而客体成为"为我之物"。因此，生产方式作为手段要服从于人的自身发展；同时，生产方式也塑造着人的生活。

然而，黑格尔在真理和人的生活实践的关系中颠倒了目的与手段的关系。"人应该追随真理。现实发展的结果，也像在黑格尔那里一样，不外是被证明

---

① 《马克思恩格斯文集》第1卷，人民出版社2009年版，第525页。
② ［德］黑格尔：《小逻辑》，贺麟译，商务印书馆1980年版，第424页。
③ 《马克思恩格斯文集》第1卷，人民出版社2009年版，第295页。
④ 《马克思恩格斯文集》第1卷，人民出版社2009年版，第520页。

了的即被意识到了的真理……人所以存在，历史所以存在，是为了使真理达到自我意识。"① 人成了"形而上学的主体"，形而上的绝对真理成了历史的目的。从这种思辨逻辑出发，青年黑格尔派是在颠倒的意义上理解政治解放和人类解放的问题。这种思辨逻辑对于手段与目的的颠倒与资本逻辑对目的与手段的颠倒具有同一性。在资本主义社会中，人变成了手段和工具，资本增殖成了不可抗拒的自然必然性。人作为劳动力商品而存在，构成资本诞生的前提与增殖的手段。在资本主义政治经济中，异化劳动颠倒了人与对象的关系。对象化成了目的，而主体的自身发展和存在活动成为手段。按照马克思的分析，在资本主义政治经济中，随处可见这样的"颠倒"。"在工资中，劳动并不表现为目的本身，而表现为工资的奴仆。"② 随着作为手段出现的货币成为真正的力量和唯一的目的，"那使我成为本质并使我占有异己的对象性本质的手段成为目的本身"③。在发展的目的和手段辩证关系的意义上，马克思辩证法的"颠倒"隐喻，一方面是要完成对思辨逻辑的颠倒，破除意识形态幻想的哲学根据；另一方面，是要为揭露资本逻辑的颠倒性质提供批判和革命的武器。

综上所述，在辩证法的不同历史时期，对于发展观及其诸多范畴有着截然不同的理解。柏拉图认为辩证法是从意见"上升"到普遍理念和真理的途径。这里蕴含的发展意蕴是普遍的真理观。发展的方向是从特殊到普遍。康德辩证法则根本上取消了发展，发展受到认识界限的制约。值得注意的是，黑格尔的辩证法由于统一了历史观和辩证法，因而在思辨的意义上确立起发展的范畴和观点。然而，这种发展却只是"概念自身生命"的"过程观"，其终点早已确立。与其说是发展，不如说是思辨的逻辑演绎。相比之下，马克思唯物史观与辩证法的内在统一重塑了发展的范畴，真正完成和展开了辩证法的发展观点，确立了人及其历史的发展观。由此可见，对于马克思辩证法发展观的旧唯物主义式的阐释和黑格尔式的理解，都忽视了辩证法与唯物史观的内在统一关系。马克思辩证法的发展观能够真正以发展的眼光看问题，就在于马克思重塑了发

---

① 《马克思恩格斯文集》第 1 卷，人民出版社 2009 年版，第 283—284 页。
② 《马克思恩格斯文集》第 1 卷，人民出版社 2009 年版，第 167 页。
③ 参见《马克思恩格斯文集》第 1 卷，人民出版社 2009 年版，第 232 页。

第三章　现实的人及其历史发展的内涵逻辑：马克思辩证法理论变革的理论内涵

展观的范畴，既区分了自然史的进化过程与人类史的发展过程，又说明了实践活动中二者的对立统一关系，揭示了人和社会的辩证发展关系，以人的自由而全面的发展为理论旨趣，从而建立了关于现实的人及其历史发展的辩证法理论。

第三节　理论范式的变革：超越形而上学的辩证法理论范式

从辩证法与唯物史观的内在统一探讨马克思辩证法的理论变革，其变革还特别深刻地体现为对辩证法理论范式的变革。如前所述，黑格尔通过"时间"与"存在"的统一，不仅完成了形而上学，而且使辩证法从修辞学、认识论优先转变为一种本体论优先的理论范式，实现了形而上学与辩证法的统一。马克思唯物史观与辩证法的内在统一则进一步深化了这种变革。以实践为基础，唯物史观与辩证法的内在统一推动辩证法的内涵逻辑从"存在"到"人的现实生活过程"转变，建立了关于现实的人及其历史发展的内涵逻辑，从而实现了辩证法的生存论转向。在辩证法与形而上学的关系方面，唯物史观的创立消解了辩证法的形而上学阴影，祛除了辩证法的"神秘形式"，建立起后形而上学意义上的辩证法。

一　从"存在"到"人的现实生活过程"

在柏拉图那里，辩证法虽然是上升到普遍理念的方法，但是普遍理念本身仍然是在逻各斯的辩证运动以外的"存在"。因此，辩证法实质上是一种认识论。在亚里士多德那里，辩证法成为逻辑学的一部分。虽然从柏拉图开始，辩证法成为一种认识论。但是对于"终极实在"的追求总是在表象思维和形式推理中进行的。本体成为不变的实体。然而，如康德所揭示的，本体蕴含的是人对于无限的终极统一性的追求。这种追求必然不能被知性思维所把握到的某一实体所固定。因此，形而上学的本体与有限的知性思维之间必然产生深刻的矛盾。正是在这里，康德看到了知性思维所引发的矛盾，但没有看到摆脱有限知性思维的辩证思维的自我超越性与本体论表达的无限的终极统一性的内在联系与内在矛盾。

从本体论而言，本体的无限性并不能仅从"视觉"及"空间"中得以确

181

认。柏拉图"两个世界"的划分实际上蕴含的是一种"视觉主义"和表象主义,这为西方传统的本体论哲学奠定了基点。从辩证法而言,辩证法也是在表象思维和形式推理中得以确认。辩证法要么成为对矛盾的运动现象的直观,要么成为认识本体遇到逻辑悖论时的说辞。黑格尔揭示了这一点,无限的本体和辩证思维必须首先在时间中得以展开。辩证法和本体论是一种历史观。从思维的历史运动过程出发,黑格尔看到了辩证思维的自我超越性与本体论表达的无限的终极统一性的内在联系。"存在"与"时间"必须统一在一起,才能成为有内容的实体。从辩证运动的动力来看,实体即主体;从辩证运动的内容来看,本体即全体。正是通过历史观的引入,黑格尔不仅激活了本体论,而且使辩证法成为一种本体论优先的范式。辩证法不是认识对象的形式方法或修辞学,而是思想内容自己展开的内涵逻辑。在形而上学的框架内,黑格尔将历史观与辩证法统一起来,完成了对辩证法与本体论的双重变革,并实现了辩证法与本体论的统一。

然而,由于黑格尔同康德一样将知性思维与本体论的无限性追求的矛盾视作思维自身的矛盾,而不是人的生存活动的内在矛盾,因而黑格尔只看到了辩证思维的自我超越性与本体论所蕴含的无限的终极统一性的内在联系,而没能看到二者的根本矛盾。作为终极实在的真理大全的封闭性和统一性最终扼杀了辩证思维的超越性和否定性。绝对即"无对"根本上结束了任何对象化和外化的否定活动。终极实在所蕴含的无限性追求在经历思维的辩证运动之后最终固定为一个封闭的"大全"。因此,本质上黑格尔仍然陷入了传统形而上学的实体性本体论之中。

在马克思看来,有限的知性思维与无限的本体论追求、主体与实体的矛盾并不是思维运动的矛盾,而是人的生存活动的矛盾。从本体论而言,以往的本体论都陷入了固定的实体之中,而放弃了无限性的维度;从辩证法而言,辩证法与形而上学的本体论纠缠在一起,也就放弃了自我超越和自我否定的独特性质。唯物史观将思维的矛盾视作人的生活实践的矛盾,从而彻底消解了实体主义的本体论,代之以人的实践活动的生存论,为辩证法提供了真实的根基。

从实践活动出发,本体论变成了人的生存活动中不断展开的对本体的意向性追求。作为终极实在的本体并不是人的活动的"支撑点",毋宁是人的实

第三章　现实的人及其历史发展的内涵逻辑：马克思辩证法理论变革的理论内涵

践活动的历史性表征。本体只存在于生活实践之中。本体论只有在生存论的意义上才能存在。康德不懂这一点，所以通过消极的先验辩证论确认终极统一性本体的"范导"作用；黑格尔不懂这一点，所以通过思辨辩证法来实现终极实在的统一性本体。尽管康德强调"以人为目的"，但人并不是"纯粹理性存在者"，而是有限理性的存在者，因而人还是以形而上学的伦理实体作为限制。但无论是康德的"范导"还是黑格尔的"绝对"都是将思维或纯粹理性的目的视作历史发展的目的。恰恰相反，这种思维的目的恰恰是生活实践的产物。人不仅仅是有限的理性存在者，更是有限的自然生命，他要受到自然生命的限制，但同时人由于其不断改造自身和对象的实践活动，又指向一种无限的可能性和历史性。一方面，人的实践活动具有多样性和异质性，具有各种可能性；另一方面，人不断地作为历史前提和结果的实践活动，又使自身的有限性和追求无限性的实践活动包含在不断展开的历史过程之中。因此，只有作为实践活动的主体（虽然是有限性的存在物）才能同时成为通往无限性、完善性的本体。按照此种理解，黑格尔本体论和辩证法的"实体即主体"的原则所蕴含的辩证法最一般的运动形式只有在实践活动中才能成立。

恩格斯指出，"黑格尔的方法以其现有的形式是完全不能用的。它实质上是唯心的，而这里要求发展一种比从前所有世界观都更加唯物的世界观……首先应当对黑格尔的方法作一番透彻的批判"[①]。黑格尔的方法的基本特征是什么？马克思正确地指出，"把实体了解为主体，了解为内在的过程，了解为绝对的人格。这种了解方式就是黑格尔方法的基本特征"[②]。正是在"实体即主体"的原则中，才能完成对黑格尔辩证法的真正的"颠倒"。"实体即主体"是黑格尔辩证法超越以往辩证法和其他理论思维的"关键"，也是马克思辩证法变革的关键。"实体即主体"的命题使黑格尔正确表达了辩证法的一般运动形式，有限性与无限性、主体与实体的矛盾运动。但是，如前所述，只有作为实践活动的主体才能同时成为通往无限性、完善性的本体。黑格尔从思维活动出发，肯定的是意识主体性，即思维的外化和否定活动。然而，思维的运动并不存在一个"大写的"主体而具有绝对性，而只能依赖个体的思

---

① 《马克思恩格斯文集》第2卷，人民出版社2009年版，第601页。
② 《马克思恩格斯文集》第1卷，人民出版社2009年版，第280页。

想去展开而具有相对性。因此，当黑格尔将形而上学的大写的主体视作思维运动的主体时，主体已经被实体化。与此同时，当"大写的"思维主体出现在"绝对"的实体面前时，即使是"大写的"思维主体也最终丧失了其外化和否定活动而被完全实体化了。在黑格尔那里，辩证法都成了实体化的本体论，其主体性和否定性维度丧失了。

与之不同，马克思辩证法从人的实践活动出发，主体性在实践中得到真正确立，成了关系化的主体。同时，实体具体化为物质的生活关系，成为主体的本质性规定。社会生活在本质上是实践的，而人的本质在现实性上就是一切社会关系的总和。在实践活动中，主体不再是一种实体化的、固定的、大写的存在，而是现实的个人的、活生生的活动。以一定方式进行生产生活的个人发生一定的关系。主体性不仅体现在人对自身和对象不断的实际的否定活动中，而且这种活动关系凝结成社会关系，成为主体性展开的场域。于是，传统本体论所蕴含的终极实在性和终极统一性在实践活动中消失不见了，代之的是人对无限性的意向性追求和人的否定性活动的内在统一。正是在实践活动中，黑格尔辩证法的"实体即主体"所蕴含的有限与无限的对立统一性才真正成立。从思维活动出发，黑格尔"实体即主体"的原则导致的结果是实体主体化。在社会历史领域中，就体现为个体对伦理实体的服从。从实践活动出发，这一原则具体化为个人与社会的对立统一关系，而非个体的社会化或社会的个体化。

正是由于在实践活动中真实确立起来的有限主体与无限的本体论追求的对立统一关系，辩证法才获得了其真实的根基。辩证法才不至于成为受到表象思维纠缠的外在的直观性的认识形式或受到形式思维纠缠的主观性的认识形式，而是成为现实的人及其历史发展的内涵逻辑。正是在此意义上，可以说以"人的现实生活过程"为根基，辩证法才具有合法性和独特性，才从形而上学的阴影之中解放出来，成为后形而上学视域中具有"合理形态"的辩证法。

二 形而上学阴影的消解与后形而上学视域下的辩证法

辩证法不是一种寻求确定性的理论思维，而是一种以"推动原则"和"创造原则"为核心的实践智慧。这意味着如果仅仅从形式方法和实证科学的

第三章 现实的人及其历史发展的内涵逻辑：马克思辩证法理论变革的理论内涵

视角出发，辩证法必然因缺乏确定性而遭受实证主义者、分析主义者的诘难。除此以外，在哲学史上，辩证法作为追求"终极实在"的真理逻辑长期处于形而上学的阴影之下，其批判本性被遮蔽和扼杀。于是许多现代哲学家也将辩证法视为传统形而上学晦涩难懂的内容予以拒斥。马克思的辩证法理论有时也被一些西方哲学家视作传统形而上学或黑格尔主义的残留。然而，马克思辩证法是对传统辩证法理论的历史性转换。所谓历史性转换是在社会历史的领域中实现的辩证法从认识论和传统本体论向生存论的转向。从人类理性上来看，马克思辩证法实现了从理论理性到实践理性的变革。正是由于这一深层的变革，马克思消解了辩证法的形而上学阴影，建立起后形而上学视域中的"合理形态"的辩证法理论。

理论理性是形而上学与辩证法内在纠缠的根本原因。理论理性意味着从思维的层面确认形而上学的"终极实在"和普遍真理。辩证法的创始人柏拉图为辩证法设定的问题意识和理论方式都是在理论理性层面进行的。在柏拉图那里，辩证法可以说是沟通"两个世界"（理念世界与可感世界）的认识方法。确证普遍真理构成了辩证法的问题意识。自此以后，辩证法成了形而上学的认识论。这种理论理性的辩证法在黑格尔那里以本体论、认识论和辩证法相统一的形式获得了完全的形态。以"自我否定"为核心的辩证法走向了辩证法的自我否定。否定性被绝对真理的路标挡住了去路，变成了虚有其表的批判性，而其实质是一种"同一性逻辑"。黑格尔辩证法的矛盾和否定环节，是为了肯定绝对精神。黑格尔从存在出发只是从关于存在的思想出发，是为了最终思想的自我实现。因此，其辩证法的否定性特质和差异性内容只具有形式的意义。其实质，仍然是"以一驭万"的形而上学构想。这种"同一性逻辑"的理论结果是"凡是现存的都是合理的，而凡是合理的都是现实的"。所以，黑格尔哲学只是事后出场，它并不是面向未来的开放的理论思维。绝对性和封闭性构成了其真实内涵。对以往历史过程的思辨化处理和现成社会历史事物的永恒化撰写就构成了这种理论思维的最终归宿。正因如此，阿多诺激烈地反对"同一性逻辑"的体系哲学，指出黑格尔的辩证法"总体性矛盾"服从于体系，本质上是一种"同一性逻辑"。否定性应当是辩证法的根本特性，"辩证法是关于非同一性的意识"。辩证法反对的是任何妄图绝对真理的理论图示，坚持的是历史事物和社会生活的联系性、具体性、差异性和复杂性。在否定性的意义上,辩证法与迷恋同一性的形而上学有着根本的区别。然而,在辩证法的发展过程中,否定性最终从主观任意的否定变成了绝对精神实现自身的思辨环节。

正是由于辩证法与形而上学的共谋,黑格尔的辩证法变成了"精神戏法"而具有了"神秘形式"。辩证法的神秘化表现在历史的精神戏法与无人身的理性的自己运动为资本主义社会提供了自由的面纱。黑格尔辩证法所蕴含的"总体化的同一性逻辑"与资本的"同一性逻辑"是同构的。在现代资产阶级社会中,资本成为同化一切的形而上学力量。从宏观层面来看,资本的全球扩张,迫使一切文明采取资本主义的生产方式。与此同时,商品成为同化一切地域文明的武器,"文化帝国主义"企图消解人类文明的多样性。从微观层面来看,同质化的商品内容和价值传导致使个体生存同质化,在肉体与精神双重层面,个体生存受到资本主义政治经济规训,人处于物化的存在状态。一方面,"物"和"物"的自由流通交易的关系掩盖了"人"与"人"剥削和压迫关系;另一方面,建立在物的依赖性基础上的人,缺乏真正的自由发展。资本仅仅是推动人从人的依赖性转变为物的依赖性,其实质仍然是受到异己力量的束缚。黑格尔辩证法正是以"无人身的理性"为人的自由奠基,停留于梦幻的天国,掩盖了人间的疾苦。作为意识形态,黑格尔哲学无非是资本主义所生产和分配的思想,是资本的意识形态面纱。因此,消解辩证法的形而上学阴影,祛除辩证法的"神秘形式",对马克思来说既是理论变革的需要又是实践革命活动的需要。辩证法作为一种"天国"的逻辑,必须成为一种"人间"的逻辑。

在马克思看来,黑格尔辩证法的合理内核在于考察了"历史活动",坚持了人的异化及其扬弃。虽然黑格尔辩证法仍然是在理论理性的层面建立起来的,但是已经包含着实践理性的因素。"黑格尔辩证法的确包含着超越理论理性的冲动。但是,在黑格尔那里,这种冲动却又总是与对逻辑理性的迷恋难以区分地纠缠在一起的,他试图用逻辑概念的方式去表达生命内涵,这种生命归根结底是'逻辑的生命'与'概念的生命',而不是'活生生'的现实的人的生命。"[①] 由于理论理性和意识绝对性的原则的主导,黑格尔辩证法对

---

① 贺来:《辩证法研究的两种出发点》,《复旦学报》(社会科学版) 2011 年第 1 期。

第三章　现实的人及其历史发展的内涵逻辑：马克思辩证法理论变革的理论内涵

"历史活动"的考察丧失了历史性与现实性。因此，要祛除"神秘形式"，使辩证法成为现实历史的表达，就必须在实践理性的层面确立辩证法的前提。唯物史观的创立确立了这样的前提："这种考察方法不是没有前提的。它从现实的前提出发，它一刻也不离开这种前提。它的前提是人，但不是处在某种虚幻的离群索居和固定不变状态中的人，而是处在现实的、可以通过经验观察到的、在一定条件下进行的发展过程中的人。"① 由此可见，辩证法作为一种内涵逻辑其内容就必须包括现实的处在发展过程中的人、"他们的活动"以及"他们的物质生活条件"。如果脱离这些社会历史具体的内容，辩证法就成了构造形而上的空中楼阁的"脚手架"，只具有形式的意义，而辩证法的关键在于其本质内涵。

基于这些具体的社会历史内容，辩证法获得了现实的意义。现实的人是辩证法的现实主体。辩证法的主体并不是"大写的理性"，而是小写的人。人是什么样的取决于生产什么和怎样生产。因此，当人成为辩证法的前提和主体，那么辩证法所蕴含的矛盾运动就不再是思辨编排的或直观把握的运动，而是人的历史活动中所蕴含的生产活动。这种生产活动创造的矛盾就是生产力与生产关系的矛盾。物质与精神的抽象二元对立在人的生产活动中获得现实性。正因如此，辩证唯物论与直观的旧唯物论和思辨的唯心主义都指出物质与精神的对立，但其根本区别在于，在马克思看来物质与精神的对立只有在社会历史及人的生产实践活动中才有现实的意义。大写的理性得到的辩证运动是"想象主体的活动"，而现实的人作为辩证法的前提指向的是不断展开的生活实践。前者必然以同一性和封闭性的逻辑收尾，而后者则不断开展出丰富的差异性内容。

从实践理性出发，辩证法的"不确定性"才能获得真实的根基。人的实践活动构成辩证法的否定性根源。辩证法与人的实践活动具有同构性，这是辩证法真实性的根源。实践是人的本源性存在方式，其根本的特征就是不断进行现实的否定活动来发展出更多的可能性。人与动物的区别不在于人有意识，而在于人能够开展实践活动。实践是一个主体客体化与客体主体化的双向过程。在此过程中，"不断改造过的物质"和发展过程中的人成为实践的具

---

① 《马克思恩格斯文集》第 1 卷，人民出版社 2009 年版，第 525 页。

体结果。在此意义上，实践活动是主体与客体历史具体的对立统一的中介。在对象化的实践活动中，辩证法的否定性确立起来。

正是因为实践理性是关于人的实践活动可能性、开放性和发展性的意向性思维，以实践理性为出发点的辩证法才真正摆脱形而上学的"同一性"逻辑的束缚，真正开展出自身的独特性，即不断自我否定和自我超越的"不确定性"。在实践理性的意义上，辩证法不再是形而上学的认识论，而是人的实践活动的生存论。

由此可见，唯物史观的创立彻底祛除了辩证法的形而上学阴影和神秘性，改变了辩证法的理论形态，使辩证法在实践理性层面得以确立。这种理论形态的变革表现为内涵与范畴的变革。从"联系"来看，辩证法实现了从思辨的总体观到社会生活的联系观的转变；从"发展"来看，以人及其历史的发展观取代了过去与现存历史的过程观；从"否定"来看，辩证法以"内在超越"的否定克服了"外在超越"的否定性。与传统辩证法理论不同，马克思的"辩证法超越了任何一种机械决定论。历史是开放的，而且归根到底是人的活动。既然人在原则上能超越自身及其境况，由此可以推断对未来进程的预测是相对不确定的……辩证法的关键范畴不是必然性而是可能性……有多种可能的未来"①。在此意义上，马克思在人的现实历史活动意义上根除了传统辩证法中的形而上学阴影，构建了当代的辩证法的"合理形态"，维护了辩证法思想的合法性与理论权威，展现出强大的生命力与活力。辩证法从形而上学的阴影中走出来，辩证法的独特的品格和生命力得到了真正的彰显，成为人文解放和现代的生活智慧以及现代的批判与建构的"武器"。

"对于辩证方法来说，其中心问题是'改变现实'。"② 现代资本主义在推动人类社会发展的同时，也带来了人的物化和全球化问题。随着全球化的进程深入，资本逻辑成现代社会的主导逻辑，加剧和扩大了这一系列问题。从根源上看，人处于马克思所说的"以物的依赖性为基础的人的独立性"的存在状态。马克思辩证法的"社会历史前提批判"指向的正是批判、反思和治

---

① ［前南］马尔科维奇、彼德洛维奇编：《南斯拉夫"实践派"的历史和理论》，重庆出版社1996年版，第39页。
② ［匈］卢卡奇：《历史与阶级意识》，杜章智、任立等译，商务印书馆1999年版，第51页。

第三章　现实的人及其历史发展的内涵逻辑：马克思辩证法理论变革的理论内涵

疗人的存在状态。面对现代社会资本逻辑的持续扩张，许多马克思主义学者运用马克思辩证法这一理论武器对现代资本主义与现代性进行了反思，在这一过程中，马克思辩证法的批判功能和当代效应得以彰显。霍克海默、阿多诺在《启蒙辩证法》中，继承和发挥了马克思辩证法的否定性和批判性要素，对现代社会"启蒙的神话"进行了批判。在批判功能层面，彰显了辩证法的批判性。文化进步走向了其反面。人类愈进步，也就愈野蛮。从资本主义社会经济和技术发展看，"人性的堕落和社会的进步是联系在一起的，经济生产力的提供一方面为世界变得更加公正奠定了基础，另一方面又让机器和掌握机器的社会集团对其他人群享有绝对支配权……个人变得一钱不值"[1]。从文化批判的角度看，现代社会"个体"是虚假的文化特征，文化工业塑造的大众文化使人变得同质化。约翰·贝拉米·福斯特则从生态问题的视角指出，"唯物辩证法本质上是开放的而不是封闭的。它不接受封闭：没有一个完全独立于自然界的人类领域，也没有上帝的领域。……辩证批判的现实主义为分析物质关系，尤其是那些与资本主义社会中的人与自然界的'异化中介'相关的物质关系奠定基础"[2]。正如科西克所言，"辩证的—批判性思维消解了实物世界与理念世界的拜物教化的人造物，摧毁了伪具体，当然，这只是辩证法作为改造现实的革命性方法的一个方面。为批判性地解释世界，解释必须植根于革命实践"[3]。由此可见，以"人的现实生活过程"为内涵，在批判和革命的意义上，马克思辩证法早已脱离形而上学的思辨性质，成为面向生活、切中现实、改变世界的方法。

---

[1] [德] 霍克海默、阿多诺：《启蒙辩证法》，渠敬东、曹卫东译，上海人民出版社2006年版，第3—4页。
[2] [美] 约翰·贝拉米·福斯特、[美] 布雷特·克拉克：《马克思主义与生态辩证法》，刘顺译，《郑州轻工业学院学报》（社会科学版）2018年第1期。
[3] [捷克] 卡莱尔·科西克：《具体的辩证法：关于人与世界关系问题的研究》，刘玉贤译，黑龙江大学出版社2015年版，第10页。

第四章　马克思辩证法理论变革的当代意义

马克思通过辩证法与唯物史观的内在统一实现了对以往辩证法的理论变革，确立了具有客观性和唯物论基础且本质上是批判和革命的辩证法。在"后形而上学"的意义上，建立起以"物质的生活关系"为基础的"社会生活联系观"和以"社会历史前提批判"为内容的"人及其历史的发展观"。马克思辩证法的理论变革展示出现实和理论的双重当代意义。在现代社会发展的批判与筹划方面，马克思辩证法成为现代性的自反性与现代社会的发展智慧。在资本逻辑的主导之下，现代化的发展改变了人的存在方式、思维方式和自我意识，同时也造成了新的矛盾性后果。从总体特征上看，现代性呈现出"知性形而上学"特征，即社会生活的碎片化、同质化与个体生命的片面化和狭隘化。面对现代性的后果，马克思辩证法构成了对社会生活的丰富总体与自由而全面个体的捍卫。马克思辩证法实践的总体性与主体性所展开的彻底的批判性和革命性，为现代化道路的探索与发展提供了"批判的武器"。同时，也为推动以资本为主体权力的"社会有机体"向"自由人联合"的"人类命运共同体"的转变提供了发展智慧。在哲学变革方面，马克思辩证法的理论变革提供了"反哲学"的哲学智慧，在后形而上学的意义上建立哲学的合理形态和合法性根据。在当代，哲学面临着合法性的危机。人本主义、科学主义、后现代主义等思潮在各种意义上宣告"哲学终结"，马克思也提到过"消灭哲学"的命题。面对当代最为迫切且最为根本的哲学自我理解的问题，马克思辩证法的理论变革不仅消除了长期笼罩在辩证法之上的形而上学阴影，而且推动了"形而上学的终结"。与唯物史观内在统一的辩证法不仅提供了"反哲学"的智慧，也重新定位了哲学的理论性质、理论主题和合法性根据。马克思"消灭哲学"，就是要使哲学与现实统一起来，使哲学处于人及其历史的不断发展和丰富的社会联系中，面向现实生活本身。"不使哲学成为现实,就不能够消灭哲学。"马克思辩证法的理论变革推动了哲学摆脱"唯我独尊"的独断性质和同一性的逻辑,成为捍卫社会生活的丰富总体和自由个性的自觉意识。在后形而上学的意义上,面向现实生活的哲学自我理解方式被确立起来,作为人类捍卫社会生活的丰富总体和自由个性的自觉意识,后形而上学的哲学维度得以彰显。

第一节 马克思辩证法的理论变革与现代社会的发展智慧

马克思辩证法的理论变革不仅仅是停留在哲学理论上,而且是对资本主义及其现代性考察方法的根本改造。对现代性的支柱——资本逻辑——的考察不能诉诸"显微镜"(直观的实证方法)或"化学试剂"(还原的形而上学方法),而应当运用辩证法的"抽象力"。现代化在推动人类文明形态和人类社会生活跃迁的同时,也造成了严重的现代性后果。在现代化过程中,现代社会产生了现代性的矛盾性后果:人的存在方式—资本逻辑—人的物化,人的思维方式—工具理性—技术的宰制,人的自我意识—主体意识—意义的丧失。现代性呈现出"知性形而上学"的特征。资本的同一性力量导致了社会生活的碎片化、同质化,造成了人的存在的片面化与狭隘化。与此同时,也导致了个人与社会的巨大裂隙。一方面,资本作为一种特殊的社会关系,是人格资本化或资本人格化。人的关系异化为物的关系。另一方面,资本逻辑使个人与社会分割开来。人作为劳动力与资本作为特殊的社会关系对立起来,生产的社会化与生产资料的私人占有对立起来。政治经济学的实证方法或政治经济学的形而上学方法恰恰与资本逻辑的同一性力量有着深层的一致性,因而"显微镜"(直观的实证方法)或"化学试剂"(还原的形而上学方法)都无法揭开资本逻辑的真实面纱,切中资本主义及其现代性的困境。

唯物史观与辩证法的内在统一使得马克思完成了对辩证法的改造,为批判资本主义及其现代性提供了唯一有效的方法。在唯物史观的地基之上,生活实践的无条件总体和作为社会历史前提的人的存在构成马克思辩证法的本质内涵。因此,捍卫社会生活的丰富总体和自由个性是马克思辩证法的理论特征和旨趣。马克思辩证法对知性思维与思辨思维局限性的克服,使其成为解构资本逻辑的有效方法和批判资本主义及其现代性的"武器"。通过辩证法的"抽象力",马克思揭示了资本的无限增殖与人的贬值的正向关系、资本和劳动的对抗关系、物和人的颠倒关系。以"物质的生活关系"和"社会历史前提"为切入点,在商品、货币、资本等特殊的社会关系中,揭示了资本主义生产方式的内在矛盾,揭示出突破资本主义现代性的历史必然之路。马克思通过对以往辩证法理论的根本改造,为当代人类提供了现代性批判的"武器"和现代化的发展智慧。

一 现代化与现代性的矛盾性

现代化是人类社会发展的进程,极大程度地推动了人类社会的进步与发展,改变了人类文明形态和人的社会生活,也改变了人的自我理解和对世界的认知。从传统到现代的进化,人类文明的跃迁,是自然的人化和人的普遍交往化。现代科技革命不仅加强了人类征服自然的深度和广度,而且推动了人的普遍交往化。人和自然的关系与人和社会的关系获得新的定义。在现代化过程中,最为显著的要素是资本逻辑、工具理性以及主体自我意识,促使人的存在方式、思维方式和自我意识发生深刻的变革。人们庆幸生于这个时代,因为这个时代人类的生产力和创造力潜能获得了巨大的释放。追求"进步"是时代的号角,是现代性的基本要求。在现代化过程中人们感受到物质充裕与效能提高。因此,现代化是现代国家赋予自身的使命以及前进的目标。摆脱落后的生产力水平,获得物质财富,推动治理效能升级,提升人口综合素质,提高国家综合实力成为现代国家治理的目标。现代化有着诸多的内涵,其本质是进步和发展。

在现代化过程中出现了许许多多的变化和特征。人们必须面对现代社会生活的各种变化,迎接现代化过程带给人类的诸多挑战。现代化不仅带来了新的发展,而且也带来了一系列问题,例如人的物化问题、技术合理性问题、存在意义问题、全球气候问题、难民危机、种族主义、南北差距等。如何更好地推动现代化,破解现代化过程中的难题是当代人类亟须进行理论反思和实践探索的重大现实问题。但无论何种问题,归根结底是现代社会的人的问题。在现代化过程中,人发生了怎样的实质性改变,产生了怎样的困扰与困境?

(1) 人的存在方式。马克思对人的存在形态的发展有过深入的分析,人的发展过程是从"人的依赖关系"到"以物的依赖性为基础的人的独立性",再到"建立在个人全面发展和他们共同的、社会的生产能力成为从属于他们的社会财富这一基础上的自由个性"的存在状态。[①] 从古代社会到现代社会,人的生产活动的发展是以人的存在方式的跃迁为基本内容的。在古代社会,面对洪水猛兽的冲击、外界"自然的慑服",个体是弱小的。因此,人的存在活动是以原始的部落为单元的。人处于一种"依赖关系"之中,这种依赖关系是以血缘宗族为纽带的。在现实里,人们生活在原始的共同体之中;在观念上,人们缺乏自我意识,而具有原始的集体意识。从传统到现代的变革,使人的存在方式发生了重大的改变。科学技术的进步和生产工具的改进,极大地推进了人们克服自然界威胁、改造和控制自然的能力;同时也促进了社会分工和商业贸易的发展,提高了人们通过物质交往进行生活的能力。因此,在现实层面,人变得越来越独立,人可以凭借自己的智慧和物质财富解决现实生活问题;在观念上,人的主体自我意识开始觉醒。人们的自由独立被视作"生而就有的"。从主观上来说,人变得越来越独立;从客观上来说,个体化是现代社会的基本特征,人成为责任主体、价值主体和认知主体。但是,人的独立性和个性是建立在"物的依赖"之上的,人要获得独立首先必须经济独立,占有物质财富。人成了"占有式个体"。

资本主义生产方式的发展推动了人的存在方式的转变。在人与自然关系方面,资本主义的生产方式极大地提高了人们改造和控制自然的能力,使人类的生产水平和物质财富总和呈现出指数型的爆炸式增长,超越了以往任何时期,推动了经济社会的发展。与此同时,在人与社会的关系方面,资本主义对传统封建关系的打破,进一步推动了人的自由发展。"资产阶级在它已经取得了统治的地方把一切封建的、宗法的和田园诗般的关系都破坏了。它无情地斩断了把人们束缚于天然尊长的形形色色的封建羁绊。"[②] 资本主义打破了地域、宗族、血缘的自然界限,推动人类开始了世界性的普遍交往。人类从封建愚昧的状态下解放出来,变得更加文明、开放、民主和现代。因此,在人类历史上,资本主义曾发挥过十分重要的进步作用。现代社会和现代性

---

① 参见《马克思恩格斯文集》第8卷,人民出版社2009年版,第52页。
② 《马克思恩格斯文集》第2卷,人民出版社2009年版,第33—34页。

正是在资本逻辑中塑造的。

但是，资本主义不仅具有文明的一面，而且还产生了巨大的负面效应，造成了人的物化问题。资本主义不仅在现实层面推动了人的个体化，而且在观念层面通过其所主导的理性启蒙给人树立自由自决的新思想，这是相比于传统社会封建思想的长足进步。但是，这种个体自由的基础是"物"，这使得人的独立自主性具有虚假的特征。私有财产构成了自由的基础。所有权是人的独立性和自由的核心。"自我所有"和"物的所有"的"占有悖论"导致了人的物化和自由的丧失。一方面，"人的本质是自由，自由的本质是一个人对自己人身和能力的积极所有权"①，"自我所有"构成自由的先决条件；另一方面，要想获得自由和独立，"一个人能够将它保留为其人格的一部分（而非作为商品让渡出去）的唯一条件是，他除此之外还占有一定的物质财产"②。"没有对物的财产权的人会失去对他自己人身的全部所有权，而那正是他享有平等自然权利的基础。"③ 因此，在资本主义私有制条件下，人的独立和自由是以"自我所有"和"物的所有"为核心的，其中"自我所有"是个体自由的前提，而"自我所有"以"物的所有"为前提。在资本的增殖逻辑之中，人为了自由而去占有物，但是占有物却意味着自我的丧失。个体作为劳动力商品被出卖而丧失了自我，成为资本的前提。资本对劳动者剩余劳动时间的压榨，使人丧失了自我和自由。"自我的概念日趋狭窄，人们认为，自我是人所具有的财产构成的。对这种自我概念的解释，不再是'我是我所思'，而是'我是我所有'、'我占有什么'。"④ 在资本逻辑的推动下，人被物化。人不仅丧失了自由，而且陷入了异化的存在状态。马克思的劳动异化理论对这一过程予以了揭示。在资本逻辑的压迫和剥削之下，人同自己的劳动行为、劳动产品、劳动者以及自身的类本质相异化。人生产出的"物"反过来统治人。"你的存在越微不足道，你表现自己的生命越少，你拥有的就越

---

① [加]麦克弗森：《占有性个人主义的政治理论》，张传玺译，浙江大学出版社2018年版，第148页。
② [加]麦克弗森：《占有性个人主义的政治理论》，张传玺译，浙江大学出版社2018年版，第156页。
③ [加]麦克弗森：《占有性个人主义的政治理论》，张传玺译，浙江大学出版社2018年版，第241页。
④ [美]弗洛姆：《为自己的人》，孙依依译，生活·读书·新知三联书店1988年版，第134页。

多，你的外化的生命就越大，你的异化本质也积累得越多。"①

不仅如此，"物化"还作为一种意识深入人们的观念之中。对金钱和财富的追逐成了生活的首要目标。"时间就是金钱"、"关系就是金钱"、"知识就是金钱"、拜金主义、物质主义、消费主义等观念在现代人的日常生活中产生着潜移默化的影响。"它使人和人之间除了赤裸裸的利害关系，除了冷酷无情的'现金交易'，就再也没有任何别的联系了。"② 在社会心理层面上，人"与世界的关系是一种据为己有和占有的关系。我要把所有的人和物，包括自己都变为我的占有物"③。

（2）人的思维方式。在现代化过程中，科学技术的发展推动了人的思维方式的变革，崇尚主观迷信和信念的价值理性被工具理性所取代。"世界的去幻与现时代的另一个极其重要的现象相联系，这个现象也极大地困扰着许多人，我们可以称之为工具理性的主导性。"④ 现代性意味着工具理性的思维方式。对此，马克斯·韦伯有着深刻的分析。相比于前现代社会，现代社会的重要特征就是专门化和计量化。一方面，社会分工不断细化，强调专业化、功能分区、分类化管理；另一方面，生活的方方面面都可以通过计量的方式来运行。在马克斯·韦伯看来，现代社会本质上是已"祛魅"的，即"从原则上说，再也没有什么神秘莫测的东西、无法计算的东西在起作用，人们可以通过计算掌握一切"⑤。专门化和计量化蕴含的是对精确性的寻求。"典型的现代实践乃是为根除矛盾性而作的努力，是一种精确界定——并为消灭不能或不会被精确定义的一切而作的努力。"⑥ 在齐格蒙特·鲍曼看来，现代社会的特征就是通过"分类"，实现我们的世界的他者的否定，确定秩序。精确性既是对作为"否定性"的他者的排斥，又蕴含着同一性的内在要求。

从人类思维方式来说，这就是工具理性对价值理性的取代。在传统社会中，价值理性占据主导地位。价值理性就是"通过有意识地对一个特定的行

---

① 《马克思恩格斯文集》第1卷，人民出版社2009年版，第227页。
② 《马克思恩格斯文集》第2卷，人民出版社2009年版，第34页。
③ ［美］弗罗姆：《占有还是生存》，关山译，生活·读书·新知三联书店1988年版，第29页。
④ ［加］查尔斯·泰勒：《本真性的伦理》，程炼译，上海三联书店2012年版，第5页。
⑤ ［德］马克斯·韦伯：《学术与政治》，冯克利译，生活·读书·新知三联书店1992年版，第29页。
⑥ ［英］齐格蒙特·鲍曼：《现代性与矛盾性》，邵迎生译，商务印书馆2006年版，第13—14页。

为——伦理的、美学的、宗教的或作任何其他阐释的——无条件的固有价值的纯粹信仰，不管是否取得成就"①。这种思维方式是从对某一信念信仰出发去分析事物和进行实践。例如，城邦的正义、对上帝的信仰、皇权的神圣等。人们依据纲常伦理、宗教信义或其他价值信念来进行世俗活动，过程和手段是次要的，重要的是目的和价值的合理性或正义性。在传统向现代的转变中，工具理性逐渐占据了上风。工具理性是"通过对外界事物的情况和其他人的举止的期待并利用这种期待作为'条件'或者作'手段'以期实现自己合乎理性所争取和考虑的作为成果的目的"②。工具理性强调运用精确的手段达到预期的目的。在此过程中，手段和目的的合理性是核心和关键。

　　科学技术推动了"工具理性的扩张"。在人与自然的关系中，工具理性的思维方式强调通过精确和合理的手段改造自然，其核心就是科学技术的发展。科学技术进步不断优化生产工具和手段，成了"第一生产力"。但是，在人与社会的关系层面，霍克海默、马尔库塞等人认为，科学技术的发展成为一种意识形态，使得工具理性在人与社会关系的层面取得了主导地位。科学技术的发展解放的是生产力，但没有解放人，反而成为人的解放的桎梏。海德格尔称之为"技术的宰制"。工具理性是人征服自然的利器，同时也成为征服人的利器。在人与人的交往之中，工具理性强化了功利主义的价值观念。他人成了实现自身价值和目的的手段。人与人之间的关系发展成一种"金钱关系""工具关系"，加剧人的存在的"自我中心困境"。正是在此意义上，哈贝马斯主张以交往理性取代工具理性，提出了交往行为理论和"商谈伦理学"。在国家治理层面，工具理性带来的是资本主义政治国家的官僚化和技术化的合理性。在资本主义生产关系中，技术为榨取剩余劳动力提供了便利，人们越来越受到资本的奴役。此外，伴随着资本逻辑下"工具理性"的扩张，以肯定性为核心的实证主义成为新的意识形态，消解了人的否定和批判性思维，使人成为"单向度的人"。"工具理性不单单是已经扩展了它的范围，它对我们的生活也有取而代之的威胁。"③ 生活中的一切事务都按照"代价—利益"

---

① ［德］马克斯·韦伯：《经济与社会》上卷，林荣远译，商务印书馆1997年版，第56页。
② ［德］马克斯·韦伯：《经济与社会》上卷，林荣远译，商务印书馆1997年版，第56页。
③ ［加］查尔斯·泰勒：《本真性的伦理》，程炼译，上海三联书店2012年版，第6页。

分析来决定，助长了个体生活的狭隘化和平庸化。

现代资本主义社会的生命政治便是工具理性和技术对人的宰制的典范。福柯从治理术的视角指出，现代治理技艺是"法律机制""规训机制"和"安全机制"的综合，其中"安全机制"最为根本地表达了现代治理技艺的核心，即"为了真正地保证安全，必须诉诸一整套技艺，对诸个体进行监视，对他们的状况进行诊断，对他们的心理结构和特殊病理进行分类，等等；简言之，必须诉诸一整套规训的系列，它们在安全机制的底层扩散，并且使安全机制得以运行"①。以"生命权力"为核心的生命政治，表面上是通过解剖学和生物学意义上的政治干预来保证社会安全和人口安全，增强生命或扶植生命，例如增强人的力量、延长寿命等，但实际上是使人服从于经济增长和资本主义发展。"这一生命权力无疑是资本主义发展的一个必不可少的要素。如果不把肉体有控制地纳入机器生产之中，如果不对经济过程的人口现象进行调整，那么资本主义的发展就得不到保障。它要求增大肉体的规训和人口的调节，让它们更加有用和驯服。"②"生命权力"以社会安全和人口安全之名，对生物学意义上的生命进行政治操作，虽然貌似摆脱了"让人死"的恐怖权力，但却使人成为"驯服的身体"，符合资本主义的机器生产需求。就像拉美利特所言，"人是机器"。"驯服性"成为个体生命的本质属性。与此同时，扶植生命的规训与调节模式，虽然使得国家进入了"生命政治"的治理模式，但是种族主义仍然使"生命权力"保持了"让人死"的权力。在福柯看来，生命权力贯穿于"二战"时期的纳粹社会，以种族安全之名，其制度的直接目标就是将生物学意义上的生命纳入控制的目标，既扶植生命，也通过进化论主题和种族主义杀死生命。恐怖的"统治权力"实际上没有退去，新的"生命权力"又降临了。于是，一种"生物现代性"诞生了，"现代人是政治中的动物，他的作为生命的生物受到了质疑"③。生命被彻底地捕获了。人口调节和身体规训产生了现代人的"正常状态"。对此，福柯考察了现代社会中的"非常态"，即疯人和疯人院。他用反讽的方式暗示文明的"正常状

---

① ［法］米歇尔·福柯：《安全、领土与人口》，钱翰、陈晓径译，上海人民出版社2010年版，第6页。
② ［法］米歇尔·福柯：《性经验史》，佘碧平译，上海人民出版社2005年版，第91页。
③ ［法］米歇尔·福柯：《性经验史》，佘碧平译，上海人民出版社2005年版，第93页。

态"实际上是一种疯癫的"非常态"。在现代生命政治中,现代人是一种文明与疯癫的悖论式的存在,"人类必然会疯癫到这种地步,即不疯癫也只是另一种形式的疯癫"①。

"人是什么样的","既和他们生产什么一致,又和他们怎样生产一致"②。人的社会关系不仅在于生产什么,更在于怎样生产。现代社会"工具理性的扩张"致使我们要反思现代社会的人的生存,就必须对"工具理性"以及技术发展与资本逻辑的媾和予以反思。云计算、物联网、虚拟现实、区块链、元宇宙、大数据等新技术给人类带来了新的发展空间,但同时也产生了新的隐忧。在"工具理性"思维方式之下,新的技术可能为人与人和社会关系中的功利化和物化提供便利和客观基础;数字技术与资本逻辑的媾和催生的数字资本主义、平台资本主义可能会加剧资本逻辑对人的控制,加剧人的异化。数字资本凭借大数据不仅能够监视人的全部隐私和行为使之成为透明人,而且能通过信息的把控在不知不觉和潜移默化中引导和塑造人的生产、生活、消费等行为,使之服从于资本增殖逻辑。

(3)人的自我意识。资本逻辑的统治与人的物化存在方式、科学技术迅猛发展与工具理性的思维方式扩张推动了人的自我意识从传统到现代的转变。在古代社会,人的自我意识受到两个决定性因素的影响:自然的慑服和神圣形象的自我异化。人的意识体现为原始的集体意识和"天人合一"的自我意识。面对作为异己力量的自然界,人不得不依附于原始的部落共同体。"城邦出自于自然的演化,而人类自然是趋向于城邦生活的动物。"③ 就像在柏拉图建构的"正义的城邦"中,人的存在就是为了城邦。苏格拉底与众人的对话中,城邦的建构过程基于一条基本的原则:"专心致志于建立城邦的自由大业。"④ 城邦就是"大写的人",而人的存在就是这个城邦的机体和器官。因此,在理想国中,儿童和女人被纳入城邦的公共财产。要让勇敢的守卫者与

---

① [法]福柯:《疯癫与文明》,刘北成、杨远婴译,生活·读书·新知三联书店2019年版,前言第1页。
② 《马克思恩格斯文集》第1卷,人民出版社2009年版,第520页。
③ [古希腊]亚里士多德:《政治学》,吴寿彭译,商务印书馆2014年版,第7页。
④ [古希腊]柏拉图:《理想国》,郭斌和、张竹明译,商务印书馆1986年版,第98页。

身体健康的女人育种，"有先天缺陷的人要秘密处理。"① 所有人都必须专注于自己的事情和职责。就连诗歌的歌词、节奏、和声也都是被严格限定的。人服从于共同体的意志。正是这种生存境况使人产生了原始的集体意识。集体意识为封建专制主义和集权主义提供了孕育的摇篮。人们缺乏主体的自我意识，甚至缺乏人的自由的自觉。正是在这种原始的集体意识基础上，人的自我意识体现为"天人合一"。一方面，人与自然界之"天"直接同一。"人们同自然界的关系完全像动物同自然界的关系一样，人们就像牲畜一样慑服于自然界，因而，这是对自然界的一种纯粹动物式的意识（自然宗教）。"② 早期的自然哲学确立的自然界的本体，即所谓的道法自然。然而，认识人以外的自然本体无外乎是确认人自己的自然性。另一方面，人与有意志之"天"统一在一起。原始的集体意识演化为对上帝等神圣形象的崇拜。在同神圣形象的单向信仰与交流之中，人确认了自身渺小的有限性，并借助神圣形象的完满性来抚慰自身。

在现代社会中，人形成了主体自我意识。资本主义的生产方式以物为基础发展了人的独立性。科学技术的发展增强了人改造自然的力量。工具理性取代价值理性占据了主导。人们不是根据对神圣形象的信念行事，而是形成了马克斯·韦伯说的"责任伦理"。人凭借理性克服了人的神圣形象的自我异化。人们相信"我命由我不由天"。人的主体性得到了觉醒。人成为价值主体和责任主体。

近代哲学的发展表征了主体的自我意识。笛卡尔在认识论和本体论领域以个体理性为基础确立人作为"我思"主体的主观性。"我思故我在"的命题虽然是在认识论领域做出的，却提供了现代社会个体性的道德内涵：每一个个体通过自身的理性思维确立起自身的存在。凭借自身理性，个体成为自因的，因而也是自由的。个体作为一种"我思"主体是自决自由的。理性为个体自由奠基。

康德将理性和自由同一起来，进一步深化了笛卡尔"我思故我在"这一命题的伦理学意蕴。他通过两个命题完成了这一步：自由是善良意志的先决

---

① 参见［古希腊］柏拉图《理想国》，郭斌和、张竹明译，商务印书馆1986年版，第197页。
② 《马克思恩格斯文集》第1卷，人民出版社2009年版，第534页。

条件和自由即自律。首先，自由是善良意志的先决条件。只有自由的人才能主动行善，也只有自决自由的行为才具有道德价值。现代社会是以个体为价值本位的，因而个体是责任主体。个体如果不是自由的，而是被迫地行事，就不可能成为责任主体。个体作为责任主体的先决条件即行动是自由的。但是，对于理性存在的个体，自由并非任意而为。个体凭借自身的理性为了自由而自己立法、自己守法，因而自由就是自律。理性存在者的道德法则内涵是"人是目的"，其道德法则的立法形式是"每一个理性存在者的意志都是一个普遍立法的意志的理念"①，道德法则是个体为了自由凭借自身理性确立的。基于自身理性的法则指向的是自决自由。因此，个体作为理性存在者是自由的。自决自由不仅构成了个体成为责任主体的先决条件，也成了现代社会个体性的道德规范的首要内涵。自决自由在现代政治理论和实践中落实为个人权利神圣不可侵犯，"个体权利的原则是所有团体或联合体的唯一道德基础"②；在现代经济领域则具化为自由市场和自由贸易，形成了自由主义经济学。个体自我实现包含两个基本要素："第一，我应该尽最大可能决定和支配我的生活道路；第二，我应该有机会实现某些独特的人类品质。"③ 自我实现强调的是自由实现和有机会实现。个体通过自由的自我实现追求个人幸福是现代社会的道德观念。"只有个别的人存在，只有各个不同的有他们自己的个人生命的个人存在。"④ 个体作为价值主体理应追求自身的幸福，实现自己的幸福生活。个体从整体的幸福观中解放出来，个人幸福成为前提，整体幸福成了结果。因此，个体更加关注个人利益以及个人幸福生活的实现。"人类生活的道德目标是获得他自己的幸福。……不要把自己的利益看成是低于其他人利益的。"⑤

自决自由、自我实现和个人幸福都指向了一种人的自我价值关怀——人的尊严。现代社会的发展与现代思想的启蒙，其重要目的就是提高人的尊严和地位。用马克思的话讲就是将异化给神圣形象的人的本质回归人本身。可

---

① 《康德全集》第4卷，李秋零译，中国人民大学出版社2007年版，第439页。
② [美] 爱因·兰德：《新个体主义伦理观》，秦裕译，上海三联书店1993年版，第102页。
③ [英] 史蒂文·卢克斯：《个人主义》，阎克文译，江苏人民出版社2001年版，第119页。
④ [英] 洛克：《政府论》下篇，瞿菊农、叶启芳译，商务印书馆1996年版，第41页。
⑤ [美] 爱因·兰德：《新个体主义伦理观》，秦裕译，上海三联书店1993年版，第43页。

见，个人尊严的价值内涵既反对抽象共同体、上帝等神圣形象对人的蔑视，又反对传统社会的等级制观念，因而成了现代社会的道德规范。因此，现代社会的个体追求的是一种有尊严的幸福生活。"'人类生活'意味着单一的、特殊的和不可代替的个体生存。"① 个人尊严首先蕴含着在现代社会个体私人生活的神圣不可侵犯；其次，有尊严的生活蕴含着平等的要求。人们之所以作为个人的固有尊严而受到尊重，就在于人与人之间的平等。从理论内涵来看，自决自由、自我实现、个人幸福和个人尊严构成了作为价值主体和责任主体的现代个体的价值诉求与自我意识。

然而，现代社会的人的主体自我意识在资本逻辑的统治和工具理性的扩张之下，成了极端的个人主义。以物为基础的独立性奠基于私有财产，促使人的主体自我意识物化。人成为拜物教的虔诚信徒。人破解了神圣形象的自我异化，又陷入了资本作为非神圣形象的自我异化之中。私有财产的排他性特征使得人成为利己主义个人。资本的雇佣劳动使劳动者之间的关系成为你死我活的竞争关系。主体自我意识异化为排他意识、种族意识。从社会心理层面看，现代人有着强烈的孤独感和不安全感。工具理性的扩张加剧了这一点。在人与人的关系之中，他人成为自我实现目标的工具和手段。这一切都使得人的主体自我意识蕴含着现代性的隐忧，"意义的迷失、目的的晦暗和自由的丧失"②。

总之，在现代化过程，现代社会产生了现代性的矛盾性后果：人的存在方式—资本逻辑—人的物化，人的思维方式—工具理性—技术的宰制，人的自我意识—主体自我意识—意义的丧失。现代化在推动人类文明形态和人类社会生活跃迁的同时，也造成了严重的现代性后果。

二 现代性的"知性形而上学"

以资本逻辑和工具理性为基础的现代社会生活体现为一种"知性形而上学"。确定性和同一性的工具理性与资本逻辑造成了社会生活的碎片化、同质化以及人的片面化和狭隘化。在社会生活方面：第一，数字资本主义与大众

---

① ［美］爱因·兰德：《新个体主义伦理观》，秦裕译，上海三联书店1993年版，第83页。
② ［加］查尔斯·泰勒：《本真性的伦理》，程炼译，上海三联书店2012年版，第13页。

传媒、数字技术的发展造成了社会生活内容和信息的碎片化,使得人们难以再形成关于社会的总体认识;第二,资本的同一性力量使得社会生活同质化和单一化,从民族认同、历史文化、社会生活方面消解了人类社会生活的差异性和多元性内容。在人的存在方面:第一,人局限于狭隘的、作为异己力量的、专门化的分工劳动之中,强制性和压迫性的雇佣劳动使人成为"分解的肢体"和"局部工人",难以获得自由性和全面性发展的可能性;第二,资本逻辑的同一性和强制性力量以及工具理性所建立的实证主义的话语意识形态,以"客观性"的话语入侵社会生活领域,造成了"肯定性思维"对"否定性思维"与"批判性思维"的消解,逐步使人成为"单向度的人"。现代性在资本主义的"理性化"过程中呈现出"知性形而上学"的特征,造成了"知性的危机"。①

第一,同一性的工具理性与资本逻辑造成了社会生活的同质化。资本主义社会的细胞形式是"可感觉而又超感觉的物"。② 将具体劳动转化为抽象或一般劳动是资本产生和流通的必然环节。资本主义生产方式的目的是完成商品到货币的惊险一跃而实现增殖,创造无差别的劳动的交换价值,而非使用价值。因此,资本逻辑重要的特征是抹去质的差别,实现量的增长,这就是资本的同一性逻辑。劳动的二重性造成了商品中作为质的内容的使用价值与作为量的交换价值的二因素的对立。在商品的交换关系本身中,交换价值就表现为对有用劳动内容的抽离。这种对立过渡到货币这一环节。货币的形式作为商品的交换价值量取消了商品的质的内容而固定为同质化的"物"。"货币作为现存的和起作用的价值概念把一切事物都混淆了、替换了,所以它是一切事物的普遍的混淆和替换,从而是颠倒的世界,是一切自然的品质和人的品质的混淆和替换。"③

这种同一性逻辑并不是资本主义社会经济中价值量的计算方法,而是资本主义社会运行的真实逻辑。在资本的增殖逻辑中,人类生活的一切环节都可以被通约为"超感觉的物",即商品、货币和资本。个人的劳动就被通约为

---

① 参见[法]莫里斯·梅洛-庞蒂《辩证法的历险》,杨大春、张尧均译,上海译文出版社2009年版,第1页。
② 参见《马克思恩格斯文集》第5卷,人民出版社2009年版,第88页。
③ 《马克思恩格斯文集》第1卷,人民出版社2009年版,第247页。

交换价值量。一方面，劳动产品被无差别的社会一般劳动时间所确定；另一方面，劳动的过程被同一化和简单化了。这造成的后果是人及其社会生活的同质化。从空间上看，资本增殖的绝对价值要求成为形而上学的"终极实在"，具有同化一切、"以一驭万"的力量。"它迫使一切民族——如果它们不想灭亡的话——采用资产阶级的生产方式；它迫使它们在自己那里推行所谓的文明，即变成资产者。一句话，它按照自己的面貌为自己创造出一个世界。"① 资本逻辑就像是一个巨大的"黑洞"，抹平和吞噬一切差异性的丰富内容，以此来增大自己的绝对质量。资本的全球扩张和"文化帝国主义"就是其重要表现。从时间上看，异质性的生活时间被同质化为服从资本增殖目的的强制性劳动。"个人的全部时间都成为劳动时间，从而使个人降到仅仅是工人的地位，使他从属于劳动。"② 资本的增殖逻辑使人的生活时间变成必要劳动和剩余劳动时间。"资本逻辑作为这一生产、交换原则和体系，其本质就是一种形而上学的同一性力量和逻辑。它像传统形而上学在思维领域里一样，在现实领域里起着同化一切、吞噬一切、控制一切的作用。"③ 由此可见，资本的同一性逻辑与知性形而上学有着深层的一致性。知性形而上学的同一性逻辑在资本逻辑的运行中得到了复现。资本的人格化和人格的资本化使资本成为社会历史运行的主体，人成为服从资本增殖目的的手段和工具。资本通过吸收无差别的劳动时间和一切生产要素实现价值量的扩大。

第二，数字技术与资本逻辑的结合，造成了社会生活内容和信息的碎片化，使得人们难以形成关于社会的总体认识。一方面，资本主义雇佣劳动对人的生活时间的入侵加快了人们的生活节奏。资本家为了更高的生产效率和更多的剩余价值，资本主义生产方式要提高同一时间内人的工作强度，而劳动者为了在劳动者市场具备更好的竞争力并获得更高的报酬，也不得不加快自己的生活节奏。因此，现代社会被赋予了一个"加速度"而成为"加速社会"。"也许社会加速最紧迫与最惊人的方面，就是现代（西方）社会那种广

---

① 《马克思恩格斯文集》第 2 卷，人民出版社 2009 年版，第 35—36 页。
② 《马克思恩格斯文集》第 8 卷，人民出版社 2009 年版，第 200 页。
③ 白刚：《瓦解资本的逻辑：马克思辩证法的前提批判》，中国社会科学出版社 2009 年版，第 109 页。

泛散布的'时间匮乏'……在一定时间单位当众行动事件量或体验事件量增加。"① 由于这种加速度，人们的闲暇时间被压缩。"从前，车、马、邮件都很慢"，现在，人们的生活提速了。人们没有过多的时间去获得信息，难以长时间专注于一件事情。另一方面，大众传播媒介和数字技术的发展，推动了人类生活信息的碎片化。数字媒介提供储存和传播大量日常信息的能力，使人置身于信息的海洋。数字媒介提供的短文、短视频等碎片化的快餐式信息成为人们生活的重要内容。人们不会长时间去思考，而通过直观的碎片的信息获得知识映像和娱乐。数字技术与资本逻辑的结合共同推动了人们进入一个加速社会。在这个社会中的人，被源源不断的碎片化信息填补被压缩的生活时间。人们沉醉于各种日常化的消费、符号、游戏、信息之中。一切坚固的东西都烟消云散了，一切神圣的东西都被亵渎了，一切生活内容都"液化了"，变成了"流动的"。在传统社会中，人们依附于原始共同体。因而在存在状态上，人通过神圣形象、原始的集体意识获得关于人类社会和世界的总体意识。但现在，碎片化和流动的现代性，使人沉浸于琐碎的时间、信息和娱乐，难以获得关于社会的总体认识。

第三，确定性的工具理性的分类逻辑与资本增殖逻辑的社会分工造成了人的片面化，塑造了"分散的肢体"和"局部工人"。在资本主义社会分工中，确定性的分类逻辑获得了体现。资本产生的前提是劳动力成为商品，而商品的存在正是以社会分工作为前提的，即分工必须由自然分工转向社会分工。

从历史上看，"分工起初只是性行为方面的分工"②，这是由于人的生殖和繁衍本能而形成的"自然的分工"的雏形；"后来是由天赋（例如体力），需要、偶然性等等才自发地或'自然地'形成的分工"③，这是由于自然力占统治地位时期生产和生活所限制而形成的分工；再次，"精神劳动与物质劳动的分离"，使得部分人"不用想象某种现实的东西就能现实地想象某种东

---

① ［德］哈特穆特·罗萨：《新异化的诞生：社会加速批判理论大纲》，郑作彧译，上海人民出版社 2018 年版，第 21 页。
② 《马克思恩格斯文集》第 1 卷，人民出版社 2009 年版，第 534 页。
③ 《马克思恩格斯文集》第 1 卷，人民出版社 2009 年版，第 534 页。

西"①,从这个时期起,分工开始真正形成;最后,是由古代农业社会的农业、手工业、商业等为主的分工转向资本主义社会精细化和专门化的社会分工。在自然形成的分工中,受到性别、身体等自然条件决定和"自然的慑服"的影响,分工仅在产品种类和部分的意义上存在。为了满足自身的需要,个人进行独立生产活动并掌握生产活动的全过程。在资本逻辑的推动形成的社会分工中,人们不再进行独立的生产活动,不再掌握生产的全过程,而是在资本主义生产总过程中从事部门、小组、单个的部分工作。"分工是迄今为止历史的主要力量之一。"② 正是资本主义社会分工的发展,极大程度地推动了生产力的发展,促进了人类社会的进步。

但是,在资本的产生和增殖过程中,社会分工作为劳动力成为商品和商品存在的前提,造成了人的片面化和一系列分裂。在资本无限增殖的要求之下,社会分工获得了极端的形式,社会被塑造为"一个以人为器官的生产机构"③。对于个体生命来说,"终生从事同一种简单操作的工人,把自己的整个身体转化为这种操作的自动的片面的器官"④。个人自身的生命被分裂为脑力活动和体力活动,并被片面化地固定为某一个器官的重复运动,成为"分散的肢体"。资本逻辑及其社会分工造成了个人生命的片面化。"把自己的'分散的肢体'表现为分工体系的社会生产有机体……分工使他们成为独立的私人生产者,同时又使社会生产过程以及他们在这个过程中的关系不受他们自己支配;人与人的互相独立为物与物的全面依赖的体系所补充。"⑤ 资本逻辑及其社会分工造成了人类社会生活关系的"物化"。这就指向了现代社会生活的另一个侧面:同一性的资本逻辑。

第四,资本逻辑的同一性和强制性力量以及工具理性所建立的实证主义的话语意识形态,造成了"肯定性思维"对"否定性思维"与"批判性思维"的消解,逐步使人成为"单向度的人"。"客观性"的话语主导着社会生活领域,工业资本主义的大机器生产使人们的活动成为标准化、常规化和重

---

① 《马克思恩格斯文集》第1卷,人民出版社2009年版,第534页。
② 《马克思恩格斯文集》第1卷,人民出版社2009年版,第551页。
③ 《马克思恩格斯文集》第5卷,人民出版社2009年版,第392页。
④ 《马克思恩格斯文集》第5卷,人民出版社2009年版,第393页。
⑤ 《马克思恩格斯文集》第5卷,人民出版社2009年版,第129页。

复性的生产和非生产活动。人们作为流水线上的环节，受到工业技术和机器的规训。作为合理性工具的"代数学和数理逻辑摆脱了生活世界及生活于其中的主体不能加以计算的不确定性和特殊性，从而建构起一个绝对的观念实在"①。工具理性追求的精确性和同一性使得人们的活动朝着计量化和标准化的方向发展。技术进步与人的思维的退化构成了现代社会的一组悖论。"技术社会发达地区的有组织的工人所过的生活的否定性就没有那么显著了。"② 在技术合理性统治之下，人们缺乏对生活的反思和反抗，成了"单向度的人"。

由此可见，以确定性和同一性为基础的资本逻辑和工具理性造成了现代社会生活的碎片化、同质化和个体存在的片面化、狭隘化，这使得现代社会呈现出一种"知性形而上学"的特征。现代社会生活的"知性化"特征决定了对现代性的批判与建构不能诉诸"显微镜"（直观的实证方法）或"化学试剂"（还原的形而上学方法）。因为，这两种方法本质都是知性形而上学的方法，即以抽象有限的知性规定去把握对象，"并将抽象的同一性认作最高原则"③。在方法论层面，这两种方法恰恰构成掩盖现代性矛盾性后果的意识形态"面纱"。面对现代化的社会生活过程的严重后果以及现代性的知性形而上学，马克思辩证法成为捍卫社会生活的丰富总体和自由而全面的个性的有效方法和"批判的武器"。

三 马克思辩证法：捍卫社会生活的丰富总体与自由个性

面对现代社会生活碎片化、同质化和人的存在的片面性、狭隘性，马克思"改造过了"的辩证法提供了现代性批判与建构的发展智慧。以唯物史观作为内在基础，马克思辩证法的客观性体现在以"物质的生活关系"作为唯物论基础，其主体性体现在以"人的实践活动"作为批判性和否定性基础。马克思辩证法是"社会生活的联系观"和"人及其历史的发展观"。从"物质的生活关系"出发，马克思辩证法的"实践总体性"完成了对作为意识形态的"思辨总体性"的克服和对商品、货币、资本等"伪具体"的摧毁，揭

---

① ［美］赫伯特·马尔库塞：《单向度的人》，刘继译，上海译文出版社2014年版，第138页。
② ［美］赫伯特·马尔库塞：《单向度的人》，刘继译，上海译文出版社2014年版，第24页。
③ ［德］黑格尔：《小逻辑》，贺麟译，商务印书馆1980年版，第115页。

第四章 马克思辩证法理论变革的当代意义

露了碎片化的资本主义现代社会生活背后的资本逻辑和物化的社会关系;从"社会历史前提批判"出发,马克思辩证法的"实践主体性"捍卫了人的生活实践的丰富性,揭露了现代社会生活新的"偶像"崇拜——拜物教,以及资本逻辑下人的片面性和狭隘性的物化存在状态。同时,在解构资本的同一性逻辑和力量的意义上,马克思辩证法指向对同质化的社会生活的批判。正是在此意义上,马克思辩证法通过捍卫社会生活的丰富总体,为现代化过程中自由而全面个体的生成提供了理论智慧。

现代性的"知性形而上学"与现代社会生活的"知性化"特征使得辩证法理论成为切中资本主义及其现代性的唯一有效方法。黑格尔揭示了知性形而上学的局限性,并以思辨的方式确立了克服这种局限性的辩证思维。知性始终是以有限规定性确认对象的确定性和自身的同一性,而辩证法则将知性的肯定性和同一性纳入思维的辩证运动总体过程中,使之为否定的起点。当黑格尔被一批德国哲学家当作"死狗"遭到蔑视之时,马克思却发现只有对黑格尔辩证法进行改造,才能找到通往资本主义及其现代性批判与革命的方法。

在《精神现象学》中,黑格尔揭示了感觉经验或感性确定性的抽象性质。"感性确定性的这种具体内容使得它立刻显得好像是最丰富的知识,甚至是一种无限丰富的知识……但是,事实上,这种确定性所提供的也可以说是最抽象、最贫乏的真理。它对于它所知道的仅仅说出了这么多:它存在着。"[①] 按照黑格尔的观点,感性确定性必须通过意识到自我意识再到理性的意识的发展过程才能完成从抽象到具体的过程,成为真理性的认识。感性确定性只有纳入意识的总体之中,成为必然性的环节,才能获得具体的定义。除此以外,黑格尔还批判了谢林"黑夜不见牛式"的绝对同一性,除了空洞的形式没有任何内容。在黑格尔看来,主观与客观、思维与存在的同一性不是直接的同一性或抽象的同一性,而是差异性的同一。作为包含差异性环节的概念辩证运动的总体,同一性才从抽象上升为具体。由此可见,黑格尔辩证法的可贵之处在于,只有在辩证法与历史观同一起来的思辨总体性中,才有具体性、现实性和真理性。也正是站在黑格尔辩证法的地基之上,马克思揭示了古典

[①] [德]黑格尔:《精神现象学》,贺麟、王玖兴译,商务印书馆1962年版,第74页。

政治经济学的实证方法和蒲鲁东的政治经济学的形而上学方法的局限性和意识形态性质。

卢卡奇也认识到了这一点：黑格尔的总体性原则是其辩证法的革命原则，是批判资本主义社会的利器。面对资产阶级的实证主义和知性思维所编造的意识形态面纱，以及资本逻辑统治之下人的物化、片面化、狭隘化的生存境况，卢卡奇指出，"辩证的总体观"是"能够在思维中再现现实的唯一方法"。① 在此意义上，卢卡奇将"总体观点"视作马克思辩证法与黑格尔辩证法一致性的地方。正是由于马克思捍卫了这种"总体的观点"，黑格尔的总体观点在马克思那里成了"革命的代数学"。虽然，卢卡奇强调了马克思辩证法与黑格尔辩证法的区别在于"历史的动力"和"历史的结果"。一方面，黑格尔不能理解历史发展的动力，将意识视作历史的承担者；另一方面，黑格尔的纲领是把绝对看作结果，而马克思辩证法则扩大了绝对的范围使辩证的过程与历史发展过程相一致②。但是，卢卡奇仍然基于黑格尔的方法论原则——"思辨的总体性"——从形式方式上而非本质内容上去理解马克思对黑格尔辩证法革命原则的改造，因而基于"抽象的实践概念"做了"比黑格尔更黑格尔的尝试"。将无产阶级意识的主体—客体的历史的辩证发展过程视作对资产阶级社会意识形态和社会形态瓦解的历史方法，从而陷入了"思辨的总体性"之中。无产阶级意识作为资本主义发展和灭亡的主体与客观条件的辩证觉解，确立的是意识形态的斗争优先性，虽然强调了革命主体意识的重要作用，但是却陷入了阶级意识的主观主义的窠臼之中。相比之下，"物质的生活关系"的社会实践变革成了次要地位。此后的西方马克思主义则在意识形态、文化、心理等方面发挥了这一批判性路径。正是在"总体性"原则上，卢卡奇虽然意识到了辩证法的总体观点对资本主义及其现代性"知性形而上学"的革命性意义，但忽视了马克思对黑格尔思辨总体性原则的根本改造。

唯物史观与辩证法的统一推动了"思辨总体性"到"实践总体性"的变革。第一，相较于"生活实践无条件的总体性"，"思辨的总体性"总是有限

---

① 参见［匈］卢卡奇《历史与阶级意识》，杜章智、任立等译，商务印书馆1999年版，第59页。
② 参见［匈］卢卡奇《历史与阶级意识》，杜章智、任立等译，商务印书馆1999年版，第263页。

的和片面的。生活实践的无限开展创造了一个无限性的、不断开展的、永远无法闭合的现实总体。这一总体是人的目的和历史规律、主体与客体的否定性统一的辩证运动的无限过程。第二，从抽象到具体不是一个思维的过程，而是实践活动的过程。具体性是人的实践活动展开的历史具体性。正是在"实践总体性"的意义上，面对资本主义及其现代性的"知性化"特征，马克思辩证法成为真正批判和革命的方法。

马克思辩证法的实践总体性原则是摧毁思辨总体性和伪具体，捍卫生活实践的丰富总体的批判方法。从马克思辩证法的"实践总体性"原则出发，一方面，资本的同一性逻辑营造的是一种以资本作为"绝对"的思辨总体性，这是"抽象对人的统治"；另一方面，资本主义现代社会无时无刻不在发展着"抽象对人的统治"，在主体与客体两个方面创造"伪具体"。

第一，资本的增殖逻辑正是以资本作为"绝对"的辩证运动。如果说黑格尔辩证法从观念上颠倒了意识和实践的关系，创造了以意识为主体的形而上学，那么，资本主义的实践则现实地颠倒了资本和人的独立性和个性，发展了以资本为主体的形而上学。人作为劳动力成为商品是资本增殖运动的起点，也是颠倒发生的起点。人成了物，成了资本增殖的手段。然而，劳动力作为特殊的商品，其使用价值具有生产其他一切商品的能力，因而人成为劳动力并没有彻底导致人独立性和个性的丧失。然而，人的劳动产品的普遍商品化，使得人类活动的自然性和社会性被抽象为商品的二因素，即使用价值和交换价值。在这里发生进一步的异化，以创造使用价值为第一性的人类劳动转变为交换价值，交换价值构成资本主义商品生产的首要目的。人的活动的社会性被转化为交换价值性，社会关系转化为交换价值关系。但是，只有交换价值并不能完成资本的增殖。唯有商品转化为货币，完成"惊险的一跃"，资本才能获得进一步再增殖的基础。在这一阶段中，货币作为商品的等价形式出现，获得了纯粹抽象的物的形式。货币形式的资本再次用来购买劳动力和生产资料再进行下一循环的增殖逻辑。在资本增殖逻辑的圆圈式的发展运动中，人的独立性和个性一步步地异化为资本的独立性和个性。商品、货币和资本拜物教作为非神圣形象统治着人。

对人和物关系的颠倒、资本成为"绝对"、物化的同一性力量构成现代社会生活的底色，造成了现代社会生活的同质化和片面化。人类活动的全过程都被资本的同一性力量同化为一种物的自我运动，而在此过程中发生的一切关系则变为物的关系。资本作为"绝对"的增殖运动催生了一个单一的、无限的运动总体。其单一性在于资本物化一切的同一性力量，其无限性在于这种资本增殖逻辑的无限性。在马克思看来，这是一种如同黑格尔概念中的辩证运动的"思辨总体性"一样的"抽象的力量"。与意识的绝对性不同，资本逻辑作为人的发展的阶段性异化并没有永恒的必然性和绝对性，只有阶段性和暂时性的历史必然性。就人的生活实践的无条件总体以及生活实践的否定性和超越性而言，一切都是暂时的和必然灭亡的。资本主义生产方式也会因为生产资料的私人占有与生产的社会化、生产过剩和消费不足的内在矛盾而最终跃迁到新的人类文明形态。

第二，在马克思看来，具体之所以具体是因为它是实践活动过程中许多规定的综合、多样性的统一。在实践活动中，人通过对对象世界的不断否定和改造进而不断确证自己的本质力量。在此过程中，人的存在获得历史具体性。人在实践活动过程和社会历史客观条件之中，确认自己的独特性和自己的本质。一方面，人是一种"类存在物"，即自由自觉的存在物；另一方面，人是一种社会存在物，社会关系的总和构成其现实性本质和存在的寓所。人的存在在实践活动之中获得了具体的意义。与此同时，抽象的观念也正是通过人的实践活动所获得的现实性而成为具体的思想。然而，资本主义及其现代性的实践却是在抽象化的方面发展"伪具体"。这些"伪具体"看似让人的生活变得具体化和富有真实感，实则是"抽象对人的统治"。资本主义的现代社会生活和内在逻辑是发展"抽象对人的统治"，使"具体变得抽象"。在此意义上，马克思认为，考察作为意识形态的资本主义政治经济学以及政治经济的批判和革命方法是辩证法的"抽象力"，即"从抽象到具体"的方法。马克思的辩证法就是要揭开资本主义及其现代社会生活的"虚假面纱"，将发展的目光转向人的生存。

在资本主义的社会生活中，形形色色、五花八门的商品，具有购买效力的货币等元素看似是具体的存在，其实都是一种"伪具体"。资本主义社会表现为"商品的庞大堆积"，商品构成资本主义社会的"细胞"形式。人们在面对商场橱柜里异彩纷呈、千姿百态的精美玩具、首饰、珠宝、服饰等"可感的"商品时，似乎感受到了最直接的具体性。商品的丰富性、可感性让人们置身一个再"真实"不过的美好世界。然而,在资本主义社会中,"商品"是"可感而又超感觉的物"①,因为商品不仅仅包含使用价值,作为"充当等价物的商品的物体总是当做抽象人类劳动的化身"②。在资本的增殖逻辑之下,原本作为商品第一属性的使用价值被交换价值取代。从商品到货币成为资本流通的关键节点。一方面,劳动力成为商品的形式,使具体劳动变为抽象劳动,并使人成为资本增殖的工具和手段;另一方面,商品作为人的劳动的对象化产物,不仅是人的必要劳动和剩余价值的抽象化,而且外在于人成为统治人的工具,与人相异化。人通过雇佣劳动想获得商品,却使自己成为资本奴役下的商品。资本的抽象化力量导致了人作为非人、商品人出现,而"伪具体"的制造则让人置身于这一抽象统治之下而不自知。"最初一看,商品好像是一种简单而平凡的东西。对商品的分析表明,它却是一种很古怪的东西,充满形而上学的微妙和神学的怪诞。"③ 雇佣劳动使具体劳动发展为资本增殖的抽象劳动,雇佣劳动的计量化是一种"伪具体"。资本增殖逻辑最大程度地将人的生活时间固定为价值量增长过程中的剩余劳动时间。具体的劳动失去了其具体性,其意义被抽离。与此同时,资本主义的社会分工让劳动者固定在专门化的分工劳动上,看似使人的活动更为确定和固定,但实际上也是一种"伪具体"。因为,社会分工的发展使人成为一种"分解的肢体"或"局部工人",沦为一种片面性和狭隘性的存在。

人的生活实践的具体性正是源于人的生活实践的总体性,人是一种不断超越自身向全面性发展的存在者。马克思以"生活实践的无条件总体"取消了思维和资本的总体的绝对性,揭示了其历史必然性。对现代性支柱——资本作为"绝对"的同一性和抽象化统治力量——的批判与解构,最深层次上触碰到了现代社会生活碎片化和同质化背后的实质性内容和内在逻辑。扯掉资本逻辑的物的面纱、还原社会生活中人的具体性和丰富性,构成马克思辩证法对资本主义及其现代性批判的重要旨趣。对生活实践的丰富总体的捍卫正是要推动人的自由性和全面性的发展。

---

① 参见《马克思恩格斯文集》第5卷,人民出版社2009年版,第88页。
② 参见《马克思恩格斯文集》第5卷,人民出版社2009年版,第73页。
③ 《马克思恩格斯文集》第5卷,人民出版社2009年版,第88页。

从"社会历史前提批判"出发，马克思辩证法落脚于推动人的自由而全面的发展。现代社会生活的碎片化、同质化与人的存在的片面化和狭隘化归根到底是资本逻辑作为人的自由性和全面性的异化。资本成了自由而全面发展的主体，使人丧失了自由和全面发展的可能性。历史不再是追求人的目的的活动，而是服从资本增殖目的的活动，人也不再是自己的产物和结果而成为历史的前提，人变成了历史发展过程中手段性和工具性的存在物。在资本逻辑之下，人存在的合理性日益沦为工具的合理性。人受到大机器生产的规训，成为一种名副其实的"机器人"。在马克思看来，"科学、巨大的自然力、社会的群众性劳动都体现在机器体系中，并同机器体系一道构成'主人'的权力"①。随着工具理性的扩张，资本作为"主体"的权力不断扩大。人在精神和肉体两个方面受到了摧残，"机器劳动极度地损害了神经系统，同时它又压抑肌肉的多方面运动，夺去身体上和精神上的一切自由活动"②。资本逻辑取消了人的自由性和全面性。

面对资本逻辑对人主体性地位的剥夺和窃取，马克思辩证法所蕴含的"实践主体性"则在价值论层面力挺了人的自由性和全面性。与自我意识辩证运动的否定性不同，基于现实的人的实践活动的否定性意味着生活内容的差异性和开放性。因此，辩证的否定并不是简单的否定、抽象的否定，而是实践的否定。马克思辩证法的批判本质是不崇拜任何东西，对现存的一切进行无情的批判。资本逻辑使资本成为主体、人成为客体的同时，又将主体实体化、绝对化为以世俗性方式出现的神圣形象，即拜物教。随着资本逻辑的深化，拜物教的形式仍然在不断发展，从传统的商品、货币和资本拜物教发展到数字、信息拜物教。其根本的问题是人的物化问题。因此，要从人的片面化和狭隘化的现代生存境况中突破出来，从理论上看，就必须回到以生活实践的差异性和否定性的人为主体和前提的辩证方法上来。

马克思辩证法所蕴含的实践主体性本质上就是要还原人的生存实践的超越性、理想性和发展性。人始终是一种有着"形而上"追求的理想性存在者。辩证法作为"对话"诞生之初，就是与这种超越性理想不谋而合。不同于表

---

① 《马克思恩格斯文集》第 5 卷，人民出版社 2009 年版，第 487 页。
② 《马克思恩格斯文集》第 5 卷，人民出版社 2009 年版，第 486—487 页。

象思维或形式思维的肯定性、同一性、客体性，辩证法的独特性质就在于其主体性和否定性特质。在形而上学的同一性逻辑中，这种主体性或否定性被错认为是意识主导的而归之为普遍理念或绝对精神，而在资本及其现代性的同一性逻辑中，人作为理想性存在物的主体性和否定性的特质异化为资本同化一切的权力。在马克思看来，人是一种自由自觉的"类存在物"，因而能够反映人的本质的理论思维是"类思维"或"类意识"，而不是"物种思维"。"物种思维"的特征是以同一性和确定性把握作为有限对象的物，而"类思维"是一种辩证思维，是以人的方式——自我否定和自我超越的实践活动——来理解对象。"物种思维"对认识物是有效的，而以有限的规定认识人之时，则会将人片面化和固定化为物。资本的逻辑便是将物的逻辑演变成人的逻辑，而将人的逻辑异化为物的逻辑。因此，从理论思维和现实的对照上而言，基于主体实践活动的马克思辩证法作为与"物种思维"相对立而又超越形而上学和传统辩证法理论的"类思维"，指向了对物化的人的存在状态的批判、反思和诊疗。

从对社会历史前提的批判和人的社会性本质的分析来看，马克思辩证法是对人存在的"依赖性"的辩证觉解。在古代，人处于"人的依赖关系"的存在状态，这是受到自然慑服的产物和结果；在现代，人成为"以物的依赖性为基础的人的独立性"的存在物，这是资本逻辑的产物。人的依赖性从原始的自然依赖发展为对人的依赖的历史性否定和对物的依赖的历史性肯定。随着人的社会生活实践的发展，人们将进一步完成对物的依赖的否定，发展出"每个人的自由发展是一切人自由发展的条件"的更高层次的人的依赖性。在这一层次上，就实现了对人的依赖性的辩证否定，推动了人的自由而全面的发展。社会关系不再是资本的物化的关系，而是人的自由而全面的交往关系，是人的自由个性的生成。人作为"人类史"的现实前提出现在历史的舞台。

由此可见，马克思辩证法的理论变革所建立的"社会生活的联系观"和"人及其历史的发展观"构成了对资本主义及其现代性的最深层次的批判。虽然，资本主义及其现代性在马克思去世之后数百年间，又有了迅猛的发展。但正是在捍卫社会生活的丰富总体和推动个体自由而全面发展的意义上，马克思辩证法的理论变革仍然具有十分重要的当代意义和现实意义，为反思现代生活和现代性的批判与重建提供了"革命的武器"和发展的智慧。

最后,实践总体性与主体性是马克思辩证法与现代性批判结合的重要内容,构成了马克思辩证法作为现代性批判武器的价值性、合理性和有效性根源。以实践总体性与主体性为原则的马克思辩证法为资本主义"社会有机体"的解剖与"自由人联合体"的生成提供了重要的理论方法,对于现代化发展具有十分重要的现实意义。在塑造人类文明的丰富总体和自由而全面的个体的意义上,马克思辩证法为推动"人类命运共同体"的建构提供了理论基石。

关于现代社会生活,马克思的判断是:"现在的社会不是坚实的结晶体,而是一个能够变化并且经常处于变化过程中的有机体。"[①] 结晶体的特征是稳定的结构和秩序,而有机体则具有活动性和变化性的特征。在马克思看来,现代社会相比于传统社会的重要特征是资本主义生产方式的发展使"一切坚固的东西都烟消云散了",人们处于流动性的、碎片化的生产和交往的有机体之中。从人与自然的关系看,在实践活动中,自然成为"人化了的自然"和人的"无机的身体"。在人类早期的实践活动中,自然作为异己力量与人相对。人同自然的关系是直接同一。随着资本主义生产方式的发展,人从自然的统治之下解放出来,自然人化的过程迅猛加快,作为人的"无机的身体",纳入社会有机体之中。在人与社会的关系中,资本逻辑的空间扩张,取消了固定、封闭、等级的封建关系,人们的关系处于"自由"和"平等"买卖变化之中。随着资本逻辑的空间扩张,世界历史开始形成,人类联成一个生产全球化和交往普遍化的命运共同的有机体。

马克思辩证法的实践总体性提供了分析社会运行的结构性的历史具体的方法。实践总体性体现为矛盾性、发展性、整体性的原则。首先,实践总体性蕴含的是社会生活的矛盾性原则。社会历史和生活实践的发展不是一个线性的过程,而是一个不断否定和超越的历史过程。此外,实践总体性不同于思辨总体和资本总体的同一性逻辑,它是不断展开自身的否定性和差异性的内涵逻辑。因而,马克思辩证法的总体观点是从社会有机体结构的矛盾中理解社会历史过程,而不是在社会实体化中把握社会历史。其次,实践总体性蕴含的是社会历史的发展性原则,这意味着社会生活实践的历史性维度。马

---

① 《马克思恩格斯文集》第 5 卷,人民出版社 2009 年版,第 10—13 页。

克思辩证法的总体观点不是对社会生活的静态的系统分析，而是在社会有机体的历史性发展中确认其形态。最后，实践总体性蕴含的是整体性的考察原则。但是，这种考察不是抽象地从整体与部分的二元对立，以及整体对部分的绝对优先性考察社会生活，而是在具体的总体，各要素的相互作用的丰富的总体中揭露现代社会生活。"从实在和具体开始，从现实的前提开始，因而，例如在经济学上从作为全部社会生产行为的基础和主体的人口开始，似乎是正确的。但是，更仔细地考察起来，这是错误的。"① 正如黑格尔所揭示的那样，最初的直接性和实在只是一个抽象，人口本身也是抽象的。经过从具体表象到合理抽象和简单规定的过程，"人口已不是关于整体的一个混沌的表象，而是一个具有许多规定和关系的丰富的总体了"②。因此，从总体出发，并不是从抽象的整体出发去考察作为部分的事实，而是在从抽象到具体的过程中，在社会生活结构的各要素的相互作用的过程中考察社会生活。生产、分配、交换、消费，"它们构成一个总体的各个环节，一个统一体内部的差别"③。

正是在此意义上，马克思辩证法对资本主义政治经济的考察，便是在资本总体与劳动总体的矛盾性、历史性和整体性考察中进行的。在资本主义社会中，马克思揭示的资本与劳动的矛盾不是通过考察单个资本家同单个工人的矛盾和对立的事实得出的直观性认识，而是在资本和劳动的总体性考察中得出的历史的必然性认识。劳动力的买卖，如果仅从单个的交易事实和形式方面去考察，那么资本家与工人的关系就体现为为了各自利益自由平等交易的经济关系，"可是，我们如果一方面考察总资本，就是说，考察劳动能力的买者的总体，另一方面考察劳动能力的卖者的总体，工人的总体，那么，工人所以不是出卖商品，而是不得不把自己本身的劳动能力作为商品出卖，恰恰是因为一切生产资料，劳动的一切物的条件，以及一切生活资料，货币，生产资料和生活资料，都站在另一方面作为他人的财产同工人相对立，就是说，恰恰是因为所有物质财富都作为商品占有者的财产同工人相对立"④。在资本的生产过程中，劳动力作为总体是从属于他人的物。资本和劳动的关系

---

① 《马克思恩格斯文集》第8卷，人民出版社2009年版，第24页。
② 《马克思恩格斯文集》第8卷，人民出版社2009年版，第24页。
③ 《马克思恩格斯文集》第8卷，人民出版社2009年版，第23页。
④ 《马克思恩格斯文集》第8卷，人民出版社2009年版，第482页。

是一种矛盾性的关系。在实践总体性的意义上，掩盖在买卖的形式自由和平等的祥和景象下的剥削和奴役的矛盾性关系才能真正得以展现。通过对资本主义"社会有机体"的总体性分析，马克思揭示了"社会有机体"的机体病变根源于资本逻辑对人的生命的统治。资本如同一种吞噬性病变细胞，蚕食着有机体的内部。

此外，马克思辩证法的实践主体性揭示了人与自然、人与社会的异化和紧张关系，阐明了"社会有机体"的双重病变。结晶体是固态的物理形态，而有机体是一种生命的个体形态。社会作为有机体与结晶体的根本区别在于生命性和主体性。辩证法在本质上来说是批判的和革命的，意味着以人的实践活动为生存论根基的辩证法不会崇拜任何固定结构和秩序，而是始终在人的不断自我超越的活动中理解社会活动的发展。资本主义推动了社会从"结晶体"向"有机体"的转变，释放了社会的生命力和活力。但是，这种释放是以物的胜利为基础的，社会有机体的生命力和活力体现为资本作为主体的权力。在资本主义社会中，资本作为社会关系获得实在主体的地位。一方面，资本的增殖逻辑使得人与物的关系异化为人对自然无休止的掠夺；另一方面，人与社会的关系处于一种分裂的状态。人作为劳动力与资本作为社会关系处于一种剥削和压迫关系之中。

正是由于双重的病变，社会有机体的个体生命原则变成了分化的"丛林法则"。在"社会有机体"中，生命力和活力的来源是人的自由自觉的实践活动。然而，资本逻辑所秉承的资本主义私有财产权制度使人的实践活动异化为原子式的自由个体的活动。人的自由成为买和卖的形式自由。除此以外，"自由这一人权的实际应用就是私有财产这一人权"[1]。私有财产的特征是排他性。因此，奠基于私有财产的生命活动成为排他性的利己主义活动。"无数的相同而平等的人，整天为追逐他们心中所想的小小的庸俗享乐而奔波。他们每个人都离群索居，对他人的命运漠不关心……每个人都独自生存，并且只是为了自己而生存。"[2]

以实践主体性为内涵的辩证法，其否定性不是排他性。实践主体的自我

---

[1] 《马克思恩格斯文集》第1卷，人民出版社2009年版，第41页。
[2] ［法］托克维尔：《论美国的民主》下卷，董果良译，商务印书馆1989年版，第627页。

否定活动彻底展开了差异性内容,从而具有他者的维度。在人与自然关系上,马克思辩证法体现为人与自然和谐共生的"生态学辩证法"。自然作为"人的无机身体"纳入"社会有机体"中,也意味着人的实践活动必须与自然的发展有机结合;在人与社会关系上,马克思辩证法对资本主义社会政治结构的物化逻辑的分析,揭示了以资本逻辑为运行机制的"社会有机体"向"自由人的联合体"转变的历史必然性。

"社会有机体"的生命力和活力不是根源于人的排他性、单子性的异化劳动,而是根源于人的自由自觉的生活实践过程。从自然慑服下的"原始的共同体"到资本逻辑统治下的"社会有机体",其根本特征是"虚幻的共同体"。在古代传统社会中,由于生产力发展水平的局限,受到"自然慑服"的人处于一种"人的依赖性"存在状态,人依附于共同体。个人利益总是被共同利益所吞噬。共同体采取部落、公社等"虚幻的共同体形式"。因而,"无论是社会还是个人,都不能想象会有自由而充分的发展,因为这样的发展是同原始的关系相矛盾的"[1]。在现代资产阶级"社会有机体"中,"商品形式和它借以得到表现的劳动产品的价值关系……这只是人们自己的一定的社会关系,但它在人们面前采取了物与物的关系的虚幻形式"[2]。商品(包括劳动力商品在内)自由流通和等价交换的形式即物和物的自由等价交换形式,掩盖了资产阶级对劳动者的剥削和统治关系。在资产阶级社会中,资产阶级的利益采取资本这种普遍形式凌驾于占人口大多数的无产阶级的利益之上,这构成了资产阶级社会的虚幻本质。由于这种虚幻性,"人的内在本质的这种充分发挥,表现为完全的空虚化;这种普遍的对象化过程,表现为全面的异化,而一切既定的片面目的的废弃,则表现为为了某种纯粹外在的目的而牺牲自己的目的本身"[3]。

由此可见,不论是在前资本主义社会,抑或是在现代资产阶级社会中的种种"虚幻共同体形式"中,共同利益与特殊利益总是分裂的,个人利益伪装成普遍利益凌驾于他人利益之上,或者少数人的利益采取普遍抽象的形式

---

[1] 《马克思恩格斯文集》第8卷,人民出版社2009年版,第136页。
[2] 《马克思恩格斯文集》第5卷,人民出版社2009年版,第89—90页。
[3] 《马克思恩格斯文集》第8卷,人民出版社2009年版,第137—138页。

凌驾于大多数人的利益之上。人的利益戴上了虚幻的某种普遍性形式的面纱，掩盖了阶级与阶级对立的事实。在种种"虚幻的共同体"形式中，特殊利益与共同利益分裂造成了人与人之间的对立，因而"存在着阶级和阶级对立"。在马克思看来，必须消灭这种"存在着阶级和阶级对立"的"虚幻共同体"，代之以"真实的共同体"即"自由人的联合体"。"人既不受超越个体生命之上的'抽象共同体'的支配，也不再受'支配一切的资本逻辑'的支配，个人与个人之间、共同体与共同体之间的分裂将因此而被自由人的联合体所取代。"① 这里蕴含的正是马克思关于个体与共同体的历史辩证法。

随着资本主义的全球化，世界性的"社会有机体"开始形成。"地域性的个人为世界历史性的、经验上普遍的个人所代替。"② 一方面，生产的全球化和普遍的交往化推动着人类开始形成一个命运共同体。另一方面，资本主义主导的"社会有机体"的病症发展为全球问题和人的物化的世界历史性的难题。面对现代社会生活的世界历史性难题，马克思辩证法提供了推动从以资本逻辑为运行机制的"社会有机体"向"自由人联合"的"人类命运共同体"转换的发展智慧。

人类命运共同体理念正是马克思辩证法对现代性批判与建构之路的新的历史发展，是全球治理的重要创新和中国方案，是对人类现代化发展过程的深刻总结。面对资本逻辑主导下的世界以及不断加剧的全球问题和人的物化，中国政府提出的"建立持久和平、普遍安全、共同繁荣、开放包容、清洁美丽的世界"的人类命运共同体理念和目标展现了马克思辩证法的发展智慧。从马克思辩证法的批判性与革命性出发，在塑造人类文明的丰富总体和自由而全面发展的个体的意义上，马克思辩证法成为人类命运共同体理念的哲学基础。

第二节 马克思辩证法的理论变革与后形而上学的哲学维度

在现代哲学和后现代主义的语境中，"哲学终结论"有着相当大的影响

---

① 贺来：《马克思哲学的"类"概念与"人类命运共同体"》，《哲学研究》2016年第8期。
② 《马克思恩格斯文集》第1卷，人民出版社2009年版，第538页。

力。现代科学的迅猛发展冲击了哲学为人类知识大厦奠基的地位，也消解了哲学成为"科学之科学"的妄想。从马克思、恩格斯到尼采、海德格尔、德里达、罗蒂、维特根斯坦等人都提到过"哲学终结"的命题。哲学是否丧失了其合法性？哲学何以可能？面对当代最为迫切且最为根本的哲学自我理解的问题，马克思辩证法的理论变革不仅消除了长期笼罩在辩证法之上的形而上学阴影，更为重要的是终结了作为形而上学的哲学，提供了面向现实生活的哲学自我理解方式，彰显了后形而上学的哲学维度。

一 哲学终结与哲学的合法性危机

在当代，哲学面临着合法性的危机。哲学如何自存成为当代哲学的重要问题。总体而言，"哲学终结"的论题主要在五个方面得到展开：第一，在哲学与科学的关系中，消解作为"科学之科学"的哲学；第二，在超越主客抽象二元对立中，消解哲学；第三，在反对本体论哲学及其所蕴含的本质主义、现象主义、基础主义中消解哲学，建立所谓的"后哲学文化"；第四，在人的存在的失落和遗忘意义上，消解传统哲学；第五，哲学的理性主义问题。西方理性主义的哲学传统，造成了人的理性化和片面化，忽视了人的心理、情感、意志、欲望等诸多方面。伴随着人的存在问题的凸显，哲学在理性主义上被"重估"与"消解"。"哲学终结"本质上是"形而上学的终结"。那么，在形而上学之后，哲学的出路何在。哲学是否应当被精确的科学所取代，成为对命题和语词的分析，抑或是成为小众的"人文艺术"？

在现代哲学的科学主义思潮中，由于认识论层面的基础主义和主客二元对立的对象性思维方式，作为"科学的科学"的哲学遭到了消解。哲学自诞生之日起，就与科学紧密地联系在一起。在古希腊哲学中，哲学与科学在同一个意义上被确认，即关于自然的认识和知识的总汇。在近代认识论转向中，哲学作为知识总汇和"科学之科学"更是要为人类知识的大厦奠基。笛卡尔普遍怀疑的方法，就是通过确立"我思"奠定一切知识的可靠基础。与此同时，随着自然科学的发展，科学的真理性意义成了普遍认知。认识论哲学由于经验论和唯理论的二元对立走进了认识论的死胡同。康德对经验知识的客观有效性的承认，放弃了哲学对于作为实体的普遍真理的寻求。尽管如此，康德的认识论哲学仍然要解决认识何以可能的问题并为自然科学提供可靠的基础。在黑格尔那里，一方面，哲学必须力求达到科学的形式即真理的形式；另一方面，自然哲学作为自然科学的总汇成为思想运动的环节。总体而言，西方传统哲学的发展，贯穿的是哲学作为"科学之科学"的主线。然而，随着现代自然科学特别是现代物理学、化学和生物细胞学的发展，哲学原有的地位受到了冲击，被驱逐出原有的领地。追求精确性的数理逻辑反对哲学的思辨和抽象性质。哲学家们就像是飞进"捕蝇瓶"的苍蝇，局限于思辨的体系之中。极端的说法认为，哲学不过是人们还未充分掌握科学技术时的臆想。在分析哲学的意义上，哲学成为"科学的哲学"，在分析语词和命题的意义上被消解。"哲学的成果不是一些'哲学命题'而是命题的澄清。可以说没有哲学思想就会模糊不清；哲学应该使思想清晰并且为思想划定明确的界限。"[①] 形而上学的对象是"不可言说的"，因而必须"保持沉默"。对世界的形而上本体的看法，既无法怀疑又无充分根据。哲学变成了澄清命题和语义的工具。"真正的发现是这样的发现：它使我能够中断哲学研究——如果我想这样的话。——这种发现使哲学得到安宁，从而使哲学不再被那些使哲学本身成为问题的问题所折磨。"[②] 随着科学的大步踏进和科学精神的确立，哲学存在的合法性日趋衰减。在此意义上，海德格尔指出，"哲学之终结显示为一个科学技术世界以及相应于这个世界的社会秩序的可控性的设置的胜利。哲学之终结就意味着植根于西方欧洲思维的世界文明之开端"[③]。

传统哲学在认识论上的基础主义是在主客抽象二元对立中确立的。笛卡尔的哲学沉思确立了近代哲学主客二元对立的基本模式。"我思故我在"的命题在为知识寻找可靠基础的同时，也将认识主体与认识对象、认识内容与认识形式严格对立起来，以此作为哲学的前提。实现和证明主体与客体、思维与存在的统一成为哲学的基本任务。然而，近代哲学的发展证明以主客二元抽象对立为前提，无论从主观方面去理解，还是从客观方面去寻求，思维与存在都是难以统一在一起的，因为二者的分离恰恰是其前提。因此，哲学在认识论上走进了死胡同，造成了哲学的危机。在许多现代哲学家看来，主客

[①] ［奥］维特根斯坦：《逻辑哲学论》，贺绍甲译，商务印书馆1996年版，第48页。
[②] ［奥］维特根斯坦：《哲学研究》，李步楼译，商务印书馆1996年版，第77—78页。
[③] 《海德格尔选集》下卷，上海三联书店1996年版，第1246页。

抽象的二元对立框架中的认识论哲学实现了最极端的可能性并走向了终结。"认识论已经把现代哲学引向歧途，近乎毁了它。"① 海德格尔认为，以主客二元对立为基础的对象性思维方式构成了形而上学的基本特征。"人起身而入我思（ego cogito）的自我性中了，随着这一起立，一切存在者都成了对象。存在者作为客体而被收入主体性的内在之中了。"② 在海德格尔看来，由于主体与客体的抽象二元对立，传统形而上学无法确立"对象"的现实性从而通达"存在"本身。哲学必须面向此在与世界的共同存在的在世活动。在海德格尔那里，哲学之终结的含义之一就是对象性思维方式的终结。

在人本主义和后现代主义思潮中，哲学由于本体论层面的"终极实在"以及对人的存在的遗忘，遭到了消解。哲学本体论追求"终极实在"，并以此来说明世界的生成、演化和复归。包含的是基础主义、本质主义、还原主义的思想，其实质是"以一驭万"的价值的一元性和真理的绝对性。然而，随着现代社会的发展，现代社会生活的"祛魅"呈现出价值多元的事实，使得这种本体的"终极实在"观和同一性逻辑丧失了合法性。正是在凸显价值多元、选择合理、个体自由的意义上，后现代主义哲学家反对哲学本体论及其所蕴含的基础主义、本质主义、还原主义进而消解哲学。面对"哲学的死亡"，罗蒂直指哲学的本体论问题，提出所谓的"后哲学文化"，"'后哲学'指的是克服人们以为人生最重要的东西就是建立与某种非人类的东西（某种像上帝，或柏拉图的善的形式，或黑格尔的绝对精神，或实证主义的物理实在本身，或康德的道德律这样的东西）联系的信念"③，从而"摈弃西方特有的那种将万事万物归结为第一原理，或在人类活动中寻求一种自然等级秩序的诱惑"④。

由于传统哲学在理论层面去解决认识论问题并建构"终极实在"，因此，长期以来，哲学体认的是人以外的自然、理念、实体、上帝和绝对精神等，哲学忙碌于寻找解释世界的根据，忽视作为哲学奥秘的人的存在，导致了人的存在的遗忘和失落。黑格尔哲学是这种传统哲学的顶峰。历史的任务成为

---

① ［美］威尔·杜兰特：《哲学的故事》上册，金发燊等译，生活·读书·新知三联书店1997年版，第1页。
② 《海德格尔选集》下卷，上海三联书店1996年版，第813页。
③ ［美］理查德·罗蒂：《哲学和自然之镜》，李幼蒸译，商务印书馆2003年版，第15页。
④ ［美］理查德·罗蒂：《后哲学文化》，黄勇译，上海译文出版社1992年版，第11页。

真理的证明过程，而人则成为手段，成为形而上学的主体。因此，以往的哲学撇开了现实的前提，即人的现实生活过程。因此，马克思指出，不终结哲学就不能力求达到现实。"思辨终止的地方，在现实生活面前，正是描述人们实践活动和实际发展过程的真正的实证科学开始的地方。"① 正是在人的存在问题上，海德格尔指出，"随着这一已经由卡尔·马克思完成了的对形而上学的颠倒，哲学达到了最极端的可能性。哲学进入其终结阶段了"②。

自苏格拉底和柏拉图开始，哲学就奠定了理性主义的基调。一方面，哲学在理论理性的层面上得以开展，"真理"成为哲学的目标，哲学就是为了追求真理；另一方面，理性主义的哲学推动了人的主体性的觉醒，使人从上帝等神圣形象的束缚中解脱出来。理性的启蒙使人可以凭借自身的理性展现人的独特性和主体力量。但是，对人的理性力量的片面夸大使得理性成为人的自由的羁绊。哲学以理性为自由奠基，但是为自由奠基的理性是康德的"纯粹理性"、黑格尔的"无人身的理性的自己运动"。这种理性在形而上学的目的上最终成为"大写的人"，构成了"人的非神圣形象的自我异化"。人受到理性的束缚，不仅没有获得自由，而且被片面化了，人的情感、意志、心理等各个方面遭到了忽视。从人的情感意志出发，尼采提出，"重估一切价值"，消解"哲学"和"真理"。

在现代，哲学面临着前所未有的挑战和质疑。如海德格尔所言，"哲学终结"并不是单纯的结束，而是意味着以往的哲学达到了极端的可能性。"哲学终结论"的提出本质上是在理论层面否定传统哲学认识论的基础主义、本体论的独断主义及其背后所蕴含的同一性逻辑。因此，"哲学终结"并不是宣告哲学的死亡，而是意味着"形而上学的终结"。面对传统哲学的理论困境和哲学的合法性危机，马克思辩证法的理论变革所建立的当代具有合理形态的辩证法理论，提供了"反哲学"的理论智慧，推动了"形而上学的终结"。

二 马克思辩证法的"反哲学"智慧与"形而上学的终结"

马克思曾数次提过"消灭哲学"的命题。从语境来看，马克思主要是在

---

① 《马克思恩格斯文集》第1卷，人民出版社2009年版，第526页。
② 《海德格尔选集》下卷，上海三联书店1996年版，第1244页。

哲学与现实关系的语境中提出来的。在批评德国政治实践派时，马克思指出，"它以为，不消灭哲学，就能够使哲学成为现实"[①]。在批判德意志意识形态时，马克思指出了思辨哲学的意识形态性质，取消了其独立性。作为占统治地位阶级的思想，思辨哲学将会随着社会历史活动的发展而消亡。从对象来看，马克思要消灭的哲学正是以黑格尔哲学为顶峰的传统形而上学。恩格斯也指出，哲学在黑格尔那里完成和终结了[②]。在此意义上，"马克思的理论思想不是作为一种哲学出现，而是体现为对哲学的替代多次出现，体现为一种非哲学，甚至是一种反哲学，它也可能是近代最大的反哲学"[③]。作为"反哲学"的哲学思想，马克思哲学正是通过辩证法的理论变革完成了对传统哲学的批判。马克思辩证法的理论变革所建立的关于现实的人及其历史发展的内涵逻辑，在"物质的生活关系"和"社会历史前提"的批判性和革命性意义上，推动了传统哲学或形而上学的终结。马克思辩证法的批判性和革命性就展开为"反哲学"或"反形而上学"的理论智慧。

一方面，从马克思思想发展过程来看，辩证法的变革与"消灭哲学"是同一个过程。在马克思那里，"对黑格尔辩证法的批判"和"对整个哲学的批判"[④]是统一在一起的。这是因为，黑格尔思想作为辩证法和旧哲学的顶点，其辩证法与形而上学是同一的。黑格尔通过历史观与辩证法的统一赋予"存在"以"时间"维度——思想内容自己运动的历史性——从而将终极实在展开为一个包括诸环节在内的思辨总体。"整整一部《哲学全书》不过是哲学精神的展开的本质，是哲学精神的自我对象化，而哲学精神不过是在它的自我异化内部通过思维方式即通过抽象方式来理解自身的、异化的世界精神。"[⑤]

"对黑格尔的辩证法和整个哲学的剖析，是完全必要的，因为当代批判的神学家不仅没有完成这样的工作，甚至没有认识到它的必要性"，神学的批判"归根结底不外是旧哲学的、特别是黑格尔的超验性被歪曲为神学漫画的顶点

[①]《马克思恩格斯文集》第1卷，人民出版社2009年版，第10页。
[②] 参见《马克思恩格斯文集》第4卷，人民出版社2009年版，第273页。
[③]〔法〕埃蒂安·巴利巴尔：《马克思的哲学》，王吉会译，中国人民大学出版社2007年版，第3页。
[④] 参见《马克思恩格斯文集》第1卷，人民出版社2009年版，第197页。
[⑤]《马克思恩格斯文集》第1卷，人民出版社2009年版，第202页。

和结果"。① 布鲁诺·鲍威尔作为"批判的神学家",从"自我意识"出发,因而不是"真正克服哲学的人"。在马克思看来,只有费尔巴哈从感性存在出发,"从根本上推翻了旧的辩证法和哲学"②。当然,后来,马克思意识到,费尔巴哈仅仅是在感性直观的意义上批判黑格尔哲学,"对对象、现实、感性,只是从客体的或者直观的形式去理解,而不是把它们当做感性的人的活动,当做实践去理解,不是从主体方面去理解"③,因而并未能真正克服旧哲学。费尔巴哈想去研究同思想不同的感性客体,但仍然是在形而上学主客二元对立的框架中抽象地解释世界,不仅达不到对世界的具体的、历史的理解,更缺乏"改变"的维度。费尔巴哈只能将现存的理解为合理的和现实的,对现实世界进行僵化的解释。人的本质和社会生活的本质成为单个人或抽象的类。相反,抽象的方面让黑格尔哲学发展了。

正是通过对黑格尔辩证法的批判和变革,马克思揭示了旧哲学的思辨性质及其根源。黑格尔辩证法虽然与历史观相统一,但"只是为历史的运动找到抽象的、逻辑的、思辨的表达,这种历史还不是作为既定的主体的人的现实历史"④。从抽象的精神异化活动出发,其结果不是通达现实的历史,而是将哲学家异化为世界的尺度。历史成为黑格尔头脑中的历史,而真正的现实历史却成为合乎理性的思辨过程。作为形而上学的顶峰,黑格尔通过坚持人的精神活动的异化总括了哲学的各个环节。同一般的形而上学一样,黑格尔辩证法颠倒了观念和现实的关系,仍然是从理论理性出发理解哲学,因而只能以抽象的、思辨的方式解释世界。在黑格尔哲学中,人的本质和社会生活的本质成为精神的异化活动。"哲学过去只是事物现状的超验的、抽象的表现,正由于它自己的这种超验性和抽象性,由于它在想象中不同于世界,它必定会以为事物的现状和现实的人是远远低于它自己的。"⑤ 马克思力求消灭思辨的哲学,面向生活实践。马克思对黑格尔辩证法的批判揭示了,哲学只有从对象化的、感性的实践活动而非思维活动出发去理解世界,才具有现

---

① 参见《马克思恩格斯文集》第 1 卷,人民出版社 2009 年版,第 112—113 页。
② 《马克思恩格斯文集》第 1 卷,人民出版社 2009 年版,第 198 页。
③ 《马克思恩格斯文集》第 1 卷,人民出版社 2009 年版,第 499 页。
④ 《马克思恩格斯文集》第 1 卷,人民出版社 2009 年版,第 201 页。
⑤ 《马克思恩格斯文集》第 1 卷,人民出版社 2009 年版,第 264 页。

实性。

另一方面，与唯物史观内在统一的马克思辩证法所具有的社会历史性、实践主体性和实践总体性、批判性和革命性成了"反哲学"的哲学智慧。马克思重新确立了哲学的主题，哲学不是关于"终极实在"的本体论，而是关于人的现实生活过程。

首先，马克思辩证法具有社会历史性，主体与客体、思维与存在不是抽象的二元对立，也不是内化精神活动的对立，而是在"物质的生活关系"中展开的具体的、历史的矛盾运动，例如社会存在与社会意识、生产力与生产关系、政治国家与市民社会等。因此，一方面，马克思辩证法作为社会历史性的辩证法揭示了哲学的基本问题并不是静态的抽象对立中的理论问题，而是人的社会历史活动中具体的矛盾运动的实践问题。它受到社会历史客观条件和历史发展阶段的制约，通过人的实践活动向前发展。另一方面，马克思辩证法对社会历史政治经济的矛盾运动的揭示，阐明了思想不过是占统治地位的阶级的思想，现有的实证的古典经济学沉醉于经济"事实"，现有的古典的思辨哲学则趋向于合乎理性的现实性。它们都论证了资本主义社会经济的合理性和永恒性，表明了"历史的终结"，遮蔽了资本主义社会的内在矛盾和异化实质，消解了人及其历史的发展。因此，它们作为资本主义意识形态将会消亡。

其次，马克思基于人的实践活动，通过对辩证法批判性和革命性的展开，重新定位了哲学的功能。从古代的本体论哲学到近代的认识论哲学，西方传统哲学的实质是为了寻求集世界图景、解释原则和价值观念于一身的"终极实在"。哲学寻求最高的真理并以此来说明世界并指导人的行为和规范。古代哲学塑造"神圣形象"来解释世界。近代哲学的"上帝人本化"过程是塑造以理性为基础的"非神圣性形象"来解释世界。对此，马克思则指出，"按其本质来说，它是批判的和革命的"[①]。因此，哲学的功能不是在人之外树立崇拜的"偶像"，从本质上来说，在"人的神圣形象的自我异化"消解以后，哲学的任务是要在"消解人的非神圣形象的自我异化"中，成为"为历史服

---

① 《马克思恩格斯文集》第5卷，人民出版社2009年版，第22页。

务的哲学"。① 从人的实践活动来说，所谓"偶像"的神圣性不过是人的本质的异化。在此岸世界中，"非神圣形象"体现为社会关系和意识形态的抽象和统治力量。因此，消解一切可能的"非神圣形象"就是要使"人的世界和一切关系"归还人自身。"对宗教的批判最后归结为人是人的最高本质这样一个学说，从而也归结为这样的绝对命令：必须推翻使人成为被侮辱、被奴役、被遗弃和被蔑视的东西的一切关系。"② 哲学的任务是要对此岸世界中各种统治人的抽象力量予以批判和解构，从而在批判旧世界中发现新世界。传统形而上学是要通过理性为人的生活奠基，后形而上学意义上的哲学则是要在批判和改造世界中回答人的解放何以可能的问题。

最后，黑格尔哲学是建立在思辨总体性与意识主体性基础上的同一性逻辑，因而建立了庞大的形而上学体系。黑格尔以精神的外化活动总括一切环节。一方面，内容成为形式化的概念运动；另一方面，思辨的总体性导致了封闭性的体系。马克思辩证法基于实践主体性与实践总体性，构成现实历史的内涵逻辑。辩证法的实践主体性体现为人的实践活动过程中的否定性力量。人们的对象化活动现实的改造对象，形成历史发展的动力。历史展开为不断发展的、开放的过程，辩证法的实践的总体性意味着人生活实践的无限性和历史性。一方面，由于实践活动的不断开展，社会生活展开为丰富的内容；另一方面，社会生活产生具体的历史的联系。正是在个性与总体、个人发展与社会联系的双重意义上，马克思辩证法的"反哲学"智慧体现为对形而上学同一性逻辑和封闭性体系的解构。思辨哲学企图总括一切社会历史的"野心"破灭了。随之而来，哲学必须始终面对社会生活的联系和人及其历史的发展。马克思辩证法的实践总体性和实践主体性特质使得哲学成为捍卫社会生活的丰富总体和自由个性的自觉意识。

三 面向现实生活的哲学自我理解方式：后形而上学的哲学维度

马克思"消灭哲学"，就是要使哲学与现实统一起来，使哲学处于人及其历史不断发展和丰富的社会联系中，面向现实生活本身。"不使哲学成为现

---

① 参见《马克思恩格斯文集》第 1 卷，人民出版社 2009 年版，第 2 页。
② 《马克思恩格斯文集》第 1 卷，人民出版社 2009 年版，第 11 页。

实，就不能够消灭哲学。"① 马克思辩证法的理论变革推动了哲学摆脱"唯我独尊"的独断性质和同一性的逻辑，成为捍卫社会生活的丰富总体和自由个性的人类的自觉意识。马克思辩证法作为一种立足生活、批判现实的思维方式和生活方式，以其否定性和历史性的因素，摒弃了形而上学中"无根"的乌托邦主义，形成和汇聚了一种"有根"的自我超越的乌托邦精神，从而树立了"后形而上学"的哲学自我理解方式，破除了传统形而上学思辨的同一性逻辑对现实生活的疏远和人文世界的封闭，在后形而上学的意义上推动了哲学的重新定位与重新理解，塑造了哲学新的面相。面向现实生活的哲学自我理解方式构成后形而上学的哲学维度，也成为当代哲学发展的方向。

传统形而上学的自我理解方式是确认世界最高的统一性并以此来解释世界。现代哲学摒弃了确认和证成终极原理的做法，反对"以一驭万"的"元叙事"，主张回归人的生活世界，突出人的历史话语。在此过程中，哲学的言说方式发生了转变，形而上学的话语遭到了"冷落"。如何理解传统形而上学话语的衰败现象关系到哲学自我理解的问题，而哲学恰恰是人关于人文世界的自我意识。马克思辩证法蕴含的以人的实践活动为基础的批判性和革命性为此提供了十分重要的启示和窗口。以"自我超越"的乌托邦精神取代形而上学的"乌托邦主义"，从而形成一条"现代的"、表征现时代精神的哲学自我理解之路。

形而上学的旨趣在于追求绝对之真和至上之善。于是，"乌托邦主义"构成形而上学的本质特征。"乌托邦主义"是从普遍永恒的理念出发去构造人类生活。超时空的绝对理想在对现实生活的思考和谋划中体现为对"理想国""上帝之城""完美社会"等的悬设。按照这种思路，人类社会的发展将达到一个终极完美的状态，即"至善"。其逻辑后果是个人的生活和发展必须服从于人类社会发展的终极目标。柏拉图的理想国就是乌托邦主义的典型例子。在《理想国》的最后，柏拉图谈到，这样的"理想国度""在地球上是找不到的"，"或许在天上建有一个模型"②。乌托邦主义表达的价值理念是先验的、永恒的、至善的和理想的终极价值。正如海德格尔所言，"一切形而上学

---

① 《马克思恩格斯文集》第1卷，人民出版社2009年版，第10页。
② 参见［古希腊］柏拉图《理想国》，郭斌和、张竹明译，商务印书馆1986年版，第389页。

都说着柏拉图的语言"①。形而上学所蕴含的乌托邦主义讲的就是柏拉图的话语。作为形而上学的顶峰，黑格尔用思辨辩证法延续着柏拉图的语言。黑格尔的概念运动体系最终达到的是"绝对精神"和"日耳曼精神"，走向了人的终结和历史的终结。"自我意识"取代了人，而日耳曼民族终结了"世界历史"。于是，形而上学最大的乌托邦主义在黑格尔那里完成了。哲学也终结于黑格尔那里。从"后形而上学"的视域看，"哲学的终结""历史的终结"和"人的终结"是统一在一起的。"三大终结"表达了现代哲学家对形而上学中的乌托邦主义所设计的"哲学理想""历史发展"和"人的存在"的自觉反对和摒弃。形而上学连同它的乌托邦主义遭到了现代哲学激烈的控诉；彼岸世界与此岸世界的对立，造成了价值虚无主义；超时空的完美理念的设定脱离了现实生活实际；永恒至善的终极目的体现了形而上学的独断性、专制性和话语霸权等。

乌托邦主义讲的是"柏拉图的语言"，即以绝对之真和至上之善引导和统治社会生活实践。虽然，乌托邦主义蕴含了人类追求更美好生活的理想，但是它是"从天国下降到人间"，秉承的是形而上学的哲学观，由于诉诸彼岸世界、脱离现实生活的独断和专制特性遭到了现代哲学的拒斥。乌托邦主义是从"神的目光"谋划人及其世界发展的方案，而乌托邦精神则是在人的存在活动和"人的目光"中形成的理想信念。后者立足于人的现实生活过程，是"从人间上升到天国"。乌托邦主义表达人类理想，相信未来可能要从根本上优于现在，但是依靠绝对至善的形而上学的乌托邦主义由于脱离现实生活，只能成为无根的"幻想"。

与之不同，在马克思看来，辩证法讲的不是柏拉图的语言，而是历史话语。它立足生活，批判现实。辩证法的否定性和历史性决定了辩证法是从历史情境中，因而也是从不断的运动中，否定地理解现存事物。因此，辩证法蕴含着一种"自我超越"的乌托邦精神，表征了人的理想性生存维度。人是一种矛盾性的存在，既是自然的也是超自然的，既是有限的也是无限的。人"不仅仅是自然存在物，而且是人的自然存在物，也就是说，是为自身而存在

---

① ［德］海德格尔：《面向思的事情》，陈小文、孙周兴译，商务印书馆1999年版，第80页。

着的存在物,因而是类存在物"①。人的存在是双重的,区别于现成存在的物,人始终是一种不断自我否定、自我超越、无限开放、充满可能性的存在物。这意味着辩证法的历史性和否定性与人的存在的历史性和超越性具有同构性。辩证法既不是对确定性的寻求,也不是绝对之真和至上之善的确证,而是一种不断展开、不断自我超越的人的生存论逻辑。辩证法植根于人的社会历史活动。脱离社会历史的"终极实在"和抽象观念对人来说只是"无"。因此,"在实质上,辩证法区别于其他类型的批判思维的地方,就在于……人在历史中的自我实现"②。人的不断开放和超越的活动构成辩证法思想的生存论基础和理论旨归。由此可见,辩证法蕴含着一种"自我超越"的乌托邦精神,即一种立足于现实生活,"相信未来可能要从根本上优于现在的信念"③。

在此意义上,马克思辩证法彰显了人的历史性、超越性和理想性的存在特性,并继而塑造了区别于形而上学的哲学自我理解方式。立足于人生活实践的辩证法所蕴含的"自我超越"的乌托邦精神则是有根据的理想。"乌托邦的核心精神是批判,批判经验现实中不合理、反理性的东西,并提供一种可供选择的方案。"④"自我超越"的乌托邦精神构成辩证法在哲学观层面的人文解放向度,塑造了"现代的"哲学自我理解方式,即哲学是立足生活、批判现实并追求美好未来的学问。首先,现实性维度是马克思辩证法所昭示的哲学根本维度。任何哲学理念不能停留于先验的玄思遐想,而应立足于生活。马克思在批判黑格尔哲学以及传统形而上学时指出,黑格尔把理性精神视作对"感性确定的、以自身为根据的肯定"的否定之否定,因而"他只是为历史的运动找到抽象的、逻辑的、思辨的表达,这种历史还不是作为既定的主体的人的现实历史"⑤。换言之,只有立足于人的现实历史活动才能为历史找到"真实的表达"。在此意义上,"现代的"或"后形而上学"的哲学自我理解方式是"回归生活"。其次,辩证法的哲学理念是不断自我否定和自我超

---

① 《马克思恩格斯文集》第 1 卷,人民出版社 2009 年版,第 211 页。
② [前南]马尔科维奇、彼德洛维奇编:《南斯拉夫"实践派"的历史和理论》,重庆出版社 1996 年版,第 32 页。
③ 贺来:《乌托邦精神与哲学合法性辩护》,《中国社会科学》2013 年第 7 期。
④ [美]雅各比:《乌托邦之死:冷漠时代的政治与文化》,姚建彬译,新星出版社 2007 年版,第 2 页。
⑤ 《马克思恩格斯文集》第 1 卷,人民出版社 2009 年版,第 201 页。

越，这与人的超越性和创造性的存在特性具有一致性。因此，辩证法的乌托邦精神表明不能在寻求确定性的意义上理解哲学，而应在批判性的视角中构建"现代"哲学。概观当代的哲学观，各种意义上的"批判哲学"构成哲学自我理解的重要方式。最后，推动人及其历史发展是马克思辩证法的理想性维度。

哲学可以终结形而上学并抛弃其所蕴含的乌托邦主义，但不能抛弃哲学对人的理想性生存维度的集中表达。因此，不能完全从寻求确定性的意义上放弃"认识你自己"和"审视生活"的哲学主题，而应从追求美好未来的"乌托邦精神"中实现哲学在当代的自我理解以及人类生活的自我理解。由此可见，传统哲学所秉持的乌托邦主义，以"终极实在"或"绝对理念"作为出发点，脱离了人的现实生活，因而扼杀了人文世界的开放性、包容性和超越性，造成了人文世界的封闭。与之不同，马克思辩证法所蕴含的"自我超越"的乌托邦精神，则强调从人的自我否定和自我超越出发来形成关于人类生活的"意义世界"。实际上，这是对人文世界的疏通及其打开方式的本真定义。正是在现实的人的自我超越和自我批判的历史意识的意义上，马克思辩证法推动了后形而上学的哲学维度的建立。

辩证法在其"合理形态上"，就是"在对现存事物的肯定的理解中同时包含对现存事物的否定的理解，即对现存事物的必然灭亡的理解，辩证法对每一种既成的形式都是从不断的运动中，因而也是从它的暂时性方面去理解；辩证法不崇拜任何东西，按其本质来说，它是批判的和革命的"①。首先，马克思说辩证法是对现存事物的肯定中包含否定的理解，而不是否定中包含肯定的理解，其落脚点是否定。这意味着从"理论思维"的层面看，辩证法的理论出发点是异质性或非同一性，而不是确定性或同一性。辩证法的核心原则是否定原则。其次，辩证法是在不断运动中，从暂时性方面去理解现存事物，也就是从不断发展的历史过程中去理解现存事物，其出发点是历史。这意味着从"社会历史"层面看，人的现实的历史活动构成辩证法的生存论基础。正是由于辩证法的否定性和历史性要素规定了辩证法是一种批判的思维方式。实证科学的逻辑性标准是确定性和可证实性，其目的是实现思维与存

---

① 《马克思恩格斯文集》第5卷，人民出版社2009年版，第22页。

在在规律层面上的同一；形而上学的特征是思辨性和抽象性，其目标是追求世界的终极统一性。与之不同，辩证法既不指向命题的确定性也不诉诸世界的终极统一性，而是指向对现存具体事物的否定性和历史性理解，本质是"批判的和革命的"①。

马克思辩证法反对逻辑自洽性和思想的自身同一性，是对"以一驭万"的元意识或形而上学思维方式的解构，体现为一种"划界"的批判形式和思维方式。康德为理论理性和实践理性、现象界和物自体划界，指出了人的认识论界限；维特根斯坦要为"思想的表达划定一个界限"，"凡是可以说得都可以说得清楚；对于不能谈论的东西应该保持沉默"②；海德格尔的在世学说揭示了此在在世的基本结构和生存论限度，"借着在场状态，界限和范围得到了设定"③；马克思为思想观念和生活实践划定了界限，指出了生活实践的优先性和无限性，思想观念的有限性，并揭示了政治解放的限度。从当代哲学发展趋向上看，辩证法的"界限意识"揭示了一种"划界"的哲学批判方式和"站在界限上思考"的人文世界的打开方式，体现了当代的哲学智慧。

从社会历史的层面看，这是因为观念较之人的生活实践总是有限的。"人类历史的第一个前提无疑是有生命的个人的存在。"④ 相较任何思想观念，不断开放着的生活实践具有优先性和无限性的特征。马克思辩证法的"社会历史前提批判"，揭示了思想观念与生活实践的界限，确立了思想的限度。马克思辩证法不是从思想观念的同一性出发确认世界的终极统一性，而是从承认思想观念与生活实践的异质性出发，以否定性和历史性的态度和原则去理解人及其世界。辩证法是一种自限性意识。所谓自限性意识，就是承认思想观念的限度。传统的形而上学没有意识到这一点。传统形而上学企图通过对终极本体的寻求，获得解释无限发展着的现实事物的原则。作为形而上学的顶峰，黑格尔哲学甚至要证明"思维的规定即是事物的基本规定，并且根据这个前提，坚持思想可以认识一切存在，因而凡是思维所想的，本身就是被认

---

① 《马克思恩格斯文集》第 5 卷，人民出版社 2009 年版，第 22 页。
② ［奥］维特根斯坦：《逻辑哲学论》，贺绍甲译，商务印书馆 2009 年版，第 23 页。
③ ［德］海德格尔：《哲学论稿：从本有而来》，孙周兴译，商务印书馆 2016 年版，第 450 页。
④ 《马克思恩格斯文集》第 1 卷，人民出版社 2009 年版，第 519 页。

识了的"①。用康德的话来说,这是理性对认识限度的僭越,会产生先验幻相。按照马克思的话说,生活决定意识。无限发展的生活实践无法为任何一种思想观念所完全把握。

因此,辩证法实际上是一种自限性意识。意识能够自觉思想的限度,将观念所把握到的事物视作暂时性的而非永恒的。例如政治经济学的形而上学方法将私有财产和资本主义社会把握为现成的和永恒的存在,而马克思则自觉思想观念的限度,不把观念把握到的现存事物视作永恒,而是视作历史发展的某一个阶段,从而能够为人类活动的历史找到真实的表达。与此同时,辩证法是一种"自成目的性"意识,即从主体自身的价值出发去理解人及其世界。形而上学追求的是一个"终极目的"。按照这种思想规划社会发展和现代性方案,必然会悬设一个完满的"理想社会"。在发展过程中,容易犯"削足适履"的错误。"终极目的"由于超越了任何社会历史情景,因而也就无法解释人的现实历史。"历史不过是追求着自己目的的人的活动而已。"②"自成目的性"的内涵是不以任何"终极目的"理解和发展人自身,而是从现实的人的发展和人的价值去理解人自身。"自成目的性"意在指出人是目的,是价值和责任主体。

从辩证法的批判本质来看,辩证法的根本特征在于"去同取和",承认差异性和个性。这是基于人的实践活动的辩证法的否定本性使然。马克思在对黑格尔的形而上学和辩证法进行批判时指出,黑格尔的《现象学》及其最后成果是"作为推动原则和创造原则的否定性"的辩证法。否定性是辩证法的核心原则。在阿多尔诺看来,辩证法只能是一种"否定辩证法",即"辩证法是始终如一的对非同一性的意识","对真正的哲学来说,异质东西的联系实际上是它的主旋律"③。承认差异构成否定辩证法的前提。

首先,马克思辩证法的后形而上学的哲学维度体现为承认规则和秩序的差异性和特殊性,反对同一化和普适性的规则和秩序。从学科划分角度而言,任何学科都有自己的特殊研究领域和规则,没有完全统一的基础和共同的标

---

① [德]黑格尔:《小逻辑》,贺麟译,商务印书馆1980年版,第95页。
② 《马克思恩格斯文集》第1卷,人民出版社2009年版,第259页。
③ [德]阿多尔诺:《否定的辩证法》,张峰译,重庆出版社1993年版,第14页。

准。形而上学为知识奠基从而成为"科学的科学"的努力是错付的。它试图超越自身的限度去解释一切,这种同一化力量只能演变为学科帝国主义。同时,以科学的逻辑标准检验哲学和辩证法思想,从而使哲学成为"科学的哲学",也是对界限的一种僭越。科学的逻辑规则是寻求确定性;哲学的逻辑规则是批判和否定地理解现存事物,是一种历史性的规则。二者具有各自的规则,不可通约。这意味着各领域、各学科之间没有"共同性"而不能进行对话吗?维特根斯坦提出的"语言游戏说"对此进行了回答。在"语言游戏"中,没有一个大家无例外必须遵循的共同规则,而只有一系列重叠交叉的"家族相似"。差异性是对话的前提,没有差异性也就不需要对话。一系列重叠交叉的相似性构成对话的桥梁。从社会规则制定方面而言,体现为注重"个人领域"与"公共领域"之间的差别、地域之间的差别、民族国家之间的差别。没有普适的规范,只有民族性和地域化的公序良俗。

辩证法承认差异性和个性,其目的不是运用同一化的力量抹平差异,实现无差别的完满世界,而是要从差异性和个性出发,承认价值差异,包容个性。形而上学蕴含的生活哲理属于"前现代"社会。在"前现代"社会,公共领域和私人领域之间没有严格的界限,私人生活领域被完全吸纳进公共生活领域。柏拉图的"正义城邦"就是典型的例子。同一性统摄差异性、共性统摄个性。共同体凌驾于个人之上。人处于马克思所说的"人的依赖性关系"的存在状态。形而上学的"终极实在观"表征了这一时代的精神。对此,房龙站在历史性的视角指出,"个性的价值被发现以后才开始了为宽容而奋斗"[1]。包容个性是宽容意识的首要内涵。与形而上学的生活哲理不同,辩证法则真正表征了"现代的"生活理念,从而成为一种理想的生活方式。"现代"生活较"前现代"生活非常明显的区别在于:第一,公共领域与私人领域的分离。在现代社会,公共生活和个人生活分离了,人们拥有私人的、自由的生活空间。第二,"祛魅"与价值分化的事实。人们不再只有一种生活方式和价值标准,而是采取多样化的生活方式和多元化的价值选择。辩证法强调差异性和包容个性的生活理念,恰恰表征了现代人的生活价值,即任何同一化的形式都难以否认人的个性化生存。除此以外,辩证法作为理想的生活

---

[1] [美]房龙:《宽容》,张蕾芳译,译林出版社2016年版,第12页。

方式也时刻提醒人们避免成为资本逻辑统治下的同质化的、单向度的人。马克思辩证法所蕴含的尊重差异和包容个性的思想批判性地表征和引导了现代人的生活理念，从而成为在生活层面推动了人的自由全面发展的哲学理念。

其次，马克思辩证法提示出突破独断的主体形而上学，寻找自由人之间共处和人与世界共在的哲学新面相。马克思辩证法对生活实践的历史性、暂时性和异质性、丰富性内容的揭示，使辩证法强调始终在对象化活动中理解人与自然、人与社会的关系，从而展现出尊重他者的维度，即"宽以待人"和"宽以待物"。形而上学总是束缚于思想的自身同一性、逻辑的自洽性和体系的完满性，因此，体现的是唯我独尊的生活理念，缺乏他者的维度。辩证法则强调开放性和历史性，肯定对象的重要地位，强调正、反、我、他的相互成立，因而具有深刻的他者维度。从人的方面来说，尊重他者是"宽以待人"。这体现为两个方面：第一，尊重他人的人格和个性，尊重他人的个性就是为自己的个性辩护；第二，尊重他人不同的观点，在这里贯彻的是社会生活"个人视角的有限性"与"他人视角的无限性"之间的辩证关系。每个人的生命体验都是有限的，而所有人的视角之和将是无限的。尊重不同的观点体现了辩证的生活智慧。从物的方面来说，尊重他者是"宽以待物"。人并不是唯我独尊、以自我为中心的。人是与他物的共同在世和共同在此。人总是处于"在之中"，"依寓世界而存在"①。人应该尊重其他生命和自然界，树立生态意识，促进人与自然的和谐共生。恩格斯在《自然辩证法》中曾提到，人们"不要过分陶醉于我们人类对自然界的胜利。对于每一次这样的胜利，自然界都对我们进行报复"②。在这里，马克思辩证法的他者维度意在突破"人类中心主义"的窠臼，领悟人与自然的和谐共生关系。

最后，在包容个性和尊重他者的基础上，马克思辩证法的后形而上学维度体现为注重对话。形而上学所秉持的精神特质是"专制性"和"独断性"，其所蕴含的生活理念便是"独白"。哲学变成了追求普遍永恒理念的哲学家相较于可感世界生活的人的"独白"。按照柏拉图的观点，生活在可感世界的人

---

① ［德］海德格尔：《存在与时间》，陈嘉映、王庆节译，生活·读书·新知三联书店 2006 年版，第 64 页。
② 《马克思恩格斯文集》第 9 卷，人民出版社 2009 年版，第 559—560 页。

获得的认识只是"意见"或"偏见",只有抛弃这种"意见"寻求普遍理念才能走向"真理之路"。因此,逃出"洞穴"并看见"光亮世界"的那个人再回到洞穴时的言说,就变成了讲述真理。辩证法的原意是对话(dialektik-tikos)。但是,当辩证法处于形而上学阴影之下时,辩证法所蕴含的主体对话过程就转变成了哲学家的"独白"。马克思辩证法揭示了在社会生活领域"个人视角的有限性"与"他人视角的无限性"之间的矛盾,完成了对辩证法原意的回归。马克思辩证法的后形而上学的人文解放意蕴体现为在包容个性和尊重他者的基础上,强调人在对话中获得相互承认,在人与人的对话和交往中形成一个动态化的共同规范。这种社会规范不是由某一个人或集团制定,也不是根据一个终极原则制定,而是在对话中形成。在此意义上,马克思辩证法揭示了哲学不能在形而上学的思辨的"独白"中成立,哲学新的发展方向是在社会实践的交往中形成关于"意义"的社会自我意识。

由此可见,与唯物史观内在统一的辩证法不仅提供了"反哲学"的智慧,也重新定位了哲学的理论性质、理论主题和合法性根据。在后形而上学的意义上,面向现实生活的哲学自我理解方式被确立起来,作为捍卫人类社会生活的丰富总体和自由个性的自觉意识,后形而上学的哲学维度得以彰显。

结　　语

　　在辩证法与唯物史观的内在统一中回到马克思辩证法的理论变革，具有十分重要的理论意义和现实意义。在理论上，通过在唯物史观与辩证法的内在统一中阐明马克思辩证法的理论变革，一方面，在理论上批驳了马克思主义哲学史上对马克思辩证法的外在性割裂理解，彻底彰显了马克思辩证法的独特性、批判性和革命性，同时回应了当代对辩证法理论的挑战和质疑；另一方面，正是在辩证法与唯物史观的内在统一中马克思"改变世界"的哲学方法论得以真正澄明。马克思辩证法是关于现实的人及其历史发展的内涵逻辑。作为以"物质的生活关系"为基础的"社会生活联系观"和以"社会历史前提批判"为本质的"人及其历史的发展观"，马克思辩证法成为现代化过程中的"批判的武器"和发展智慧，并在理论上提供了后形而上学的哲学根据。

　　马克思辩证法的理论变革的问题意识产生于辩证法历史上的"三次历险"以及批判现实、改变世界的现实需要。黑格尔以前的辩证法理论由于非历史性而走向了主观性和消极性。同时，由于非历史性的直观或客体的思维方式和机械性的抽象物观，旧唯物主义从根本上吸收不了辩证法理论，至多能在直观的意义上获得朴素的辩证法观念。辩证法的历史发展特别是黑格尔辩证法的出现，使得寻求辩证法与历史观的内在统一成为马克思辩证法理论变革的哲学史根据。唯物史观与辩证法的内在统一是辩证法理论自身发展的必由之路。

　　马克思对以往辩证法理论的变革是以实践为基础，通过历史观领域的变革实现的。辩证法与唯物史观的内在统一关系构成理解马克思辩证法及其理论变革的基础。一方面，马克思唯物史观对社会历史优先性的揭示推动了唯物辩证法的生成；另一方面，马克思辩证法为唯物史观提供了认识论基础，作为政治经济学批判的方法推动了唯物史观的具体化和深化。唯物史观对社会历史生活实践优先性的揭示，祛除了辩证法的神秘形式，推动了唯物辩证法的生成。唯物史观为辩证法提供了"唯物主义基础"。同时，马克思辩证法也为其历史观提供了认识论基础，并作为政治经济学批判的方法，推动了唯物史观自我演进的不断深化和具体化。无论是从学术史的角度，还是从理论内涵来看，马克思的唯物史观与辩证法是相互形成的内在统一关系。二者是一而二、二而一的，其理论的合法性和独特性都依赖于对方。在此意义上，马克思的辩证法具有社会历史性，是社会历史的辩证法；唯物史观具有深刻的辩证法本性，是辩证法的社会历史观。实践构成唯物史观与辩证法内在统一的基础。从实践所具有的根本属性来看，正是实践活动所具有社会历史性与辩证性构成了二者统一的基石；在社会历史中，实践最基本的表现形式就是劳动。这是一切社会存在与社会意识矛盾关系的基础。同时，无论是历史观领域还是辩证法领域的变革，都是马克思在对"劳动"的考察中实现的。因此，劳动是马克思对变革历史观与辩证法的关键考察对象。在此意义上，劳动构成马克思唯物史观和辩证法的对象一致性的基础。以实践活动为基础，唯物史观和马克思辩证法的理论就拥有了相同的主题，它们都是关于现实的人及其历史发展的学说。脱离唯物史观谈马克思的辩证法、脱离马克思辩证法谈唯物史观或在二者的割裂中理解马克思哲学会导致一系列的曲解、偏见和退行性理解。

马克思通过辩证法与唯物史观的内在统一，实现了对以往辩证法理论性质的改变、思想观点的革新和理论范式的变革。第一，马克思将人的实践活动作为辩证法的内涵逻辑，完成了从"精神活动"到"社会生活"的置换，确立了辩证法的客观性和唯物论基础，以及辩证法的批判和革命本质。"物质的生活关系"构成了马克思辩证法的客观性和唯物论基础，"社会历史前提批判"构成了马克思辩证法批判性与革命性的本质，二者统一于人的实践活动之中。第二，马克思在联系观和发展观中完成了对现象与本质、偶然与必然、可能与现实等一系列范畴的重塑，从而建立了"社会生活的联系观"和"人及其历史的发展观。第三，与唯物史观的内在统一彻底转变了辩证法理论的内涵，即从"存在"到"人的现实生活过程"，实现了辩证法的生存论转向，驱散了长期笼罩在以往辩证法理论上的形而上学阴影，使辩证法在后形而上学的意义上确立起来了。辩证法成为关于现实的人及其历史发展的内涵逻辑。

马克思辩证法理论变革所建立起的以"物质的生活关系"为基础的"社会生活联系观"与以"社会历史前提批判"为本质的"人及其历史的发展观"的辩证法，构成了辩证法的"合理形态"，在两个方面展现出重要的当代意义。资本主义主导的现代化改变了人的存在方式、思维方式和自我意识，造成了矛盾性的后果。资本逻辑的统治和工具理性的扩张，造成了社会生活的碎片化和同质化以及人的存在的片面化和狭隘化，现代社会呈现出"知性形而上学"的特征。面对这一现代化的后果，马克思辩证法内涵的实践总体性和实践主体性原则，在捍卫社会生活的丰富总体、确立自由性与全面性的个体方面，为现代化提供了"批判的武器"和发展智慧。在哲学变革方面，马克思辩证法的理论变革提供了"反哲学"的哲学智慧，在后形而上学的意义上建立哲学的合理形态和合法性根据。在当代，哲学面临着合法性的危机。人本主义、科学主义、后现代主义的思潮在各种意义上宣告"哲学终结"，马克思也提到过"消灭哲学"的命题。面对当代最为迫切且最为根本的哲学自我理解的问题，马克思辩证法的理论变革不仅消除了长期笼罩在辩证法之上的形而上学阴影，而且推动了"形而上学的终结"。与唯物史观内在统一的辩证法不仅提供了"反哲学"的智慧，也重新定位了哲学的理论性质、理论主题和合法性根据。马克思"消灭哲学"，就是要使哲学与现实统一起来，使哲学处于人及其历史的不断发展和丰富的社会联系中，面向现实生活本身。"不使哲学成为现实，就不能够消灭哲学。"马克思辩证法的理论变革推动了哲学摆脱"唯我独尊"的独断性质和同一性的逻辑，使哲学成为捍卫社会生活的丰富总体和自由个性的人类的自觉意识。在后形而上学维度上，面向现实生活的哲学自我理解方式被确立起来。

参考文献

中文译作

［德］A. 施密特：《马克思的自然概念》，吴仲昉译，商务印书馆1998年版。

［德］阿尔布莱希特·维尔默：《论现代与后现代的辩证法》，钦文译，商务印书馆2003年版。

［匈］阿格妮丝·赫勒：《历史理论》，李西祥译，黑龙江大学出版社2015年版。

［英］埃里克·霍布斯鲍姆：《如何改变世界——马克思和马克思主义的传奇》，吕增奎译，中央编译出版社2014年版。

［美］埃里希·弗罗姆：《逃避自由》，刘林海译，国际文化出版公司2007年版。

［苏］埃·瓦·伊利延科夫：《马克思〈资本论〉中抽象和具体的辩证法》，郭铁民等译，福建人民出版社1986年版。

［英］安东尼·吉登斯：《历史唯物主义的当代批判》，郭忠华译，上海译文出版社2010年版。

［法］奥古斯特·科尔纽：《马克思恩格斯传：第三卷 历史唯物主义的形成 1845—1846》，管士滨译，生活·读书·新知三联书店1980年版。

［古希腊］柏拉图：《巴曼尼得斯篇》，陈康译，商务印书馆1982年版。

［古希腊］柏拉图：《理想国》，郭斌和、张竹明译，商务印书馆1986年版。

［古希腊］鲍·亚·恰金、弗·伊·克路申：《苏联二十年代确立历史唯物主义的斗争》，林英等译，中共中央党校科研办公室1986年版。

［英］彼德·奥斯本：《问题在于改变世界：马克思导读》，王小娥、谢昉译，中信出版集团2016年版。

［苏］彼·斐·柯洛尼茨基《辩证法、逻辑学和认识论问题》，刘群译，上海人民出版社1957年版。

［美］伯特尔·奥尔曼：《辩证法的舞蹈——马克思方法的步骤》，田世锭、何霜梅译，高等教育出版社2006年版。

［苏］B. M. 凯德洛夫：《论辩证法的叙述方法——三个伟大的设想》，贾泽林等译，中国社会科学出版社1986年版。

［英］戴维·麦克莱伦：《马克思主义以前的马克思》，李兴国等译，社会科学文献出版社1980年版。

［英］戴维·麦克莱伦：《青年黑格尔派与马克思》，夏威仪等译，商务印书馆1982年版。

［德］狄芝根：《辩证法的逻辑》，柯柏年译，上海社会科学院出版社2017年版。

［法］笛卡尔：《第一哲学沉思集》，庞景仁译，商务印书馆2011年版。

［法］笛卡尔：《谈谈方法》，王太庆译，商务印书馆2011年版。

［古希腊］第欧根尼·拉尔修：《名哲言行录》上、下，马永翔等译，吉林人民出版社2003年版。

《费尔巴哈哲学著作选集》上、下，荣震华、李金山译，商务印书馆1984年版。

［德］弗·梅林：《马克思传》，樊集、持平译，人民出版社1965年版。

［德］弗朗茨·梅林：《保卫马克思主义》，吉洪译，人民出版社1982年版。

［美］弗雷德里克·詹姆逊：《辩证法的效价》，余莉译，中国社会科学出版社2014年版。

［苏］弗罗洛夫主编：《哲学导论》上，贾泽林等译，北京师范大学出版社2011年版。

［美］G. A. 科恩：《卡尔·马克思的历史理论——一种辩护》，段忠桥译，高等教育出版社2008年版。

［意］葛兰西：《狱中札记》，葆煦译，人民出版社1983年版。

［日］广松涉：《马克思主义的哲学》，邓习议译，南京大学出版社2019年版。

［日］广松涉：《唯物史观的原像》，邓习议译，南京大学出版社2009年版。

［日］广松涉：《物象化论的构图》，彭曦、庄倩译，南京大学出版社2002

年版。

［德］海德格尔：《存在与时间》，陈嘉映、王庆节译，商务印书馆 2019 年版。

［苏］Н·В·柯普宁：《辩证法逻辑科学》，王天厚等译，华东师范大学出版社 1981 年版。

［德］H. 赖欣巴哈：《科学哲学的兴起》，伯尼译，商务印书馆 2017 年版。

［德］海德格尔：《面向思的事情》，陈小文、孙周兴译，商务印书馆 1999 年版。

［德］海德格尔：《哲学论稿：从有本而来》，孙周兴译，商务印书馆 2016 年版。

《海德格尔选集》，孙周兴选编，上海三联书店 1996 年版。

［德］汉斯-格奥尔格·加达默尔：《哲学解释学》，夏镇平、宋建平译，上海译文出版社 1998 年版。

［德］汉斯-格奥尔格·加达默尔：《真理与方法》，洪汉鼎译，上海译文出版社 1999 年版。

［美］赫伯特·马尔库塞：《爱欲与文明》，黄勇、薛民译，上海译文出版社 2008 年版。

［美］赫伯特·马尔库塞：《单向度的人》，刘继译，上海译文出版社 2014 年版。

［德］黑格尔：《法哲学原理》，范扬、张企泰译，商务印书馆 1961 年版。

［德］黑格尔：《精神现象学》上、下，贺麟、王玖兴译，商务印书馆 1962、1979 年版。

［德］黑格尔：《小逻辑》，贺麟译，商务印书馆 1980 年版。

黑格尔：《哲学史讲演录》第 1—4 卷，贺麟、王太庆译，商务印书馆 1959、1960、1959、1978 年版。

［德］胡塞尔：《欧洲科学危机与超验现象学》，倪梁康译，商务印书馆 2017 年版。

［英］吉尔比：《经院辩证法》，王路译，上海三联书店 2000 年版。

［法］吉尔·德勒兹：《差异与重复》，安婧、张子岳译，华东师范大学出版社 2019 年版。

［法］吉尔·德勒兹：《弗兰西斯·培根：感觉的逻辑》，董强译，广西师范

大学出版社2017年版。

［德］卡尔·柯尔施：《马克思主义和哲学》，王南湜、荣新海译，重庆出版社1989年版。

［英］卡尔·波普尔：《猜想与反驳》，纪树立等译，上海译文出版社1986年版。

［捷克］卡莱尔·科西克：《具体的辩证法：关于人与世界关系问题的研究》，刘玉贤译，黑龙江大学出版社2015年版。

［加］凯·尼尔森：《马克思主义与道德观念：道德、意识形态与历史唯物主义》，李义天译，人民出版社2014年版。

［德］康德：《纯粹理性批判》，邓晓芒译，人民出版社2017年版。

［德］康德：《判断力批判》，邓晓芒译，人民出版社2017年版。

［德］康德：《实践理性批判》，邓晓芒译，人民出版社2016年版。

［苏］康斯坦丁诺夫主编：《苏联哲学百科全书》（第1卷），上海译文出版社1984年版。

［英］克里斯多夫·约翰·阿瑟：《新辩证法与马克思的〈资本论〉》，高飞等译，北京师范大学出版社2018年版。

［波兰］莱泽克·科拉科夫斯基《马克思主义的主要流派》第1—3卷，唐少杰等译，黑龙江大学出版社2015年版。

［美］理查德·伯恩斯坦：《超越客观主义和相对主义》，郭小平等译，光明日版出版社1992年版。

［美］理查德·罗蒂：《哲学和自然之境》，李幼蒸译，商务印书馆2003年版。

［苏］联共（布）中央特设委员会编：《联共（布）党史简明教程》，人民出版社1975年版。

《列宁全集》第18卷，人民出版社2017年版。

《列宁全集》第55卷，人民出版社2017年版。

［苏］列·费·伊利切夫主编《作为一般发展理论的唯物辩证法——发展理论的哲学基础》，金顺福等译，上海人民出版社1987年版。

［匈］卢卡奇：《历史与阶级意识》，杜章智、任立等译，商务印书馆1999年版。

［法］路易·阿尔都塞：《保卫马克思》，顾良译，商务印书馆1984年版。

［加］罗伯特·阿尔布里坦：《经济转型：马克思还是对的》，李国亮等译，新华出版社 2013 年版。

［加］罗伯特·阿尔布瑞顿：《政治经济学中的辩证法与解构》，李彬彬译，北京师范大学出版社 2018 年版。

［加］罗伯特·韦尔等：《分析马克思主义新论》，鲁克俭等译，中国人民大学出版社 2002 年版。

［美］罗伯特·C. 塔克：《卡尔·马克思的哲学与神话》，刘钰森、陈开华译，天津人民出版社 2018 年版。

［美］罗伯特·L. 海尔布隆纳：《马克思主义：赞成与反对》，马林梅译，东方出版社 2016 年版。

［苏］罗森塔尔：《马克思"资本论"中的辩证法问题》，冯维静译，生活·读书·新知三联书店 1957 年版。

［美］罗素：《西方哲学史》上、下，马元德译，商务印书馆 1963、1976 年版。

［法］吕贝尔：《吕贝尔马克思学文集》，曾枝盛译，北京师范大学出版社 2009 年版。

［美］M. 怀特主编：《分析的时代——二十世纪的哲学家》，杜任之译，商务印书馆 1987 年版。

［前南］马尔科维奇、彼德洛维奇编：《南斯拉夫"实践派"的历史和理论》，郑一明、曲跃厚译，重庆出版社 1996 年版。

《马克思恩格斯全集》第 20 卷，人民出版社 1971 年版。

《马克思恩格斯全集》第 35 卷，人民出版社 2013 年版。

《马克思恩格斯全集》第 3 卷，人民出版社 2002 年版。

《马克思恩格斯文集》第 1—10 卷，人民出版社 2009 年版。

［德］马克斯·霍克海默、西奥多·阿多诺：《启蒙辩证法：哲学断片》，渠敬东、曹卫东译，上海人民出版社 2020 年版。

［苏］马·莫·罗森塔尔主编：《马克思主义辩证法史：从马克思主义产生到列宁主义阶段之前》，汤侠声译，人民出版社 1986 年版。

［前南］米哈伊洛·马尔科维奇、加约·彼得洛维奇编：《实践——南斯拉夫哲学和社会科学方法论文集》，郑一明、曲跃厚译，黑龙江大学出版社

2010年版。

［前南］米哈依洛·马尔科维奇：《当代的马克思——共产主义的人道主义》，曲跃厚译，黑龙江大学出版社2011年版。

［苏］米·亚·敦尼克等编：《古代辩证法史》，齐云山等译，人民出版社1986年版。

［法］莫里斯·梅洛-庞蒂：《辩证法的历险》，杨大春、张尧均译，上海译文出版社2009年版。

［德］尼采：《偶像的黄昏》，李超杰译，商务印书馆2013年版。

［苏］尼古拉·别尔嘉耶夫：《论人的使命：神与人的生存辩证法》，张百春译，上海人民出版社2007年版。

［苏］尼·伊·布哈林：《辩证法概论》，孟广钧译，重庆出版社2015年版。

［苏］尼·伊·布哈林：《辩证法概论》，孟广韵译，重庆出版社2015年版。

［苏］尼·伊·布哈林：《历史唯物主义的理论》，李光谟等译，人民出版社1988年版。

［美］诺曼·莱文：《辩证法内部的对话》，张翼星等译，云南人民出版社1997年版。

［前南］普雷德拉格·弗兰尼茨基：《马克思主义史》第1—3卷，胡文建等译，黑龙江大学出版社2015年版。

［古希腊］普罗提诺：《九章集》上，应明、崔峰译，上海三联书店2017年版。

［美］乔恩·埃尔斯特：《理解马克思》，何怀远译，中国人民大学出版社2008年版。

［法］让·保罗·萨特：《辩证理性批判》，林骧华等译，安徽文艺出版社1998年版。

［日］山崎谦：《辩证法的观点和思想方法——预见的逻辑学》，王敦旭等译，商务印书馆1963年版。

［德］特奥多·阿多尔诺：《否定的辩证法》，张峰译，重庆出版社1993年版。

［美］特雷尔·卡弗：《马克思与恩格斯：学术思想关系》，姜海波等译，中国人民大学出版社2008年版。

［英］特里·伊格尔顿：《后现代主义的幻象》，华明译，商务印书馆2014

年版。

［英］特里·伊格尔顿：《马克思为什么是对的》，李杨、任文科等译，重庆出版社2017年版。

［日］望月清司：《马克思历史理论的研究》，韩立新译，北京师范大学出版社2009年版。

［美］威廉姆·肖：《马克思的历史理论》，阮仁慧等译，重庆出版社1989年版。

［奥］维特根斯坦：《逻辑哲学论》，贺绍甲译，商务印书馆1996年版。

［法］雅克·比岱：《总体理论》，陈原译，东方出版社2010年版。

［法］雅克·德里达：《马克思的幽灵：债务国家、哀悼活动和新国际》，何一译，中国人民大学出版社2008年版。

［古希腊］亚里士多德：《范畴篇 解释篇》，方书春译，商务印书馆1959年版。

［古希腊］亚里士多德：《物理学》，张竹明译，商务印书馆1982年版。

［古希腊］亚里士多德：《形而上学》，吴寿彭译，商务印书馆1959年版。

［澳］伊安·亨特：《分析的和辩证的马克思主义》，徐长福译，重庆出版社2010年版。

［德］尤尔根·哈贝马斯：《公共领域的结构转型》，曹卫东译，学林出版社1999年版。

［德］尤尔根·哈贝马斯：《交往行为理论》第1卷，曹卫东译，上海人民出版社2018年版。

［德］尤尔根·哈贝马斯：《重建历史唯物主义》，郭官义译，社会科学文献出版社2000年版。

［瑞典］约奇姆·伊斯雷尔《辩证法的语言和语言的辩证法》，王路、叶翔译，商务印书馆1990年版。

中文著作

艾思奇主编：《辩证唯物主义 历史唯物主义》，人民出版社1961年版。

白刚：《瓦解资本的逻辑——马克思辩证法的批判本质》，中国社会科学出版社2009年版。

陈明：《作为范式的辩证法的历史建构》，中国社会科学出版社 2008 年版。

陈先达等：《被肢解的马克思》，中国人民大学出版社 2016 年版。

陈先达：《马克思和马克思主义》，中国人民大学出版社 2016 年版。

陈先达：《走向历史的深处：马克思历史观研究》，中国人民大学出版社 2010 年版。

陈宴清、阎孟伟：《辩证的历史决定论》，中国社会科学出版社 2007 年版。

段忠桥：《重释历史唯物主义》，江苏人民出版社 2009 年版。

冯契：《逻辑思维的辩证法》，华东师范大学出版社 2016 年版。

付文忠等：《辩证法的当代价值——英美马克思主义辩证法理论新进展研究》，山东大学出版社 2016 年版。

高广旭：《意义批判的逻辑——马克思辩证法的存在论阐释》，中国社会科学出版社 2013 年版。

高清海：《找回失去的哲学自我：哲学创新的生命本性》，北京师范大学出版社 2013 年版。

高清海：《哲学的奥秘》，吉林人民出版社 1997 年版。

高清海：《哲学与主体自我意识》，北京师范大学出版社 2017 年版。

高清海主编：《马克思主义哲学基础》上、下，北京师范大学出版社 2012 年版。

郭强：《论马克思的研究方法》，中国社会科学出版社 2010 年版。

郝立忠：《作为哲学形态的唯物主义辩证法》，山东大学出版社 2002 年版。

贺来：《辩证法的生存论基础——马克思辩证法的当代阐释》，中国人民大学出版社 2004 年版。

贺来：《辩证法与实践理性——辩证法的"后形而上学"视野》，中国社会科学出版社 2011 年版。

贺来：《马克思哲学与现代哲学变革》，中央编译出版社 2018 年版。

贺来：《"主体性"的当代哲学视域》，北京师范大学出版社 2013 年版。

黄枬森：《〈哲学笔记〉与唯物辩证法》，中央编译出版社 2018 年版。

黄楠森：《马克思主义哲学史》，高等教育出版社 1996 年版。

黄志军：《马克思辩证法研究——以政治经济学批判为中心》，社会科学文献出版社 2020 年版。

李达主编：《唯物辩证法大纲》，人民出版社 2010 年版。

李西祥：《马克思历史辩证法研究——历史唯物主义的辩证法阐释》，中国社会科学出版社 2012 年版。

梁鸿飞、刘翠兰：《十八世纪前欧洲辩证法史》，山西高校联合出版社 1991 年版。

刘林：《西方马克思主义辩证法思想研究》，中国社会科学出版社 2018 年版。

刘森林：《辩证法的社会空间》，吉林人民出版社 2005 年版。

马新宇：《辩证法与价值虚无主义》，中国社会科学出版社 2015 年版。

孟庆仁：《历史辩证法和现代社会主义实践》，广西人民出版社 1994 年版。

商英伟等主编：《马克思主义辩证法史》，吉林人民出版社 1987 年版。

孙伯鍨：《卢卡奇与马克思》，南京大学出版社 1999 年版。

孙伯鍨：《探索者道路的探索：青年马克思恩格斯哲学思想研究》，南京大学出版社 2002 年版。

孙利天：《论辩证法的思维方式》，吉林人民出版社 2006 年版。

孙正聿：《理论思维的前提批判：论辩证法的批判本性》，北京师范大学出版社 2017 年版。

孙正聿：《马克思主义辩证法研究》，北京师范大学出版社 2012 年版。

孙正聿：《为历史服务的哲学》，中央编译出版社 2018 年版。

孙正聿：《哲学通论》，复旦大学出版社 2005 年版。

田世锭：《英美辩证法马克思主义哲学研究》，中国社会科学出版社 2013 年版。

王福生：《求解颠倒之谜：马克思与黑格尔理论传承关系研究》，中国社会科学出版社 2010 年版。

王南湜：《辩证法：从理论逻辑到实践智慧》，武汉大学出版社 2011 年版。

王晓升：《历史唯物主义的当代重构》，社会科学文献出版社 2013 年版。

温权：《辩证法的不同进路》，南京大学出版社 2018 年版。

吴晓明：《历史唯物主义的主体概念》，上海人民出版社 1993 年版。

吴晓明：《马克思早期思想的逻辑发展》，上海人民出版社 2016 年版。

吴晓明：《形而上学的没落：马克思与费尔巴哈关系的当代解读》人民出版社 2006 年版。

肖前：《辩证唯物主义原理》，人民出版社1991年版。

肖前：《历史唯物主义原理》，人民出版社1991年版。

杨耕：《马克思主义历史观研究》，北京师范大学出版社2017年版。

杨耕：《马克思主义哲学体系研究》上、下，四川人民出版社2019年版。

杨淑静：《马克思"合理形态"的辩证法》，人民出版社2020年版。

俞吾金：《被遮蔽的马克思》，人民出版社2006年版。

俞吾金：《从康德到马克思——千年之交的哲学沉思》，广西师范大学出版社2004年版。

臧峰宇：《启蒙、历史观与马克思主义辩证法》，贵州人民出版社2017年版。

张世英：《自我实现的历程——解读黑格尔〈精神现象学〉》，山东人民出版社2000年版。

张文喜：《重建历史唯物主义历史总体观》，中国人民大学出版社2013年版。

张一兵：《回到马克思：经济学语境中的哲学话语》，江苏人民出版社2009年版。

张一兵：《马克思历史辩证法的主体向度》，武汉大学出版社2010年版。

赵凤岐：《辩证法·范畴与现实》，中国社会科学出版社2013年版。

周凡、黄伟力：《新马克思主义评论——哲学的政治及其辩证法》，上海三联书店2015年版。

周林东：《人化自然辩证法——对马克思的自然观的解读》，人民出版社2008年版。

朱长兵：《马克思对黑格尔辩证法的扬弃》，中央编译出版社2018年版。

祝利民：《辩证法的本体论向度》，山东人民出版社2014年版。

邹之坤：《历史辩证法——青年卢卡奇历史唯物主义思想研究》，中国社会科学出版社2015年版。

学位论文

高苑：《论辩证唯物主义与历史唯物主义的统一》，博士学位论文，吉林大学，2013年。

李晓敏：《卢卡奇历史辩证法的形成及开展向度》，博士学位论文，武汉大学，2018年。

石阔:《从思辨辩证法到实践辩证法——论马克思对黑格尔辩证法的颠倒》,博士学位论文,吉林大学,2009年。

王小景:《马克思历史辩证法的四重结构研究》,博士学位论文,吉林大学,2020年。

徐慧杰:《论历史唯物主义的辩证法》,博士学位论文,辽宁大学,2017年。

周丽:《经典西方马克思主义生存论辩证法思想研究》,博士学位论文,黑龙江大学,2018年。

周在娟:《"自然辩证法批判"的批判》,博士学位论文,西南大学,2016年。

朱振林:《论辩证法的实践基础及当代走向》,博士学位论文,黑龙江大学,2007年。

期刊论文

安启念:《关于辩证唯物主义历史唯物主义体系的几个问题》,《教学与研究》2006年第11期。

白刚:《当代马克思辩证法研究的三个问题》,《天津社会科学》2012年第4期。

白利鹏、韩跃红:《辩证法何以沦为"变戏法"?——论辩证性假设之形式上的抽象完备性》,《哲学研究》2010年第4期。

陈慧平:《辩证法的合法化努力及其问题——论萨特的"辩证理性"》,《哲学研究》2011年第10期。

陈凯:《论马克思辩证法的生活特质》,《理论与改革》2015年第1期。

陈先达:《关于实践唯物主义的几点想法》,《哲学动态》1988年第12期。

陈先达:《毫不动摇地坚持辩证唯物主义和历史唯物主义》,《思想理论教育导刊》1999年第9期。

陈先达:《历史唯物主义的史学功能——论历史事实·历史现象·历史规律》,《中国社会科学》2011年第2期。

陈晏清:《按照"实践唯物主义"的原则改造哲学体系》,《天津社会科学》1988年第3期。

陈晏清:《关于实践观点在马克思哲学体系中地位的再思考》,《教学与研究》1997年第2期。

成城、吴宏政：《从"物的解放"到"人的解放"——马克思关于社会正义的历史辩证法原理》，《学术交流》2012年第12期。

程彪：《历史唯物主义的核心范畴："物质生活的生产方式"》，《吉林大学社会科学学报》2011年第5期。

单继刚：《唯物辩证法和形式逻辑的关系——重评20世纪30年代、50年代的主要观点》，《哲学研究》2013年第3期。

方朝晖：《"辩证法"一词考》，《哲学研究》2002年第1期。

丰子义：《历史唯物主义与马克思主义哲学主题》，《中国社会科学》2012年第3期。

付文忠：《马克思辩证法的三个维度——英美马克思主义学者关于辩证法形态争论的启示》，《学术月刊》2013第3期。

高云涌：《作为"合理形态"的辩证法的历史唯物主义》，《哲学研究》2010年第8期。

韩立新：《重新评价马克思的自我异化理论——兼评广松涉对马克思的批判》，《清华大学学报》（哲学社会科学版）2020年第3期。

韩志伟：《历史性的辩证法与辩证法的历史性》，《人文杂志》2004年第3期。

郝立新：《历史唯物主义的理论本质和发展形态》，《中国社会科学》2012年第3期。

郝立忠：《马克思主义哲学研究的问题与出路——兼论唯物辩证法对形而上学的批判》，《哲学研究》2002年第8期。

贺来：《辩证法研究的两种出发点》，《复旦学报》（社会科学版）2011年第1期。

贺来：《辩证法与本体论的双重转换——马克思辩证法理论的本体论变革意蕴》，《哲学研究》2020年第7期。

贺来：《辩证法与人的存在——对辩证法理论基础的再思考》，《哲学研究》2002年第6期。

贺来：《站到"界限"之上：哲学前提批判的真实意蕴》，《学术月刊》2017年第1期。

洪小兵：《马克思异化劳动之历史辩证法及其价值意蕴——〈1844年经济学哲学手稿〉的一种解读》，《马克思主义哲学研究》2018年第2期。

胡刘：《从"概念思辨"到"资本批判"——论马克思主义辩证法对传统辩证法的改造及其实质》，《哲学研究》2011年第2期。

黄楠森：《辩证唯物主义世界观是不是马克思的哲学?》，《高校理论战线》2003年第5期。

黄楠森：《论辩证唯物主义体系的不变性与可变性》，《学术研究》2001年第9期。

黄楠森：《论实践论在马克思主义哲学中的地位》，《教学与研究》1996年第1期。

黄萍、何蔚荣：《辩证法崇拜的建构与解构》，《哲学研究》2011年第11期。

黄志军：《论辩证法的两种形式》，《哲学研究》2013年第5期。

黄志军：《马克思的形而上学批判及其辩证法道路》，《教学与研究》2019年第6期。

贾高建：《关于历史唯物主义的几个争议问题》，《马克思主义与现实》2019年第4期。

孔智键：《新辩证法学派的历史缘起与当代发展》，《现代哲学》2017年第6期。

李文阁：《历史唯物主义何以会成为一个问题》，《学术研究》2011年第1期。

李西祥：《辩证法与马克思哲学的当代性》，《哲学研究》2009年第2期。

李西祥：《历史、同一体和辩证法：论拉克劳对经典马克思主义的批判与重构》，《云南大学学报》（社会科学版）2016年第4期。

刘奔：《探索生存和发展、生存和死亡的辩证法》，《哲学研究》2001年第12期。

刘林：《辩证法的科学精神——新实证主义马克思主义对马克思主义辩证法的阐释》，《学术交流》2018年第8期。

刘林：《"总体性"的实践智慧——卢卡奇从实践维度对马克思辩证法的新阐释》，《理论探讨》2018年第5期。

刘森林：《三种"辩证法"概念：从〈启蒙辩证法〉到〈资本论〉》，《哲学研究》2018年第3期。

刘森林：《实践、辩证法与虚无主义》，《哲学研究》2010年第9期。

吕翠微：《马克思历史辩证法理论及其当代意蕴》，《学术交流》2017年第

6 期。

马建青：《马克思的历史目的论修辞》，《哲学研究》2014 年第 4 期。

马拥军：《亚瑟的"新辩证法"与马克思的"新唯物主义"》，《当代国外马克思主义评论》2017 年第 2 期。

沈江平：《经济决定论的历史唯物主义评判》，《中国社会科学》2020 年第 7 期。

孙乐强：《从辩证矛盾到真正对立：辩证法的终结？——新实证主义马克思主义与自治主义马克思主义的当代反思》，《山东社会科学》2014 年第 2 期。

孙乐强：《劳动与自由的辩证法：马克思历史观的哲学革命——兼论〈资本论〉对〈政治经济学批判大纲〉的超越与发展》，《哲学研究》2016 年第 9 期。

孙利天：《辩证法与后现代主义哲学》，《天津社会科学》1995 年第 2 期。

孙利天：《马克思的唯物史观对黑格尔辩证法的颠倒》，《马克思主义与现实》2008 年第 2 期。

孙利天，王丹：《社会历史的辩证法——辩证法的高阶问题与当代处理》，《社会科学战线》2017 年第 1 期。

孙美堂：《马克思法哲学的历史辩证法》，《学术界》2019 年第 11 期。

孙正聿：《辩证法的批判本质》，《中国社会科学》1992 年第 4 期。

孙正聿：《历史的唯物主义与马克思主义的新世界观》，《哲学研究》2007 年第 3 期。

孙正聿：《历史唯物主义的真实意义》，《哲学研究》2007 年第 9 期。

孙正聿：《马克思主义辩证法研究的当代课题》，《社会科学辑刊》2012 年第 4 期。

唐正东：《深化历史唯物主义研究需要解决的三个问题》，《四川大学学报》（哲学社会科学版）2017 年第 5 期。

王福民：《马克思历史主体观的辩证旨趣》，《哲学研究》2013 年第 8 期。

王南湜：《辩证法何以本质上是批判的？——孙正聿教授辩证法本质阐释之阐释》，《哲学分析》2015 年第 6 期。

王南湜：《历史唯物主义阐释中的历史目的论批判》，《社会科学》2008 年第

12 期。

王南湜：《历史唯物主义何以可能——历史唯物主义之"历史"双重意义的统一性》，《学习与探索》2009 年第 5 期。

王庆丰：《如何理解马克思辩证法的"批判"本质》，《江西社会科学》2013 年第 10 期。

王庆丰：《重思马克思对黑格尔辩证法的"颠倒"》，《天津社会科学》2013 年第 5 期。

王时中：《从"消极辩证法"到"积极辩证法"——〈资本论〉主题的"近康德"阐释》，《哲学研究》2016 年第 8 期。

王云霞、吴宏政：《马克思历史辩证法的三重内涵》，《南京工业大学学报》（社会科学版）2011 年第 4 期。

吴猛：《重提这个问题：何谓〈资本论〉的"辩证方法"？》，《哲学研究》2018 年第 7 期。

吴晓明：《辩证法的本体论基础：黑格尔与马克思》，《哲学研究》2018 年第 10 期。

吴晓明：《论马克思辩证法的"实在主体"》，《哲学研究》2020 年第 8 期。

吴晓明：《作为历史科学方法论的历史唯物主义》，《中国社会科学》2008 年第 1 期。

夏光慧：《浅析马克思法哲学的历史辩证法》，《马克思主义哲学研究》2019 年第 2 期。

萧前：《论实践的唯物主义对现行哲学体系改造的意义》，《天津社会科学》1988 年第 3 期。

萧诗美：《实践论和辩证法的分离与统一》，《哲学研究》2009 年第 1 期。

谢永康：《历史唯物主义的辩证结构——自然和历史的关系与马克思的"新世界观"》，《哲学研究》2008 年第 7 期。

徐长福：《马克思主义辩证法的四重区分》，《哲学研究》2019 年第 7 期。

薛晋锡：《意识形态批判与社会存在历史性特征的揭示——论马克思历史辩证法的理论旨趣》，《现代哲学》2019 年第 5 期。

杨耕：《历史规律研究中的三个重大问题》，《江苏社会科学》2014 年第 5 期。

杨耕：《论辩证唯物主义、历史唯物主义、实践唯物主义的内涵——基于概念史的考察与审视》,《南京大学学报》(哲学·人文科学·社会科学) 2016 年第 2 期。

杨·亨特、张宪:《分析的马克思主义和"新辩证法"学派》,《现代哲学》2004 年第 4 期。

俞吾金:《历史唯物主义是哲学而不是实证科学——兼答段忠桥教授》,《学术月刊》2009 年第 10 期。

俞吾金:《论两种不同的历史唯物主义概念》,《中国社会科学》1995 年第 6 期。

俞吾金:《向生活世界的辩证法复归》,《探索与争鸣》2000 年第 11 期。

袁蓓:《辩证法与主体:马克思和青年卢卡奇论黑格尔》,《哲学研究》2020 年第 3 期。

袁贵仁等:《当前马克思主义哲学研究的重大问题》,《中国社会科学》2007 年第 5 期。

袁银传:《社会历史发展有无规律之争及其科学解答》,《马克思主义研究》2004 年第 6 期。

张奎良:《论辩证法的实践基因》,《哲学研究》2018 年第 1 期。

张润坤:《主体、辩证法与历史——论奈格里对马克思〈大纲〉的创造性发展》,《当代国外马克思主义评论》2020 年第 2 期。

赵敦华:《〈资本论〉和〈逻辑学〉的互文性解读》,《哲学研究》2017 年第 7 期。

赵义良:《唯物史观的精神内核及其生成逻辑》,《中国社会科学》2016 年第 7 期。

郑永扣、潘中伟:《历史唯物主义的科学性质》,《中国社会科学》2012 年第 3 期。

外文文献

Catherine Malabou, *The Future of Hegel: Plasticity, Temporality, and Dialectic*, trans. by Lisabeth During, Psychology Press, 2005.

Christian Thorne, *The Dialectic of Counter-Enlightenment*, Harvard University Press, 2010.

Douglas Walton, *The New Dialectic*, University of Toronto Press, 1998.

Georg Lukács, György Lukács, *A Defence of History and Class Consciousness: Tail-*

ism and the Dialectic, trans. by Esther Leslie, Verso, 2000.

M. Rosen, *Problems of the Hegelian Dialectic: Dialectic Reconstructed as a Logic of Human Reality*, Springer Science & Business Media, 2012.

Marcus Willaschek, *Kant on the Sources of Metaphysics: The Dialectic of Pure Reason*, Cambridge University Press, 2018.

Raya Dunayevskaya, *The Power of Negativity: Selected Writings on the Dialectic in Hegel and Marx*, Lexington Books, 2001.

Robert Albritton, John Simoulidis, *New Dialectics and Political Economy*, Palgrave Macmillan, 2003.

Russell Jacoby, *Dialectic of Defeat: Contours of Western Marxism*, Cambridge University Press, 2002.

Stephen Crites, *Dialectic and Gospel in the Development of Hegel's Thinking*, Penn State Press, 2010.

Thomas Sekine, *The Dialectic of Capital (2 Vols.): A Study of the Inner Logic of Capitalism*, Brill, 2020.

Yvonne Sherratt, *Adorno's Positive Dialectic*, Cambridge University Press, 2002.

后　　记

本书的写作得到了浙江大学"中央高校基本科研业务费专项资金"资助以及浙江大学马克思主义学院各位领导和专家的支持。本书系我主持的国家社科基金青年项目"《资本论》及其手稿中的文明观研究"（23CZX007）的研究成果，也是我参与的国家社会科学基金重大项目"唯物辩证法的重大基础理论与现实问题研究"（16ZDA242）的阶段性成果。我尊敬的老师贺来教授为本书写作提供了全程指导，其严谨的治学理念、广博的学术视野、敏锐的问题意识对我产生了深刻影响。此外，吉林大学孙正聿、孙利天、白刚等教授为本课题的研究提供了诸多启发。另外，我要特别感谢杨荣师兄在研究和写作过程中提供的宝贵意见。同时，我还要感谢为本书付出辛勤劳动的李立老师，在出版和校对过程中，她认真严谨的工作为本书顺利出版提供了基础，感谢所有帮助过我的师友，唯有砥砺前行，努力向阳，努力生长，发扬传承，不负厚爱。最后，学术研究和工作生活中的点滴成长离不开夫人刘懿莹女士的陪伴和包容，在此我将本书献给她，表达我最诚挚的爱意。全书以本人的博士学位论文作为底稿，是对自己过去关于辩证法理论研究的阶段性总结，作为我的"第一部著作"，仍有许多不足，请各位同人、师友批评指正。

2024 年 3 月 8 日，于浙江大学求是园